移民の子どもの隣に座る

大阪・ミナミの「教室」から

玉置太郎

朝日新聞出版

移民の子どもの隣に座る　大阪・ミナミの「教室」から

目次

ミナミ・島之内地区詳細図

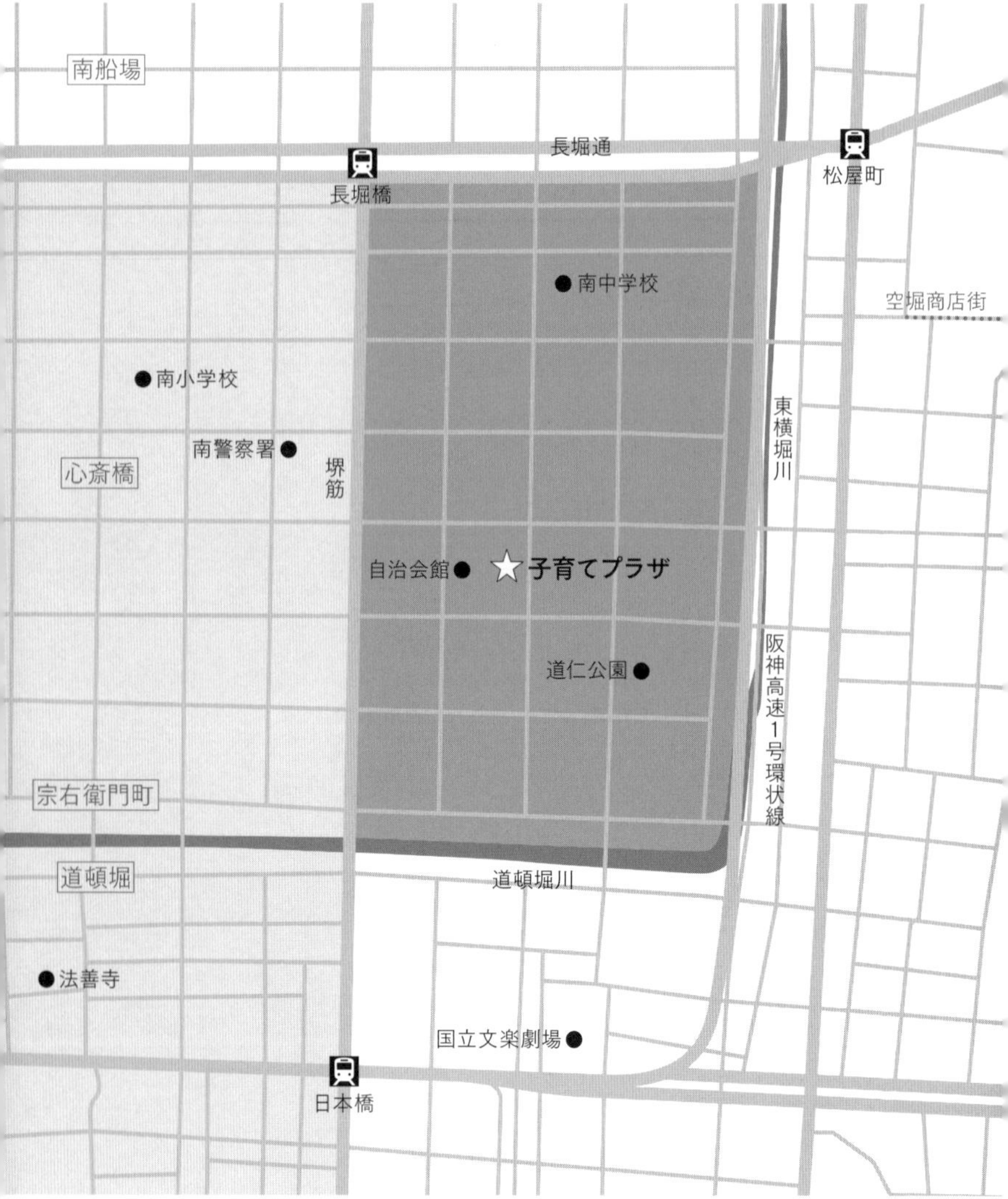

■ 島之内地区　■ 主な繁華街のエリア

大阪府全図
大阪市
ミナミ・島之内地区
（中央区）
心斎橋
ホテル日航大阪
大丸心斎橋店
アメリカ村
御堂筋
心斎橋筋商店街
「グリコ」看板
なんば
N

本文写真　著者

プロローグ

火曜の夜、私には行く場所がある。

居酒屋、焼き肉、スナックと、連なるネオンの間を人波が満たす、関西随一の繁華街、大阪・ミナミ。町外れにある古びた三階建ての建物に、その場所はある。

薄暗い階段を上がっていくと、三階の一室から子どもたちのにぎやかな声が漏れてくる。その声に迎えられるように、今週もここに来られた喜びが膨らんでいく。

その場所には「Ｍｉｎａｍｉこども教室」という名前がある。

教室に集まる子どもたちはみんな、移民のルーツをもっている。親の両方、あるいはどちらかが移民である子どもたち。海外から日本に移り住んできた子もいれば、日本で生まれ育った子もいる。

教室がある「島之内」という街は、住民約六千人の三割以上が外国籍をもつ。日本でも指折りの移民集住地域だ。住民の大半はミナミの飲食店で働き、特にフィリピンと中国の出身者が多く住んでいる。

島之内にある子育て施設で、Ｍｉｎａｍｉこども教室は火曜の夜に開かれる。集まる子どもは小学生から高校生まで三十〜四十人。フィリピン出身の家庭の子が半数ほどで、中国、韓国、ブラジル、ペルー、ルーマニア、ネパール……と続く。

私は十年ほど前から、教室で学習支援のボランティアをしてきた。きっかけは新聞記者としての取材だったが、通ううちに居着いてしまった。

教室の中では、ボランティアが一対一で子どもの隣に座る。

この「一対一」を、教室は大切にしてきた。

子どもたちの親の多くは、夜に飲食店へ働きに出る。その間は、子どもだけで留守番をする。昼に学校で過ごす間も、忙しい先生たちが一人ひとりの子に向き合える時間は、それほど長くない。教室に来る子どもたちは、大人が自分だけに向き合ってくれる時間を求めている。

地域住民や大学生といったボランティアに交じって、私も子どもの隣に座る。

座って、学校の宿題をみる。日本語の会話は達者でも、学習に使う言語が十分には身についていない子がほとんどだ。少しずつヒントを出しながら、自分で問題を解く喜びを知ってもらおうと工夫をこらす。

来日したばかりの子は、日本語の学習に取り組む。「あいうえお」から教えることも時々ある。日本での新生活に対する不安と期待から、彼らには学習に向き合う切実さがある。

もちろん、勉強そっちのけでおしゃべりをしたがる子も多い。学校であったこと、親の愚痴、いま夢中になっているアニメのあらすじ……。とりとめもない話にただ耳と心を傾けることも、ボランティアの大切な役割だ。

十五分ばかりの休憩時間には、みんな解き放たれたように遊び回る。大人と一緒に鬼ごっこや腕相撲をしたり、ホワイトボードに落書きをしたり。わずかな時間なのに、オセロやトランプを持ち出す子もいる。

小学校低学年の子どもたちは、おんぶや相撲の相手を求めてくることが多い。夜に働く親とはすれ違いの生活で、大人との直接の触れ合いが足りていないようだ。

午後六時から八時前までの学習を終えたら「終わりの会」をする。次週のお知らせをして、新しく教室にやって来た子の紹介をして、最後に当番の子のかけ声に合わせてあいさつをする。

「ボランティアさんの方を向いてください。ボランティアのみなさん、ありがとうございました」「気を付けて帰りましょう。さようなら」

たった二時間。それでも、隣に座った大人との「一対一」の二時間を経て、子どもたちはどこか朗らかで、しなやかな顔つきになっている。

小学生は数人ずつのグループに分かれ、ボランティアが自宅前まで送っていく。道すがらにぽつりと漏らす言葉が、その子の本音だったりすることも多い。

ほとんどの子どもは島之内の中層マンションに住んでいる。一人でエレベーターに乗るのを怖がって、自室の前まで送ってほしがる子もいる。開いたドアの隙間から見える玄関の様子に、あるいは顔をのぞかせた親の表情に、子どもの生活の「荒れ」を感じることもある。

教室では最後に、ボランティアみんなでミーティングを開く。自分が隣に付いた子どもの学習内容や気になった様子を共有する。

「この子は九九の七の段がまだあやしいから、また確認してあげてください」

「いつも途中で教室を飛び出してしまう子ですけど、今日はちゃんと座って、学校の話をしてくれました」

「この子の親はいま仕事をなくして、しんどい状況みたいです。学校でも遅刻や欠席が増えているようなので、気にかけておいてください」

報告の内容は、学習のことから生活のことまで幅広い。

*

そんな火曜の夜を数百回、私は一人のボランティアとして過ごしてきた。そして、たくさんの子どもの隣に座った。

「隣に座る」ことは、教室が大切にする「子どもとの向き合い方」を象徴しているように思う。

隣に座って勉強をみていると、子どもはわからない問題がある時だけ、教科書から目を上げて、何かヒントを出すよう促してくる。あるいは、勉強の合間におしゃべりをしたくなったら、こちらを向いて勝手に話し出す。

子どもにとっての「必要」が、いつも先にある。

だから、子どもから全く必要としてもらえない日もある。自分一人で宿題をやれる子、気軽におしゃべりをするほど私には心を開いていない子、学校や家で嫌なことがあってふさぎ込んでいる子。彼らはボランティアの方を見向きもしない。

そんな時はただ、隣に座る。何もせずにただ座って、隣に居ることだけを伝える。そして子どもがこちらを必要とする瞬間を、ただ待つ。

そうやって毎週座っているうち、子どもがこちらに見せる表情は少しずつ柔らかくなっていく。そしておもむろに、その日あった出来事を話してきたりする。

何もしていないようでも、一緒に居る時間の積み重ねには、それなりの力がある。

もう一つ。「隣に座る」ことは、目線を子どもと同じにすることでもある。

立って見下ろす時とは違って、子どもの姿が大きく見える。すると不思議なもので、その子の存在自体が私の中で大きく感じられる。

子どもは逆に、私を普段より小さく感じるのだろう。自然と態度が大きくなり、対等な相手として接してくる。

それがいい。「支援」という言葉のもつおごりが、少しは薄められるように感じる。子どもの目線になって、必要とされるまで隣に居ること――。教室がずっと大切にしてきた佇《たたず》まいだ。

毎週毎週そうしていると、ふと子どもの背負っている重荷が垣間見えることがある。

「どうせ私アホやから、高校とか行かれへんし」と、勉強に向き合えない子。

言葉や態度はやたら乱暴なのに、勉強中に足先をすり寄せてくる子。

「お母さんと食べるねん」と、帰り道のコンビニで白ごはんと総菜を買う子。

「あーあ、私も日本人やったらよかったのに」と口にしてしまう子。

肌の色の違いを気にして、夏の日焼けを極端に嫌がる子。

教室で普段見せている無邪気な笑顔の向こうに、子どもたちが心と体に抱えているしんどさがにじむ。

ユウ（仮名）という子は、教室に来ても全く勉強に向かおうとはせず、すぐに机の下に潜り込んだ。ボランティアが話しかけても応じず、私の問いかけもよく黙殺された。それでもユウは毎週、教室にやって来た。

移民であるユウの母親は不安定な職に就き、一人で子どもを育てていた。その暮らし向きのしんどさは、ユウが自身のルーツを否定する気持ちにつながり、目の前の学習や生活を大切にできない心性につながっているようだった。

ユウはその後、事情があって母親とは一緒に暮らせなくなった。児童相談所の一時保護を経て、里親のもとで暮らすようになった。

生活がすっかり変わってしまったその間も、教室のスタッフらはユウとつながり続けた。それですべての問題が解決したなんてことは決してない。それでも、ままならない生活と自分の将来に悩みながら生きるユウのそばに、ずっと教室があって、今もある。

ユウの大人ぶった物言いも、落ち込む友達にそっと寄り添う優しさも、場を明るく照らす笑顔も、不安を周りに悟らせまいと努める気遣いも、長い間見続けてきた人たちがいる。それぞれに事情は違えども、ユウのようにしんどさを抱える子どもたちが、教室には集まってくる。そして、大人たちの隣に座る。

子どもたちの親とも、教室からの帰り道やイベントで顔見知りになる機会がある。ひとり親、特にシングルマザーの家庭が多い。それぞれが歴史や政策の大きな流れに翻弄されながら、家族にとって少しでもよい人生を選び取ろうと、ミナミで働き、子を育てながら生きていた。

そんな移民の子どもたち、親たちと接するなかで、ボランティアの大人たちも多くを学び、生き方を変えていった。

私もその一人だ。

＊

この本は、私がＭｉｎａｍｉこども教室で接してきた、移民の子どもたち、親たち、ボランティアの大人たちの記録だ。私が子どもの隣に座り、話を聞き、学んだことを通して、移民の子どもたち、親たちが社会で生きていくうえで、「支援教室」という存在がどんな役割を果たしているのかを考える。

第四章では、英国ロンドンにある難民の子どもの支援教室に、私がボランティアとして関わった記録をつづった。私は三十四歳でロンドンの大学院へ留学し、移民について学んだ。そして大阪にいたころと同じように支援教室でのボランティアを始め、難民の子どもたちと一年半ほどを一緒に過ごした。

自分自身が移民となりながら、難民の子どもを支える。そんな倒錯した経験は、「支援」という言葉の意味を問い直す機会になった。

二つの場所での経験を比べながら、あるいは重ね合わせながら考えることで、支援教室の果たす役割を複眼的に描いていく。

第一章へ進む前に、この本で使っている言葉について、ひとつだけ断っておきたい。

この本では「移民のルーツをもつ子ども」という言葉を使うことにした。主には両親、またはそのいずれかが日本以外の土地の出身である子どもを指している。

一般的に、行政やマスメディアの発信の中では「外国人の子ども」「外国人児童・生徒」といった呼び方が主流だ。

あるいは、Ｍｉｎａｍｉこども教室を含めた支援の現場では、「外国にルーツをもつ子ども」という言葉がよく使われる。親の一方が日本人のため、日本とそれ以外の二つの国籍をもつ子が少なくないからだ。

私が「外国人」や「外国ルーツ」ではなく、あえて「移民」や「移民ルーツ」という言葉を選んだのにはわけがある。

「外国人」という言葉は、「国」を視点の基盤におき、国家の境界線の内か外かに焦点を当てて人を区分けする呼び名だ。ある人を「国民」との対比として「外国人」と呼ぶことには、その境界線を再創造しながら、自分が暮らす社会の外部の人々だという考え方を強調する力がある。

誰が日本人か、誰が外国人か——。その問いに簡単な答えはないこと、そう問うこと自体に線引きの暴力が潜むことを、教室の子どもたちは私に教えてくれた。

一方、「移民」は、人が境界を越えて移動することに焦点を当てた言葉だ。歴史的にはネガティブな使い方もされてきた言葉だが、視点の基盤はあくまで「移動する人」そのものにある。

「国」という視点に基づく国家・国境・国籍といった枠組みを当たり前で絶対のものだと考えるのではなく、その枠組みの力をのり越えようとする「人」の営みに目を向けたい。そんな思いを込めて、この本では「移民」や「移民のルーツをもつ子ども」という言葉を使う。

国境を越えて移動する人、移動せざるを得ない人は世界中で増えている。この日本の社会においても例外ではない。しかし、国境を越えて移動してきた人たちと共に暮らすための知恵や経験の蓄積が、日本の社会には足りない。移動する人々が増えるその速度に、社会の覚悟が追いついていない。

にもかかわらず、あちこちで「多様性」や「多文化共生」という言葉を耳にするようになった。そうした言葉が人の口に上れば上るほど、おざなりに「マイノリティへの配慮」を示すための便利な決まり文句として用いられることが増えたように感じる〔1〕。「多様性」という言葉がむしろ、その背景にある一人ひとりの顔を、語りを、人生の歩みを、覆い隠すようになってはいないだろうか。

支援教室という場所は、この社会に新たに移動してきた人々と、以前から暮らす人々との小さな接点になり得る。それぞれに違う背景をもった子どもと大人が、顔を合わせ、名前を呼び合い、互いの語りに耳を傾け合う場所。そこでは、共に暮らすための知恵や経験、そして覚悟が、試行錯誤のなかで育まれている。

「多文化共生」という言葉が、本来は何を意味し、何を志しているのかを思い出すために、支援教室の可能性をひらいてみたい。

（※登場する子どもたち、その親たちの名前は原則、仮名としました。参考文献は巻末に記載しています）

第一章
大阪ミナミの教室で

Ｍｉｎａｍｉこども教室の話をするのなら、どうしても「島之内」の話が欠かせない。この土地の歴史や文化や地理が、教室とそこに集まる人たちに並々ならぬ影響を与えてきたからだ。島之内の成り立ちから説き起こし、そこに教室が誕生したきっかけ、さらには私がボランティアとして関わるようになった経緯をふり返る。

一．島之内の地政学

「島之内」という地名を聞くと、年配の大阪人は今でも、酒や芸事、華やいだ街を連想するようだ。近世以降、島之内は大阪ミナミの一帯をあらわす代名詞だった。

現在、住所として残る島之内といえば、大阪市中央区の「島之内一丁目・二丁目」となる。繁華街ミナミの中心をなす道頓堀や心斎橋から、堺筋の大通りを東へ渡った、南北七百メートル、東西四百メートルの長方形の区域にあたる。

東に東横堀川、南に道頓堀川という二本の川が流れ、北に長堀通、西に堺筋という大河のごとき大通りがはしる。まさに四方を川で囲まれた島のような地域だ。

この長方形の中に約六千人が暮らす。そして驚くことに、住民の三分の一にあたる約二千人が外国籍。全国でもまれな移民の集住地域なのだ。

そんな島之内に、私も住んでいる。

Ｍｉｎａｍｉこども教室に関わるようになってからずっと、「子どもたちと同じ地域で暮らしてみたい」という思いがあり、島之内のマンションに部屋を借りた。教室が活動する子育て施設までは徒歩二分だ。

不動産屋に「島之内で部屋を借りたいんですが」と希望を伝えると、若い男性の担当社員に驚かれた。聞けば、会社勤めの若い夫婦で島之内を選ぶ人はまずいないとのこと。

確かに、島之内のイメージはあまり良くない。

島之内はバブルのころから、大阪随一のひったくり多発地帯だった。特に未明に仕事から帰るホステスのバッグをねらった犯行が目立ち、かつては島之内のある通りに「ひったくり通り」という不名誉な通称があったと、古参住民が言っていた。

また、島之内には暴力団事務所があり、明らかな本職の人たちが住んでいる。私が暮らしたマンションの向かいのベランダでも、ド派手な入れ墨の入ったごつい腕のおじさんたちが、洗濯物を干したり、電話で業界の専門用語を叫んだりしていた。

島之内の住民の多くは、堺筋を挟んだ西側に広がるミナミの繁華街で働いている。東心斎橋や宗右衛門町、道頓堀といった地域には、居酒屋、バー、スナック、ラウンジ、ホストクラブにキャバクラといった水商売の店々がひしめく。

そこで働く人々の住宅需要を満たすため、島之内にはワンルームなど単身で入居できる十階建てくらいの中層マンションが立ち並んでいる。夜の出勤前に女性の髪をセットする美容院もやたらと多い。日が沈むと、メイクと衣装をばっちりきめたホステス、ホストたちがぞろぞろと西へ向かって歩いていくのが、日常の風景だ。

島之内住民のうち外国籍は約三割だというが、それは住民票をおいている人に限った数字だ。実際に住んでみるとはるかに多い体感があった。

島之内の路上、公園、激安スーパー、自宅マンションのエレベーターに至るまで、とにかく多くの移民とすれ違う。少し出歩くだけで、中国語、韓国語、タガログ語、英語にスペイン語までが耳に入ってくる。大きなスーツケースをごろごろ転がしながら、ホテルや民泊を探す外国人旅行者も四六時中行き交う。

日本人は、まったくもってマジョリティではない。

取材で一度、島之内をくまなく歩いて外国系の店舗を数えてみたことがある。飲食店は約五十軒、エスニック食材店やドラッグストア、ホテルといった店舗が約七十軒もあった。店内に日本語がほとんど書かれておらず、店員もあんまり日本語を解さない中国料理店、韓国料理店も多い。

そんな島之内の風土が、働く移民やその家族を引き寄せる。

私自身にとっても、引っ越し当初の驚きはやがて、心地よさに変わっていった。

街路に漂う、ゆるい雰囲気。夜に働く人が多いせいか、昼間は部屋着、サンダル履きでだらだら歩き回る人がやたらといる。寝起きのままで、自宅と激安スーパー、弁当屋、コインランドリーあたりを往復しているのだ。狭い公園には派手な愛玩犬を連れたホステスっぽい女性が、暇をもてあました高齢者や小学生に交じってたむろしている。

学生時代、バックパッカーをやっていたころに訪れたタイやベトナムの安宿街のような、気だるさと気安さがある。

隣接する地域も個性が際立つ。西にミナミの繁華街、南に日本橋のラブホ街、東が空堀の老舗商店街、北は船場のビジネス街。四方いずれもが大阪を代表する濃密なエリアだ。そこから橋や横断歩道を渡って、ゆるい空気が充満する島之内へ戻る瞬間、「帰ってきた……」と安堵する気持ちが、いつしか私の心に広がるようになった。

Ｍｉｎａｍｉこども教室に通ってきていた女子高校生のメイは、住み慣れた島之内を「なんか、ほわほわしてる」と評していた。曰く、「あったかくて、安心できる。治安は悪いんかしらんけど、それがかえって安心するというか。島之内の人はみんな自由に生きてるからこそ、人のきたないところも見られるわけやろ。きれいな地域って堅苦しいやん」。

まぎれもない真理だ。

＊

現代に至るまでの島之内の歴史もまた、味わい深い。

島之内はもともと、豊臣秀吉の時代に砂州が開拓された湿地帯だった。江戸時代のはじめに道頓堀川や長堀川（今の長堀通）が開削され、その土砂で地上げをして宅地が生まれた。四方を川に囲まれた、地名どおりの「島」だったわけだ。

現在の島之内（一丁目・二丁目）より西へ三倍ほど広く、今でいう御堂筋《みどうすじ》やアメリカ村をも含む地域を指してそう呼んだ。

島之内は当時の大阪の中心である「船場」の南側に位置していた。船場が問屋や仲買商、両替商らのビジネス街だったのに対し、島之内は製造業と小商いの街で、鍛冶、畳、傘などの職人、小間物屋や呉服屋が多く暮らした。

消費の街・船場を、生産の街・島之内が支えていたのだ。

やがて島之内では、船場の旦那衆が遊ぶための花街が栄えた。今でも水商売のメッカである宗右衛門町は、かつて「南地五花街」の一つに数えられ、格式の高いお茶屋や料亭が並んだ。当時から、島之内には一人住まいをする水商売の女性が多かったという。

旧南区（現・中央区）の郷土史である『続南区史』〔1〕は、島之内をこう描く。

> 色と芸と食の粋を華麗に開いて見せた島之内。（……）芝居と色里《いろざと》が栄え、諸商百工がおこって船場に劣らない繁盛の地となった。（P629）

かつての島之内の様子を、大阪大学の総合学術博物館長だった橋爪節也さんに聞かせてもらったことがある。

橋爪さんは一九五八年の竹屋町（現・島之内一丁目）生まれで、美術史が専門。島之内には明治の末から大正にかけて、洋画家の小出楢重《こいでならしげ》、芸妓を題材に美人画を描いた北野恒富《きたのつねとみ》、女性画家として脚光を浴びた島成園《しませいえん》といった芸術家たちが暮らしていたという。気鋭のアーティストも集まる粋な街だったのだ〔2〕。

橋爪さんの父親は戦後すぐ、空襲で焼けた後の島之内に移り住み、塗装店を営んだそうだ。周りには金物問屋が並び、小学校の同級生も商売人の子が多かったという。実家の隣は「南地荘」という料理旅館で、「ぼくが家で勉強してても、芸妓さんの弾く三味線の音がよう聞こえてきてなあ」とふり返っていた。

戦後、問屋街として栄えた島之内だったが、一九六〇年代に市中心部の交通規制が強化され、問屋は次々に郊外の企業団地へと集団移転していった。

一九八二年の町名変更により、「島之内」の名も堺筋より東側の地域（島之内一丁目・二丁目）だけに残されることになった。

＊

文献や古参住民によると、島之内に移民が増えたのは、一九八〇年代後半のバブル期以降のようだ〔3〕。

「バブルのころ、島之内界隈に外国人の住民が一気に増えたんや。そのころは、ミナミでホステスをやってるフィリピン系とか韓国系の女性が多かったな」

島之内の自治会で事務局長を務めるカワグチさんは、そう言っていた。バブル期は単身の出稼ぎ者が多く、ゴミ出しや騒音に関するトラブルもよくあったという。

一九九〇年に約三千人だった島之内の人口は、二〇〇五年には五千人を超えた。マンションが次々と建てられていったのも、この時期だ。

二〇〇〇年代以降は、中国系の住民が増えていった。中国料理や食材を扱う店が目立つようになり、中国からの旅行客を当て込んだ中国人経営のドラッグストアやホテルが、街のあちこちに姿を現した。タウン誌では島之内の中国料理店が、日本人向けに味を変えていない「ガチ中華」と紹介されることも増えた。

島之内で古くから商売をしている人の中には、「外国人ばっかりになって、何もかも変わってしもた」と嘆く人もいたという。私自身、住民から「島之内が中国人に乗っ取られてしまう」という声を聞いたことがある。

古参住民と移民との摩擦も起きるなかで、自治会の要職を担うカワグチさんは、移民家庭のよき理解者だ。Ｍｉｎａｍｉこども教室ができると、子どもを自宅へ送るボランティアに来てくれた。何より教室の活動のため、島之内の自治会館をいつも使わせてくれる。

「外国人やいうても家族連れが増えてきて、地元の人間という意識が高まってきてる。『大阪は国際都市』みたいな大げさなこと言わんでも、みんな普通にこの街に定着してるよ」

実際、島之内で暮らし始めた移民の中には、年月を経て「地域住民」となっていく人が少なくない。

島之内の南端、道頓堀川の端《はた》にある小さなペルー居酒屋の店主もそうだ。店の名物は、特大のオーブンで丸焼きにしたチキン。ペルーで一般的なビール「クスケーニャ」やカクテル「ピスコサワー」もそろえ、Ｍｉｎａｍｉこども教室スタッフの打ち上げでもよく使わせてもらった。

いつも朗らかな店主のイタロさんは、二十五年ほど前にペルーから留学生として来日した。日本語学校と専門学校に通った後、大阪の化粧品会社で十年ほど働いた。

飲食店を始めようと大阪で空き店舗を探していたところ、島之内にいい物件が出たと知人から聞いた。ブラジル人がバーをやっていた二階建ての建物だった。

イタロさんは店舗を見るために初めて島之内を訪れ、当時の街の雰囲気に驚いたという。道端にゴミが散乱し、移民とヤクザの姿をやたら見かける。

「そんな街、日本では見たことがなかったね。正直、こんなとこで店やっていけるんかなと思いましたよ」

覚悟を決めて島之内のマンションに引っ越し、母国の料理や酒を提供する居酒屋を開いた。経営は常にぎりぎりだが、南米好きの日本人も集まる個性的な店を十年以上営んできた。

イタロさんは島之内で子どものサッカー教室も開いた。週末の朝から近くのグラウンドで練習し、移民ルーツの子もたくさん通う。信頼を得るため地域の自治会にも関わりをもち、大会や練習試合の調整に奔走していた。

「ここで育つ子どもたち、何か打ち込めることがないと、ほんとにどうなってしまうかわからないよ。何でもいい、好きなこと見つけて、自分の力で生きられるようになってほしい」

色鮮やかな酒瓶の並ぶカウンターの向こうで、イタロさんは島之内をこう評した。

「やっぱり特別な街。一つの国の人が固まって住んでる街はあちこちにあるけど、島之内にはいろんな国の人がミックスされて住んでる。そしてみんな幸せ求めて、前に進もうとがんばってる。ほんと元気な街です。ここにいると、いろんな言葉が聞こえてくる。そんな街、日本のどこにもないですよ」

＊

島之内の歴史をたどって見えてくるのは、「ウラ」としての地政学だ。

江戸時代には、大阪の中心であった船場（＝オモテ）を支えるウラとして、職人や芸妓が多く暮らした。今はオモテにあたる繁華街の心斎橋や難波を支えるウラとして、そこで働く女性や移民が集まって暮らしている。

人が求める華やかな情景が陳列されるオモテに対し、ウラには人が見ようとしない存在が押し込まれ、不可視化される。

島之内はウラとしての地勢を活力に転換し、大阪史の荒波に漂いながら、その姿をたくましく変化させてきたのだろう。

その地勢に引き寄せられるように、いろんな事情を抱えた人たちが、国内のみならず海外からも島之内へと集まってくる。街路に漂うゆるさの一方、住民の暮らしは決して楽ではない。あちこちを転々とし、行き場なく島之内にたどり着いた家族も少なくない。

そんな島之内に、Ｍｉｎａｍｉこども教室は生まれた。そんな島之内だからこそ、支えの場を必要としたのだ。

二．教室ができるまで

Ｍｉｎａｍｉこども教室の始まりには、はっきりとしたきっかけがある。

それは文字どおりの「事件」だった。教室設立の前年、二〇一二年に島之内で起きた、フィリピン人母子の無理心中事件のことだ。

母子は島之内にある十階建てマンションの、1Kの一室で暮らしていた。当時二十九歳だった母ソフィアさん（仮名）と、六歳の息子、四歳の娘の三人家族。シングルマザーとして、子ども二人を育てていた。

事件の翌年、児童福祉に関する大阪市の審議会が公表した検証報告書がある。その内容や私自身の取材に基づいて、家族のたどった経路をふり返ってみたい。

ソフィアさんがフィリピンから日本へやって来たのは二〇〇一年。複数の仕事をかけもちしながら、飲食店で「歌手」として働いたという。

日本ではバブル期から二〇〇〇年代半ばにかけて、「興行ビザ」でフィリピンから来日する女性が多くいた。一般的には歌手やダンサーに出される在留資格だが、実際には来日女性の多くがパブやラウンジで客を接待するホステスとして働いていた。

ソフィアさんは二〇〇四年に日本人男性と結婚し、二人の子を産んだ。しかし、結婚生活は長続きせず、四年後に離婚。いったんフィリピンに帰国し、子どもを両親に預けたあと、単身で再来日して働いたという。

事件のちょうど一年前、二〇一一年四月に島之内へ移り住み、子どもたちを実家から呼び寄せて一緒に暮らすようになった。島之内には同じように「興行ビザ」で来日し、子を育てるフィリピン人女性が多く暮らす。ソフィアさんも夜間、子どもたちを友人に預けて、飲食店で働いた。

このころ、彼女は生活保護の申請のため、大阪市中央区の保健福祉センターを訪れている。それをきっかけに、ケースワーカーが数度にわたって面談や家庭訪問を行った。ソフィアさんは夜間の仕事と子育てを両立するストレスを打ち明け、相談の中で泣き出すこともあったという。

長男はフィリピンにいたころ、じっとしていることが難しい「多動」だと診断されていた。日中、勝手に自宅から出ていってしまい、警察に保護されるというトラブルも二度続いた。

近所の住民から「子どもの泣き声が聞こえる」と通報があったことで、大阪市の児童相談所（児相）にも連絡がいった。児相の児童福祉司が、ソフィアさんとケースワーカーとの面談に同席したが、子どもを保護するレベルの問題は見られなかったという。長男が通う幼稚園への聞き取りでも、日本語の習得こそ他の子と比べて少し遅かったものの、園の行事にも母親が熱心に参加するなど、大きな問題はないようだった。

児相はソフィアさんに対して、保育所を利用して昼間の仕事を探すことを勧め、あとは区の対応に任せた。

当時の児相の担当者に、ずっと後年になって取材をしたことがある。この担当者は「子どもがやせ過ぎているとか、けがをしているとかいうこともない。お母さんが子どもを大切にしている印象もあり、その時点では大きな問題は感じられなかった。お母さんの心の中に何があったのか、それは今もってわからない」と話していた。

ソフィアさん母子のケースは、大阪市の児相に年間数千件も届く「虐待疑い」通報の一件として、埋もれていった。

そして事件は二〇一二年四月十五日、午前五時ごろに起きた。

ソフィアさんが自室で、子ども二人と無理心中を図った。

ソフィアさんの大声を聞いた同じマンションの住民が一一〇番へ通報。駆けつけた救急隊が三人を病院へ搬送したが、まもなく長男の死亡が確認された。長女とソフィアさんも重傷を負った。

私は当時、朝日新聞の大阪社会部で事件担当の記者になったばかりだった。先輩記者から「子ども一人が亡くなって、一人が重傷の殺人容疑事件が起きた」と一報を受け、島之内の現場へ急行した。

警察の規制線が張られたマンションの周辺で、聞き込みをいくらかしただろうか。正直言って、ほとんど記憶がない。同僚による大阪府警への取材で事件の状況が少しずつわかり、「どうやら無理心中のようだ」という連絡が入ったからだ。

新聞紙上では、家庭内で起きた事件、特に自殺や心中は「社会性が小さい」と判断され、掲載を見送ったり、小さく扱ったりすることが多かった。この時の私たちも、そんな判断に基づいて取材態勢を縮小し、まもなく私は別の事件現場へ「転戦」した。

今ふり返れば情けないことだが、無理心中の背景に思いを巡らすことはなかった。事件については、先輩記者が翌日の朝刊に短い記事を出した。次から次へと起きる新たな事件に流され、私がその後、この事件について思い出すことはなかった。

大阪府警は翌五月、けがの回復を待ってソフィアさんを殺人容疑で逮捕した。

しかし、大阪地検はその秋、精神鑑定の結果をふまえて、ソフィアさんを不起訴処分とした。善悪が判断できない「心神喪失状態」だったため刑事責任を問えない、という結論だった。

ソフィアさんはその後、フィリピンの親族のもとへ送還されたという。

刑事事件としては、そこまでだ。新聞報道もそこで止まっている。

大阪市の審議会が翌年に出した報告書は、ソフィアさんが無理心中に及んだ背景について「直接的なきっかけは不明な点も多い」としつつ、「長男の幼稚園での、同国籍の保護者との交流が支えになっていたが、小学校に上がって交流がなくなるのが不安材料となった」「孤立した状況で、混乱が極限まで高まっていった」と指摘した。

孤立したシングルマザーの移民家庭で、幼い子どもの命が失われた――。

事件は、ミナミの街に小さくない爪痕を残した。

＊

少しだけ時間をさかのぼる。

事件の九日前にあたる四月六日、亡くなった息子と母ソフィアさんは、地元の大阪市立南小学校で入学式に臨んでいた。フィリピンから一時的に来日した祖母も一緒だった。ソフィアさんはタブレット端末を掲げて、息子の晴れ姿を写真に収めていたという。

当時、南小の校長だったヤマザキさんは入学式の前日、ソフィアさんが学校を訪ねてきた姿をよく覚えている。

彼女はいろんな学用品を入れた大きな袋を見せながら、「お道具箱には、何がいりますか？」と尋ねてきた。「お道具箱」は日本で育った人なら知っていて当たり前の存在に思えるが、日本に特有の学校文化だ。日本語の読み書きができないソフィアさんにとって、こまごました学用品をそろえることは簡単ではなかっただろう。

ヤマザキさんはのりやはさみなど必要な物を選んで示し、お道具箱に入れてくるようソフィアさんに伝えた。担任にも引き合わせた。一年生の担任を務めるベテラン教員は移民家庭への理解があり、保護者に配るお便りの漢字にはすべてルビをふるような人だったという。

長男は四月九日から毎日登校し、クラスメイトとも仲良く遊んでいる様子だった。十二日と十三日は遅刻が続き、教務主任が家庭訪問をしていた。

そして十五日の早朝、事件があった。

ヤマザキさんには教員を退職した今も、「あの時、何かできんかったんか」という悔いが残る。

南小があるのは大阪市中央区の東心斎橋。繁華街ミナミのど真ん中だ。土地柄、児童数は百数十人という小規模校だが、移民のルーツをもつ児童が半数ほどを占める。

ヤマザキさんは事件のあった四月、南小に着任したばかりだった。彼の目には、教員たちが疲れ果てて見えたという。

教育委員会からは全国学力テストの平均点を上げるよう求められるが、学校には日本語が十分に習得できていない子も多い。深夜まで飲食店で働く親が多く、子の遅刻や欠席が続く。保護者に協力を求めようにも、日本語をほとんど話せない親もいる。経済的に貧しく、学用品をそろえるのに苦労する家庭も多い。

教員たちは「この子たちを何とかしたい」という思いを強くもっていた。そして、思いが強い教員ほど、結果につながらないことに疲れ果てていた。

無理心中事件は、そうして積み重なった課題の、取り返しのつかない帰結だったのだろう。ヤマザキさんは「家庭が抱えてる大きな課題をそのままにして、教職員がため込んでいる思いをそのままにして、この学校が良くなっていけるとは思えない」と感じていた。

「とにかく、思ってることをいっぺん全部出してみいへんか」

ヤマザキさんはそう呼びかけ、学校の教職員二十数人を集めた話し合いの場をくり返しもった。おのおのが自分の考えをふせんに書き、大きな模造紙に貼っていく方法で、思いの丈をはき出した。

ある教員からは「保護者が宿題をみてくれない」という意見が出た。それに対して、別の教員からは「子どもが帰ったころに保護者が出勤してしまうから、なかなか難しいんやろう」という声が上がる。「クラスに日本語を十分に話せない児童が多すぎる」という声が上がれば、「なんとか学校独自で、日本語指導の担当者を増やしていかんとあかんよな」という意見が出た。

それぞれが漠然と抱えていた負担感を共有することで、これまでになかった視点からの気付きが生まれた。

子どもの学習面の課題はなんとか学校内で対応ができる。残るのは生活面の課題だった。特に経済的に苦しい移民の家庭を、学校だけで支えていくことは難しい。

ヤマザキさんは学校の外での支えを求めて、動き始めた。

＊

まずは、講演を聞いたことがある大学教授や移民の支援団体を頼って連絡を入れた。みんなアドバイスはしてくれるのだが、何か具体的に動いてくれる気配はない。

そうやってつながった先の一つに、国際交流団体のネットワーク化を担うＮＰＯがあった。ちょうど、島之内での無理心中事件を受けて、外国人母子を支援するための会議を企画しているという話だった。

移民支援に携わる人たちが集まった会議で、ヤマザキさんは南小学校の現状を語った。しかし、二度、三度と会議に出席しても、なかなか具体的な話は出てこない。

そのなかで、「とにかく、ここに集まった人たちで具体的な支援を始めませんか」と発言する人がいた。その男性、在日コリアン三世のキムさんは、大阪市生野《いくの》区にある在日支援のNGOで事務局長として活動していた。

大阪で十年以上にわたって支援活動を続けていたキムさんの心にも、無理心中事件は濃い影を落としていた。南小の見学にも行き、「島之内で何かやらなあかん」という気持ちをもっていた。

会議の参加者には、ほかにも大阪で移民の支援、特に子ども支援に携わってきた人たちがいた。

ウカイさん、ツボウチさんという二人の女性は、大阪市内で移民ルーツの子どもの学習支援教室を開いていた。教室運営のノウハウをもつ二人が先導するかたちで、話し合いの方向は学習支援教室の立ち上げへと向かっていった。

二〇一三年の春、ヤマザキさん、キムさん、ウカイさん、ツボウチさんらは教室開設の準備会を立ち上げた。夏には全四回のボランティア養成講座を開き、移民家庭が置かれている状況や日本語指導の方法を参加者に伝えた。

講座の参加者の中には、後に教室スタッフの核となる人たちがいた。

中学教師のイノウエさんは、同じく教師で旧知のツボウチさんに声をかけられて参加した。大阪市の中学校で長く日本語指導を続けてきた男性だ。

大学院生のハラさんはフィリピンの大学への留学経験がある女性で、タガログ語と英語を自在に話す。主にフィリピンからの移民の子どもを専門に研究し、島之内での事件に心を痛めていた。

ハラさんはよく、「教室設立時のメンバーは、大阪の移民支援者のドリームチームですよ」と言っていた。支援教室を長く運営してきたウカイさんやツボウチさん、学校現場で日本語指導を続けてきたイノウエさん、ソーシャルワークの経験が豊かなキムさん、校長という立場で教室の中心を担うヤマザキさん。それぞれが持ち寄った知識と経験を土台にして、Ｍｉｎａｍｉこども教室は生まれた。

教室の運営は実行委員会の形式をとり、設立メンバーらが実行委員を担うことになった。そして、ＮＧＯ運営の経験のあるキムさんが実行委員長に就いた。

＊

二〇一三年九月三日、火曜の夜。一回目のＭｉｎａｍｉこども教室は、南小学校の会議室で開かれた。

対象は、移民のルーツをもつ三年生から六年生の子どもたち。校長のヤマザキさんが事前に対象の子に声をかけ、十人が参加した。ヤマザキさんは「誰か来てくれるかなと心配してたから、めちゃめちゃうれしかったねえ。子どもらの生き生きした顔は忘れられへん」とふり返る。

初回に参加した十人の中に、小学六年生の男の子、アキがいた。

アキはそのころ、よく校長室に出入りしていた。フィリピン人の母親と二人で暮らすアキは人付き合いに悩み、休み時間を教室で過ごすのがしんどくなることがあった。校長室はそんな時の避難場所だった。

ある日、ヤマザキさんが校長室で「放課後に勉強会するけど、来うへんか?」と声をかけた。なんか面白そうだと直感したアキは「行きたい」と即答した。

一回目の教室の風景を、アキはよく覚えている。

「学校に見たことない大人がいっぱい来てたのが不思議で、びっくりした。けど、それがいつもの学校とは違う雰囲気で、なんか楽しかったんすよね。すごい自由な空気やったから、二回目の時にマクドナルドのハンバーガー買っていったら、『ここ学校やから、それはあかんで』って怒られました。そらそうなんですけど」

アキはそれ以来、Ｍｉｎａｍｉこども教室の常連になった。決して勉強が好きな子ではなかったが、いつも仲良しの同級生とやって来て、楽しそうに過ごしていた。

ただ、アキは中学生の一時期、学校を休みがちになり、こども教室からも足が遠のいた。中学三年になったある火曜の夕方、島之内を歩いていたアキは、教室の近くでスタッフのキムさんに呼び止められた。「今日は教室あるから、おいでや」と声をかけられ、何となくそのまま付いていった。顔見知りの大人たちが「おおアキ、久しぶり！」と歓迎する。それが心地よくて、何となくそのまま教室通いを再開した。

元中学教師であるイノウエさんのサポートで受験勉強に取り組み、アキは公立高校へ進学した。母一人、子一人の生活は楽ではなく、教室のスタッフらが公的支援につなぐ役割を担った。

高校を出て、専門学校に入ってからも、アキは教室のことを「第二のおうち」だと言って、時々顔を見せてくれた。

教室のスタートから十年。アキと同じように、たくさんの子どもが教室につながり、ボランティアの大人たちとの交わりを経て、それぞれの道へと進んでいった。

その間、教室も少しずつ変わっていった。

南小の会議室でスタートした活動だったが、翌月には中央区の「子ども・子育てプラザ」に会場を移した。

ヤマザキさんの頭には、「学校教育の延長という形ではなく、地域の中に子どもの居場所をつくらなあかん」という思いがあった。島之内で部屋を借りられそうな施設を訪ねて回り、子育てプラザの三階を週一回、無料で借りられることになった。

地域に出たことで、近隣の小学校に通う子も来るようになった。参加希望者は徐々に増え、対象を小学一・二年生にも広げた。子どもたちに多様な体験をしてもらおうと、調理実習や運動会といったイベントも充実させていった。

設立から半年後の春には、小学六年生が中学校に上がり、対象を中学生まで広げた。

私はそのころ、教室と出会った。

三．教室との出会い

Ｍｉｎａｍｉこども教室のスタートから半年後、二〇一四年の春に、私は取材を兼ねて教室でボランティアを始めた。

当時、朝日新聞の記者になって九年目。ずっと「国境を越えて生きる人たち」をひそかなテーマにして、記事を書いていた。

記者になって初めに赴任した島根では、出雲市の工場で働く日系ブラジル人のコミュニティを、リーマンショック直後の混乱のなかで追いかけた。次に赴任した京都では、京都市南部の団地に通い、高齢になった中国残留孤児とその子・孫世代を取材した。

そもそも私が「国境を越えて生きる人たち」をテーマに選んだきっかけは、ありきたりな話だが、学生時代のバックパッカー経験にある。

私が大学生だった二〇〇〇年代前半、インターネットの普及を背景に、海外への個人旅行がブームになっていた。格安航空券を扱う旅行会社「ＨＩＳ」が台頭し、海外旅行情報誌の「エイビーロード」がまだ元気だった時代。パックツアーではない、自分で計画する個人旅行が急速に身近になった。

大学で「国際文化学部」という名の学部に入った私も、なんとなく時代の空気にあおられて、海外への一人旅に出た。ファミレスの深夜バイトでいくばくかの金をため、夏休みと春休みのたびに二カ月ほど。バックパックを背負って安宿に泊まり、列車やバスを乗り継ぎ、東アジアや東南アジア、中東の各地を観光してまわった。

旅先ではあまたの出会いやトラブルに恵まれた。特に、まだ若かった私の心に響いたのが、中東旅行中にパレスチナを歩いた経験だった。イスラエル政府とパレスチナ自治政府との間で衝突がくり返されてきた地域だ。

訪れたのは二〇〇四年。イスラエル政府がテロリストの侵入防止を名目に、パレスチナ自治区の周りに「分離壁」を建設していた時期だった。ヨルダン川西岸の町々を歩くなかで、実際には自治区内へ大きく侵入する形で築かれつつある高さ八メートルの分離壁を目の当たりにした。自治区の町々は壁で分断され、行き来のたびにイスラエル軍が設けたチェックポイントで足止めをされた。

カルキリヤという小さな町は、ほぼ三六〇度を壁で囲まれていた。私が町を歩いていると、壁の傍らで農園を営む家族が「お茶でも飲んでいかないか」と声をかけてくれた。屋外のテーブルを一緒に囲み、手作りのお菓子や果物をごちそうになった。

のどかな雰囲気のなか、家族のうちの幼い娘がそばの壁にもたれかかると、突然、壁の上から声が響いた。監視塔のイスラエル兵が娘に銃口を向け、「壁から離れろ」と威嚇していた。

娘は慌てて家族のもとへ駆け戻った。娘の兄は「いつもこうだよ」と吐き捨てた。壁のそばで暮らす困難が、そのやり取りに滲み出ていた。

「壁」は、自分たちとは違うと断じた人々の存在を拒み、生活を制限し、権利を蝕む。壁という形をとった排他の思想が、どれほど人々の暮らしを不条理に抑圧するのか。ただの旅行者にすぎない私にさえ、はっきりと感じ取れた出来事だった。

この世界には至るところに壁がある〔1〕。分離壁のような物理的な壁だけではなく、自分たちから他者を分断する制度や考え方としての壁も。

国境や国籍という形をとった壁が、人々の暮らしを不条理なまでに抑圧する力を、どうすれば削ぐことができるだろうか。壁を越えて生きようとする人の営みを伝えることで、それができないだろうか――。

そんな青臭い思いをこっそり抱いて、私は新聞記者になった。

＊

ただ、そんな風にかっこつけてみても、会社員記者としての日々は持ち場の取材や事務作業に追われるばかりで、自分のテーマを追いかける余裕などほとんどない。特に大阪で社会部記者になった二〇一二年春からの二年間は、殺人事件などの強行犯罪を追う大阪府警捜査一課の担当を務めた。「懲役二年」とも言われた激務で、移民に関する記事は全く書けなくなった。

「夜討ち・朝駆け」と呼ばれる伝統的な取材方法で独自情報をもらおうと、警察官の自宅前や最寄り駅で毎朝毎夜、出勤と帰宅を待つ。ひとたび事件が起きれば同業他社の記者と共に現場へ殺到するが、一段落すればすっかり忘れる。

ほかの新聞社やテレビ局に新情報をすっぱ抜かれ、自分の評価が下がることを恐れる気持ちが、そのころの主な行動原理だった。

相次ぐ事件や他社との競争に追われ、自分がしている取材、書いている記事の意味が見えなくなった。記者としての土台がぐらつき、精神的にも追い込まれていった。

まあ要するに、なんにも上手くできなかったのだ。

私にとって二〇一四年の四月は、そんな事件担当の二年を終え、教育問題の担当へ配置換えになった春だった。

張り詰めた日々から解放されてほっとするのと同時に、「自分の思いを込めた記事を書きたい」という気持ちがあふれた。頭に浮かんだテーマは、やはり「国境を越えて生きる人たち」だった。

ちょうど先輩記者から「ミナミにある小学校が、外国ルーツの子どもが多くて大変らしい」という話を教えてもらった。調べてみると、大阪のローカル紙が少し前に出していた短い記事が目にとまった。

「Ｍｉｎａｍｉこども教室が活動を始めた」という記事だった。

できたばかりの教室で大丈夫かな、とも考えたが、事件担当の二年間で鬱積した思いの反動を勢いに、教室事務局の番号へ電話をかけた。つながった実行委員長のキムさんに「取材を兼ねたボランティアとして活動に参加させてほしい」とお願いした。それまでのヒット&アウェイのような取材ではなく、腰を据えて現場に向き合いたいと考えたからだ。

緊張でしどろもどろの私に、電話口のキムさんは落語家のような明るい大阪弁で「ほなまあいっぺん、教室を見に来てください」と言ってくれた。

翌週の火曜日、午後六時、おそるおそる島之内の子育てプラザを訪ねた。キムさんから教室についての説明を受け、さっそく子どもの隣に座らせてもらうことになった。フィリピンにルーツをもつ小学四年のアキナという女の子だった。

日本での暮らしが長いアキナは、日本語を達者に話した。一方、学習面では九九をきちんと覚えておらず、文字どおり「うーん、うーん」とうなりながら算数の宿題に向かっていた。

それでも、勉強の合間には「なあなあ、先生」と話しかけてきて、流行していたキャラクター「チェブラーシカ」のシールを「はい、あげる！」と私にくれた。

学習支援なんてできるのか、という私の不安を、アキナの人なつっこさが吹き飛ばしてくれた。今思えば、アキナは教室の子どもの中でも特に人見知りをしないタイプだった。キムさんが初めて教室へ来た私に配慮して、隣に座らせてくれたのかもしれない。

二時間はあっという間に過ぎ、「少しは子どもの役に立てたのでは」という、ほのかな自信が私の心にともった。全くもってアキナのおかげだ。

その日から私には、火曜の夜に行く場所ができた。

そして、たくさんの子どもの隣に座り、彼らの人生の隅っこに関わっていくことになった。

第二章
教室につながる子どもたち・親たち

Ｍｉｎａｍｉこども教室でボランティアを始めた私は、たくさんの子どもの隣に座ることになった。そのうちに親たちとも顔見知りになった。子どもも、親も、みんな移民のルーツに由来する「しんどさ」をどこかに抱え、教室につながっていた。私がボランティアとして接してきた子どもたち、親たちの語りに、耳を傾けてみたい。

一・心の居場所

「ボランティアのタマキ」になる――。

それが、Ｍｉｎａｍｉこども教室に通い始めた私にとって、当面の目標だった。毎週火曜の夕方になると、「取材に出ます」と称して会社から行方をくらませ、島之内へ向かう。そして子どもの隣に座って、勉強をみる。

「新聞記者の男」ではなく「ボランティアのタマキ」として、子どもや他のスタッフに認識してもらえるよう、ただ教室に通った。そこから教室との関係を築くことが、それまでの自転車操業のような記者活動に対する、自分なりのアンチテーゼだった。

子どもとのコミュニケーションの熟練度については、そこらの会社員には負けない自信があった。私はプロテスタントのクリスチャンなのだが、大学生だった四年間、教会の日曜学校で小学生担当のスタッフをした経験がある。毎週日曜の朝、教会に集まってくる小学生と一緒に遊び、夏にはキャンプへも行った。

そのころ体得した「子どもの心をつかむコツ」は、姿勢も意識も子どもと同じ目線になろうとすること。Ｍｉｎａｍｉこども教室でも先生ぶらずに、子どもの相談には心の底から応じ、おふざけには全身全霊でリアクションした。大人目線であしらうことを、自らに禁じた。

そのうちに、子どもからは「先生」ではなく「タロー」と呼ばれるようになる。なめられつつも、親しみをもってもらい、徐々にボランティアとして定着していった。

私は小学五・六年生の担当に加わった。合わせて十人ほどの子どもが通ってきていて、特に元気で騒がしい学年だった。

その中に、メイという六年生の女の子がいた。

にぎやかで自己主張の強い子が多い教室の中では、比較的落ち着いたお姉さんだった。話していても日本語には全くよどみがない。学習面では国語に少し課題があったが、教室に来るとまじめに机に向かった。遠足や調理実習といった教室のイベントでは、年下の子の面倒をよくみてくれた。

タイ人の母親と日本人の父親をもつメイは、父一人、子一人の父子家庭で暮らしていた。メイの住むマンションは、教室が活動する子育てプラザから、わずか三十メートルの距離にあった。玄関どうしが見える近さだ。

それでも父親の正三さんは教室が終わるころ、欠かさずメイを迎えに来た。スタッフが子どもを自宅へ送るのだが、正三さんは毎回プラザの前まで来て、「ほんまにありがとうございました」とにこやかに頭を下げた。そして、メイと一緒に三十メートルの距離を歩いて帰った。メイは正三さんが四十歳を過ぎてから授かった子だ。かわいくて仕方がないようだった。

毎度あいさつをするうちに、私は正三さんとも顔見知りになった。ボランティアを始めて十カ月、ようやく新聞記事用の取材に取りかかったころ、お迎えに来た正三さんに思い切ってインタビューをお願いした。正三さんは「いつもお世話になってるんで、私にできることなら」と控えめに快諾してくれた。

後日、近所の喫茶店で落ち合い、メイの生い立ちを聞いた。正三さんはたばこを片手に、二時間近く話をしてくれた。

メイはタイの首都バンコク近郊で生まれ、生後七カ月で来日した。日本へ渡る飛行機の中では、六時間ずっと泣きっぱなしだったそうだ。

幼いころのメイは、勝手に近所へ出歩いてしまうことがあった。「空港の近くに住んでたけど、ずっと飛行機ばっかり見てる子でねえ。タイに帰りたいんかなあと、かわいそうやった」と正三さんは懐かしそうに記憶をたどる。

その後、両親は離婚することになり、タイ出身の母親がメイを引き取った。四歳からの二年間は主に母親の故郷であるタイ東部の田舎町で暮らした。小学一年生になるタイミングで二人して日本へ戻ることになったが、母親の持病が悪化し、その秋に正三さんが引き取った。

父娘二人、移り住んだ先が島之内だった。

正三さんは当時、会社勤めをしていた。仕事で接待がある夜、幼いメイを自宅に一人置いてはいけず、大阪・北新地のラウンジへタクシーで一緒に行った。店のホステスにかわいがられた記憶が、メイにも残っているという。

仕事と子育ての両立に限界を感じた正三さんは会社を辞め、島之内の近くで、時間の融通が利くマンション管理人として働くようになった。

メイは地元の南小学校に入った。タイ育ちのため、小学生になった当初は日本語で苦労したという。正三さんは「日本語で達者に話そうとはするんやけど、言葉の意味はちゃんとわかってないような感じ。好きやったテレビアニメで聞いた言葉ばっかりしゃべってました」とふり返る。

メイ自身、小学四年生ごろまでは日本語に苦手意識があった。よく覚えているのが、国語の授業で「日本」という漢字を「本日」と書き間違い、同級生にからかわれたことだ。「何とか仕返ししてやりたいと思って、いろんな言葉を辞書で調べたんよ。それで漢字を覚えるのが早かったんかもしれへん」というから、負けん気の強い子だったのだろう。

メイが五年生になった秋、Ｍｉｎａｍｉこども教室が活動を始めた。

開設から三カ月たった年末、メイは同級生のマナミに「教室でクリスマス会があるから、一緒に行こや。ケーキ食べれるで」と誘われた。食べ物につられて、メイは教室に通い始めた。

マナミはフィリピンにルーツをもつ女の子だ。「学校ではメイと別のグループにいて、ほとんど口もきいたことなかった」と言うが、一緒にこども教室に通い始めたことをきっかけに、一番の仲良しになった。

教室で六年生の担当になった私は、メイの隣に座ることがよくあった。なかなか勉強に集中できないマナミら他の六年生に比べて、メイには困らされることが少なかった。そのぶん、強く印象に残るエピソードも少ない。

ただ、今も私の記憶に鮮明に残る、六年生当時のメイの言葉が一つある。

それは、フィリピンにルーツをもつ大学生を教室に招いたイベントでの発言だった。

その日、キムさんが講師を務める大学の学生二人が、ゲストとして教室にやって来た。教室に来る子どもの多くは経済的にしんどい家庭で育ち、周囲には大学へ行ったり、目標としていた職業に就いたりするロールモデルが少ない。身近な大人の多くは、繁華街の飲食店などで不安定な職に就いている。

大学に行く方がいいとか、飲食店での仕事がだめだとか言いたいわけではない。ただ、子どもの周りに多様なロールモデルがいないことは、将来の選択肢をはじめから狭めてしまったり、芸能人やプロスポーツ選手といった目に付きやすい華やかな職業を漠然と夢見続けてしまったりすることにつながる。そうなると、子どもは目の前の生活や学習に意欲をもちづらい。

教室の子どもたちと同じく移民のルーツをもつ大学生に、日本語習得や学校での勉強に苦労しながら大学進学を果たした経験を語ってもらうことで、自分の将来への実感をもってもらいたい。そんな思いで企画した会だった。

二人のゲストは「大学に行ってみると、本当にいろんな人がいて、それまでは窮屈に思うこともあったこの世界が、すごく広く感じられました」と、子どもたちに語りかけた。

それから「みんなの将来の夢はなんですか」と尋ねた。

数人の小学生が照れながら、「サッカー選手になりたい」「私は歌手です」「えーっと、秘密!」と、子どもらしい答えを返していた。

その中で、メイだけが違った。

「私は助産師さんになりたいです」と、ずいぶん具体的な夢を言い切った。

続けて「それは貧しい人の家族を助けたいからです。助産師さんになるには試験があるから、今も勉強をがんばってやっています」。スタッフからは「おおぉ」と驚き交じりの歓声があがった。

いくぶん優等生じみた発言ではあったが、メイにはすでに固い意志があった。

後日、なぜ助産師なのかを尋ねると、五年生のころに友達の家で赤ん坊を抱っこしたり、あやしたりして、「かわいさに感動した」のがきっかけだという。将来は赤ん坊に関わる人になりたいとぼんやり思っていたところ、学校で「将来就きたい職業を調べる」という宿題が出た。学校にあった職業図鑑を眺めていて、助産師という仕事を知った。

子どもの夢は移ろいやすいものだが、メイは最初に抱いた夢を手放さなかった。その後も教室で機会があるごとに、「助産師」の夢を口にしていた。小学生のころから人前で夢を語り、周りの大人たちに励まされた経験が、メイの「夢」を現実的な「目標」へと変えていったのだろう。

中学校では生徒会の役員にもなった。一年生の秋、初めて生徒会選挙に立候補する際、教室で演説原稿を書いているメイを見たスタッフが、終わりの会にみんなの前で読み上げることを提案した。

メイは「ええぇ」と渋りながらも、半ばうれしそうに承諾した。そして終わりの会の冒頭、少し硬い表情でみんなの前に立った。

「私は、明るくてみんな仲のいい、思いやりのある学校になったらいいなと思いました。みんなが明るかったら何事にも挑戦できるし、みんなの仲が良かったら一つのことにみんなで取り組めるし、思いやりがあればお互いに支え合えると私は思います。そんな学校になるように、私も一生懸命がんばりたいと思います」

そう演説を締めくくると、子どもとスタッフみんなが拍手と歓声を送った。

堅調だったメイの生活。それが、高校二年の春に一変した。

＊

五月一日、大型連休の最中だった。朝から雨で、メイは父親と自宅にいた。昼ごろ、正三さんがお茶を飲もうとペットボトルを手にしたのだが、なかなかふたを開けられない。メイが「なにしてんのよ」と笑って、代わりに開けた。

正三さんはそのまま横になって眠った。しばらくたって目を覚まし、起き上がろうとするが、うまく体を起こせずにじたばたしている。

「え？　なに？」。驚いたメイが助け起こそうとしたが、重くて支えきれない。正三さんが焦り出し、ただならぬ事態が起きていることにメイも気付いた。

とっさにスマホを手に取り、電話をかけた先は教室スタッフのキムさんだった。呼び出し音は鳴るが、つながらない。続けてウカイさんの電話を鳴らした。

教室の女性スタッフとして六年近くメイとの付き合いがあったウカイさんは、「お父さんが倒れて、動けなくなった」と聞き、すぐに状況を察した。

「救急車よびなさい」と促すと、メイの家へ駆けつけた。着いたのは救急車とほぼ同時。父娘と一緒に救急車に乗り込み、病院へ向かった。不在着信を見て電話を折り返してきたキムさんも、間もなく病院に駆けつけた。

検査の結果は脳出血。すぐに緊急手術を受けることになった。看護師から「お父さんに何か言葉をかけてあげて」と言われたメイだが、頭が真っ白で言葉が出ない。「がんばれ」と一言しぼり出すのがやっとだった。

夜の病院の廊下で四時間あまり、開頭手術が終わるのを待った。キムさん、ウカイさんとは、高校生活や進路の話をした。不安を紛らわせてくれているんだな、とメイは感じていた。

手術が終わり、医師に呼ばれて説明を聞いた。正三さんが一命をとりとめたことを知らされ、メイはひとまず胸をなで下ろした。

しかし、続く話から、正三さんの身体に脳出血の後遺症があることがわかった。正三さんは長期入院を余儀なくされた。

父子家庭に育ったメイには頼れる親族もおらず、一人で生活しなければならなくなる。入院の手続きはキムさんとウカイさんが手伝った。メイは正三さんの着替えを取りに戻り、慌ただしい時間を過ごした。それが一段落すると、一人で家に帰った。

そして翌日は、一人きりで家にいた。少し落ち着いて先のことを考えると、不安で胸が押しつぶされそうだった。

「このままやと、やばい」

まず相談したのはマナミだった。メイをＭｉｎａｍｉこども教室に誘った同級生だ。南小学校を卒業した後は別の中学、高校へと進んでいたが、互いに何でも話せる唯一無二の間柄だった。

「今、ちょっとやばいねんけど」

そう言ってメイが事情を話すと、マナミは「とりあえず、ウカイ先生の家に泊まらせてもらった方がいいんちゃう？」と提案した。メイの頭にも思い浮かんではいたが、遠慮もあって自分からは言い出せそうになかった。どうやってお願いを切り出すか、マナミが一緒に考えてくれた。

その後、思い切ってウカイさんに電話をかけた。マナミのアドバイス通り、自宅に泊まらせてもらえないかと尋ねた。

「それやったら、うちへ泊まりにおいで」

ウカイさんは即座にそう返事をした。

彼女にもためらいはあったという。「そんなことをしてもいいのかなって。私の生活の中に『支援活動』っていうものが、それまでとは全く違うレベルで入り込んでくることになるわけですから」

ウカイさんも当然、メイの生活支援に深く関わっていくつもりだった。ただ、支援者として十年以上の経験がある彼女にとっても、子どもを自宅で長期間あずかった経験はなかった。「支援」と「生活」の境界がなくなることへのためらいは、私のような週一のボランティアには想像もつかない。

しかしその逡巡を、ウカイさんは瞬時に打ち消した。

「メイの頼れる人が他にいないことは、教室での長い関わりのなかで十分に知っていましたから」

夫に事情を説明し、一カ月余りメイを自宅に泊め、高校へ通わせた。

ウカイさんはその間、メイに家事を教え込んだ。皿洗いや洗濯は、できるだけ自分でさせた。家計簿のつけ方も教えた。「先々までメイが一人で暮らしていける力を、今つけるしかない。そのためにはウチでの合宿が一番やったんかもしれませんね」とふり返る。

メイも「ほんまに合宿。結構きびしかったで。食器洗う時に水出しっぱなしはあかん、とか」と笑いつつ、「ウカイ先生のおかげで、家事や節約のやり方がきっちりわかった。いったん生活を落ち着けることもできた」と感謝を口にする。

役所や病院での手続きにはキムさんが同行した。メイは十七歳にして一人で暮らすことになり、役所からは児童養護施設に入ることも提案された。ただ、メイの意思は「このまま島之内で暮らしたい」だった。キムさんらはＭｉｎａｍｉこども教室のスタッフが生活を支えることを役所に訴え、島之内の自宅に住み続けることが認められた。

＊

一連の出来事を私がメイから聞いたのは、正三さんが倒れた大型連休明けの火曜日だった。いつも通りの教室での学習後、メイから「ちょっと」と呼び止められた。「お父さん入院してん」とメイは小声で切り出し、経緯を聞かせてくれた。気丈に話そうとはしていたが、目が潤み、声が震えていた。

軽い言葉はかけられないと自戒しつつ、私は「近所に住んでるんやから、困ったことがあったら何でも言うてきいや」と伝えた。

私が妻と二人で暮らすマンションは、メイの家から徒歩二分。ふと思い立ち、「一回、うちにご飯食べにおいでや」と声をかけた。メイも「そしたらお邪魔しよっかな」と言い、さっそく二日後に来ることになった。教室の実行委員らも承諾してくれた。

木曜日、午後七時に島之内のスーパー前で待ち合わせた。メイはいつもと違って口数が少なく、笑顔も硬い。私の妻に初めて会うことに緊張していたそうだ。

とりあえず、野菜と鶏肉、卵、デザートのいちごを買って自宅へ向かった。妻も最初は少しぎこちなかったが、メイと一緒に食材を切り、鶏肉と野菜の炒め物を作るうち、自然な言葉を交わすようになった。メイは生まれて初めての卵焼きにも挑戦し、菜箸でうまく丸めたできあがりを見て、ようやく普段通りの笑顔を見せた。

小さな食卓に料理を広げ、三人で囲んだ。自分で作った炒め物を、メイはおいしそうに食べた。遠慮しつつもご飯をおかわりした。

はじめは、高校での出来事など当たり障りのない話をしていたメイだが、家の状況についても誰かに言いたかったのだろう。高校への納付金や家賃の支払い、生活保護費の受け取り、父親の見舞い、一人暮らしの家事のことまで、突然抱えることになった暮らしの悩みを、少しずつはき出していった。

「なんかな、ついぼーっとしてしまうねん。あんまり今の状況を正面から受け止めてしまったら、しんどくなるから」

メイがもらした言葉に、私と妻は黙ってうなずくことしかできなかった。

二時間ほど話し込んだ後、あまった食材を持たせ、午後九時すぎに家へ帰した。妻と私は「とりあえず、初めの一回ができてよかった。これからもっと気楽に来てくれたらええんやけど」という意見で一致した。

メイはその後しばらくウカイさん宅に泊めてもらい、自宅へ戻った六月末、晩ご飯を食べに再び我が家へ来た。その日は親友のマナミも一緒だった。マナミも緊張していたそうだが、メイとは逆にいつにも増して口数が多く、にぎやかな食卓となった。

それからメイは週一回のペースで、うちへ晩ご飯を食べに来るようになった。食卓での話題は尽きなかった。「部活動の試合で勝てた」「テストの結果やばかった」「同級生の女子と微妙」「隣のクラスのあの男子が気になる」と、高校生らしいおしゃべりを聞かせてくれた。

メイの誕生日にはマナミも一緒にケーキでお祝いし、クリスマスには心斎橋のイタリアンへ少しおめかしして出かけた。年末には二人がうちへ泊まりに来て、一緒に年越しを過ごした。

私が仕事で帰れない日でも、メイは妻と二人で楽しくやっていた。妻とはSNSの連絡先を交換し、私相手の時よりも気軽に連絡を取り合っていて、ちょっとうらやましかった。一度、メイから「ピアスが外せなくなった」と妻にメールがあり、夜にメイの家へピアスを外しにいったことさえあった。

そうして一緒に食卓を囲みながら私が考えていたのは、この時間がメイにとっての「普通」の時間になればいいな、ということだった。

メイの話からは常に、「普通」の高校生にはない悩みが見え隠れした。奨学金の申請書類をすべて自分でそろえなければならない。生活保護費から日々の支出を考えなければならない。介護施設に移ってリハビリをする父親のケアをどうするか。今の家で一人で暮らし続けられるのか——。

十七歳が独りで抱えるには重すぎる悩みが、メイの頭の中には常にあった。

だから、うちに来て、三人で食卓を囲んでいる瞬間は、ただ心を開いて重荷を下ろし、自由に思いを打ち明けられる時間にしてほしかった。それは「普通」の高校生なら意識もしないような、当たり前の日常だったはずだ。

メイにはそんな「普通」の時間が必要なんじゃないか、という控えめな臆測が、私にはあった。その臆測は、私自身の経験からきている。

私は母親と妹弟三人とのシングルマザー家庭に育った。そして私が二十歳の冬、母親はがんで亡くなった。葬儀の手配、役所の手続き、銀行口座の整理、学費免除の申請……、悲嘆に暮れる暇もないほど、やるべき事が目の前に山積した。

生活が急変するなかで支えになったのは、幼いころから通っていたプロテスタント教会のコミュニティだった。特に中学生のころから世話になってきた牧師夫妻は、私たちきょうだいを親身になって支えてくれた。

夫妻の家で、私はしばしば夕食をごちそうになった。その食卓は私にとって、胸の中で膨らむ不安を言葉にし、ただ話を聞いてもらうことで、自分は独りではないと実感できる、かけがえのない「普通」の時間だった。

もちろんメイと私の置かれた状況は全く違うし、メイが本当にそれを求めていたのかもわからない。ただ、自分にできることは、それくらいしかなかった。「メイに何かしてあげたい」という意気込みが私にはあった。

けれど、そんな私の意気込みは、いつの間にか流れて消えていた。

私にとっても、妻にとっても、メイが週に一度うちに来ることは純粋な楽しみになっていたからだ。うれしい報告も、たまりにたまった愚痴も、冗談交じりに明るく語るメイと接していると、私も妻もただ楽しかった。当時ブームになり始めていた漫画「鬼滅の刃」の存在も、流行語「ぴえん」や「ＪＫ（女子高校生）」の正しい使い方も、現役女子高校生のメイが私たち中年夫婦に教えてくれた。

メイは食卓で話しながら、時折こらえきれずに涙をこぼした。それでもじきに気を持ち直して笑顔を見せようとする姿に、こちらが励まされていた。

＊

父親が自宅に戻れないまま、メイは高校三年生になり、受験の年を迎えた。「助産師になる」という夢の実現に向け、まずは看護師の資格を取るための専門学校を目標にすえた。

Ｍｉｎａｍｉこども教室で受験支援の中心を担ったのは、高校の化学教師を退職してボランティアに加わったタナカさんだった。皮肉のきいた冗談は多いが、子どもへの愛情にあふれたおじさんだ。メイの苦手教科は化学と数学。高三レベルの理系科目を教えられるスタッフは限られ、タナカさんがつきっきりで課題をみた。

三年生の夏になると志望校も固まった。私も新聞記者の端くれなので、メイの小論文や志望理由書を添削したり、面接の練習に付き合ったりした。志望理由書には「将来、助産師になりたいと考えているからです」としっかり書いた。

第一志望の看護専門学校の推薦入試は、早くも秋に始まった。

面接試験の直後は「全然うまく答えられなかった」と落ち込んでいたメイだが、小論文と面接の一次試験、そして最終の二次試験を無事に終えた。

結果発表の日、メイから電話があった。

第一声、「合格した！」と報告があり、妻と二人で喜び合った。

合格した専門学校には寮や奨学金があり、四年学んで卒業した後、しばらくは系列の病院で看護師として働くことになる。うまくいけばメイは二十代半ばで助産師学校に入り、夢をかなえることができる。

受験勉強から解放されたメイは、ボランティアとしてＭｉｎａｍｉこども教室へ顔を出すようになった。小学生の隣に座って宿題を教え、子どもの自宅への見送りも担った。

その姿を、スタッフたちは娘や孫を愛でるように見守った。教室出身の子どもがボランティアとして戻ってくるのは初めてのことだった。

学習支援をする側にまわったメイは「今まで教えてもらうことに慣れきってたけど、わかりやすく教えるのって難しいねんなあ。自分の教えてることが合ってるんか不安になったら、その子も不安にしてしまうし」と言う。

特に、ある女の子の姿が心に残ったという。教室でも口数が少なく、物静かな小学六年の女の子だ。

「すごい黙々と丁寧に宿題をやる子なんやけど、どうしても要領が悪いねん。それが小学生のころの自分を見てるみたいで。もっと力を抜いてもいいのになあって思いながら教えてた」

そうやって自らと重ねながら、気持ちをわかろうとしてくれる先輩がいることは、その女の子にとっても、良い出会いになったはずだ。

＊

メイは専門学校の入学と同時に、学校の寮へ入ることになった。六歳で移り住んで以来初めて、島之内を出て暮らすことになったのだ。島之内を「ほわほわしてて、居心地がいい」と評していたメイだ。名残は尽きないようだった。

私は一つの区切りだと思い、メイがうちへ夕食に来た日、少し改まったインタビューをさせてもらった。居間の座卓に向き合い、レコーダーを回す。メイは少し照れつつ、一つひとつ言葉を選びながら、父親が倒れてからの二年間をふり返ってくれた。

「私がしんどい時に周りにいろんな大人がおってくれて、それぞれの場面で助けてくれた。勉強のことはタナカ先生、生活のことはウカイ先生、役所とかややこしいことはキム先生、いろんな愚痴はタローの家で聞いてもらった。そうやって、いろんな大人がおってくれたから、ひとりで悩まずに済んだ。それがいいな、って。ひとりの人だけに頼りきるんじゃなくて、いっぱいいてくれることで、一人ひとりに少しずつ、あんまり遠慮せずに相談ができるやん。相談できるから、ひとりで抱え込まんで済む。そのおかげで心の余裕ができたと思う」

「教室はメイにとってどういう場所？」というありきたりな質問を、私は投げかけた。メイには高校一年の時にも同じ質問をしたことがあった。当時の答えは「自分ががんばりたいと思った時、応援してくれる人がいて、勇気づけられる場所」だった。

それから二年。少し考えてメイは言った。

「やっぱり居場所かな。心の居場所」

飾らない、真摯な言葉だった。

「島之内からは離れるけど、これからもみんなにいろいろ相談したいし、教室にはつながっていきたいと思ってるねん。私のこれからの姿も見てほしいし、看護師になったら、みんなの役に立てるかもしれへんし」

そして、この間の成長を感じさせる一言を口にした。

「私のような子がおったら、自分の経験がちょっとは生かせるんちゃうかなと思ってる。しんどい思いしてる子って意外にたくさんいるやろ。見えてないだけで。やっぱりJKはJKらしくおってほしいよね。能天気で、ふわふわしたJKライフを送れるよう、楽しいことを知ってほしい。楽しいことがあったらがんばれるから。私の場合は、周りにいろんな大人がおってくれて、友達にも恵まれたから、いろいろあったけど、そこまで落ち込まずにＪＫライフもエンジョイできた。いつかは、そうやってしんどい思いをしてる子に関わっていけたらなって。それが、私の今の目標かな」

四月一日、メイは住み慣れた島之内を離れ、看護専門学校の寮に入った。前々日からの引っ越し作業には、ウカイさんや私を含めた教室スタッフらが応援に駆けつけた。なかなか物を捨てられないメイに断捨離を促しながら、何とか大型バン一台に荷物を詰め切った。

荷入れの際、染み一つない寮の一人部屋に初めて足を踏み入れたメイは、心底うれしそうだった。島之内のマンションでは違和感のなかった古びた衣装ケースが、真新しい部屋に来るとやけに場違いに映った。

そのギャップこそが、メイの踏み出した「新生活」を象徴しているように、私には思えた。

二．言葉の壁、心の壁

メイが専門学校に入学したのと同じ春、同級生のマキコも島之内を去った。故郷であるタイの大学へ進学するため、関西国際空港から飛び立ったのだ。

そこからちょうど六年前、マキコが初めて教室に来た春のことは、よく覚えている。中学一年で来日して間もないマキコは、その日、入学したての中学校の制服を着て、教室に来た。日本語はほとんどわからない。中学生担当スタッフのイノウエさんが、ゆっくり、はっきりした日本語で教室のことを説明するが、沈んだ表情のまま首をかしげ、何も言葉が出てこなかった。

欠かせない連絡事項はメイがタイ語に訳して伝えた。帰り際、私が「またね」と声をかけて手を振ると、マキコはぎこちない笑顔をつくって、ぺこりと会釈を返した。

マキコも日本人の父、タイ人の母をもつ。日本で生まれて間もなく、タイにいる母方の祖母の家に預けられた。父親のことはほとんど知らないという。小学三年生の時に家族の都合で、それまで住んでいた首都バンコクから、タイ東北部の田舎町へ引っ越した。

当時の記憶としてマキコが思い出すのは、名前のことだ。「マキコ」という日本風の名前を、同級生にからかわれた。「アジノモト、アジノモト」と、世界中で知られる日本発のうま味調味料を持ち出して、はやし立てられることもあったという。

「私はタイ人でも、日本人でもない」

自分のルーツに対する否定的な感情が、幼いマキコの心に残った。

母親と姉が住む大阪に移り住んだのが、中学一年の春だった。姉からは「私の子育てを手伝いながら、日本で勉強しないか」と言われていたそうだ。来日前に知っていた日本語は「こんにちは」と「ありがとう」くらい。母親には手のひらに収まる小さな日タイ語辞書を買ってもらった。

来日したマキコは、中学校へ行くことを心待ちにしていたという。

「めっちゃドキドキして、早く学校に行きたかった。ぜったいみんなが私のことに驚くやろうって。だって外国人やから。タイやったら、みんなめっちゃ驚く。でも、日本ではそうじゃなかった」

入学した大阪市立南中学校は島之内にあり、移民のルーツをもつ生徒が半数ほどを占める。来日生徒はマキコ以外にもいた。みんなが新入生という状況でマキコに注目が集まることはなく、学校生活は淡々と進んでいった。

ただ、すべては日本語で進められる。日本で長く暮らす生徒とは違い、来日したてのマキコには授業中に先生の言っていることが全く理解できない。

国語の時間などでは別室で日本語を学ぶ授業があったが、それ以外の時間は苦痛でしかなかった。授業中は頭を空っぽにして何も考えず、ひたすら時が過ぎるのを待った。

授業よりしんどいのが、休み時間だった。うまく日本語が話せないことが恥ずかしくて、同級生に話しかけられない。休み時間に一人ぼっちで過ごすことは、十三歳の少女にとって何よりつらかった。

昼休みにグループになって弁当を食べる時も、他の子たちが話すのを聞いて、何となくうなずくだけ。会話の意味がわからないから、笑うタイミングもわからない。言葉を発する機会すらなく、他の子と目を合わすのが怖かった。

英語の授業で英単語を一斉に読み上げるとき以外、学校で一言も発さない日さえあった。ただ「早く家に帰りたい」と思っていた。

言葉がわからない状態で過ごす学校生活のしんどさは、私にはとても想像が及ばない。同調圧力やモノリンガリズム（単一言語主義）が色濃い日本の学校文化の中では、自分の存在が常に否定されるような気持ちに追い込まれかねない〔1〕。

そんな学校生活の傍ら、ＭｉｎａｍｉこどもＭ教室はマキコにとってどんな場所だったのだろうか。私が教室でボランティアをしながら付けていた記録から、四月以降のマキコの様子を拾ってみる。

五月十九日――　日本語指導の経験が豊富な元教師のイノウエさん、ツボウチさんが、付きっきりで指導。少しずつ日本語を理解してきてはいるようだ。数学では数式はすらすら解けるが、問題文に日本語が交じっていると手が出ない。問題文の中に出てきた日本語の単語を、タイ語訳と一緒にメモしていて、やる気は十分。同級生の子たちとあまり会話がないのが、少し心配だ。

六月二十三日――　ボランティアの参加が少なかったため、教室で一人ぽつんとすることが多かった。私も声をかけて、間違っていた数学の問題を教えようとしたが、日本語の意味がまだつかめないようで、表情が暗い。他の子ともあまり会話がなく、つらそうだ。

七月十四日――　新しく中国から来日した同級生の女の子スーハンと仲良くなった様子。二人とも笑顔で会話をしていて、いつになく楽しそう。

九月八日――　初めて私が隣に座って、英語と数学をみた。間違っている問題を、「こちょっと違うなあ」と伝えて、ゆっくりした日本語で教えると、「難しいですねえ」と言って悩む。でも、答えがわかると「ああ！」と自然な笑顔になっていた。雑談をするほどの日本語力はまだないようだが、私のしぐさをまねして笑うとか、自然な振る舞いが見られるようになってきた。母親にもらった日タイ語辞書をちゃんと使い込んでいるようで、表紙がすり切れていた。

十一月十日――　マキコとスーハンが二人で、ブラジルルーツの先輩女子に話しかけていた。マキコが「どこで生まれたんですか?」「何歳ですか?」と日本語で尋ね、先輩女子も日本語で答える。簡単な英語も交えながら、お互いに質問をしあっていた。うまく伝わらないこともあるが、三人とも自然な笑顔で気兼ねなく言葉をかけあっていた。スタッフのイノウエさんは後ろで、「こういうのがええんよな」と見守っていた。

こうして月単位で経過をたどると、マキコが少しずつ変わっていく様子がよくわかる。

マキコにとっては、スーハンやメイたち教室でできた移民ルーツの友達の存在が、支えになっていたようだ。マキコは当時をふり返って言う。

「もし教室がなかったら、友達ができなかったかもしれん。教室に来ると、私の話を聞いてくれる人がいた。それがよかった。学校では全然しゃべれんかったから。ちょっとでも人と話せるだけで、リラックスできるやん」

マキコの来日から半年ほどたった九月、移民のルーツをもつ中学生の母語スピーチ大会があった。子どもたちが母語で自分の思いを表現する機会として、大阪市の教育委員会が毎年開いていたイベントだ。

マキコも二カ月前から準備を重ねて参加した。私も他の教室スタッフと一緒に、会場の中学校へ応援に駆けつけた。

フィリピン、ブラジル、ネパール、ガーナなど、多様なルーツをもつ中学生が三十人ほど参加していた。マキコの出番は七人目。緊張がこちらにまで伝わってくる硬い表情で、いすに腰かけて出番を待っていた。

マキコの番が来た。壇上に上がり、手のひらを合わせて「サワッディカア」とタイ語であいさつする。手元の原稿にはほとんど目を落とすことのないまま、まっすぐ前を見て、滑らかなタイ語で話し始めた。普段の教室で聞く、控えめで消え入るような日本語とはまるで違う、はきはきとよく響くタイ語だった。

子どもたちが母語を話すのを聞くと、いつも、目から鱗が落ちるような心持ちになる。普段は「日本語ができない」と言われる子どもたちが、実は全く別の言語を使いこなし、そのうえで日本語を話そうと人一倍努力していることに、改めて気付かされるからだ。

壇上に立ったマキコの朗々と響く声には、彼女が本来もっている意志の強さや、しなやかな知性を感じた。それと同時に、普段抱えている言語・文化をめぐる重荷が、どれほど彼女を縮こまらせているのかと、思わずにはいられなかった。

私にはタイ語のスピーチ内容は理解できなかったが、大会のパンフレットには日本語訳が載っていた。

日本に来て、わくわくしながら学校へ通い始めたが、日本語が理解できず、友達ができないこと。休み時間や弁当の時間はひとりぼっちになるので、大嫌いなこと。家では姉の二歳の娘の世話で疲れきっていること……。

マキコはそれでも、「自分や家族の未来のために、できるだけのことをしたい」と決意を述べた。そして、最後だけは日本語で締めくくった。

「わたし、がんばります」

壇上で一礼し、拍手を受けながら降りてくると、ようやくほっとした笑顔を見せ、私たち教室スタッフにハイタッチを求めてきた。普段の教室で控えめなマキコの様子を見守ってきたイノウエさんは目を細め、「こっちがマキコのほんまの姿なんかもしれへんなあ」

とひとりごちた。

　中学二年に上がるころには、マキコの学校生活も好転したようだった。翌年の母語スピーチ大会では、新しいクラスでいろいろ話せる友達ができたことや、美術部で絵を描くのに打ち込んでいることなど、ポジティブな話題がスピーチの中心になっていた。大会プログラムの中では、タイの民族衣装を着て、堂々とタイ舞踊を披露した。

　中学三年生になると、Ｍｉｎａｍｉこども教室が開く受験生向け勉強会にも熱心に通った。イノウエさんはマキコ向けの課題プリントを手作りして、受験勉強を支えた。

　マキコは「中学校ではみんな一斉に授業をやるし、先生は忙しそうでなかなか質問しに行けない。イノウエ先生は私がわからないところ、心配なところをめっちゃ聞いてくれる。それがすごくうれしい」と感謝を口にしていた。

　無事、大阪府立高校に合格したマキコは、移民ルーツの生徒らが集まる部活動に入り、アルバイトにも精を出していた。通学に時間がかかる遠方の高校だったため、教室からは少しずつ足が遠のいていった。

＊

「マキコ、タイの大学に進学するらしいで」

　私がメイからそう聞いたのは、マキコが高校三年生になった冬のことだ。教室の子どもが母国の大学に進学するケースは初めてだったので、驚いた。

マキコとはしばらく会っていなかった。日本を離れる前に一度きちんと話を聞かせてもらおうと思い、ＳＮＳで連絡を取った。

待ち合わせたのは三月一日。日本を離れる二週間前だった。高校の卒業式を終えてすぐ髪を茶色に染めたらしく、大人びたロングコートを羽織って「ひさしぶりー」と待ち合わせ場所にやってきた。

最後の記念にと、教室が活動する子育てプラザの前で写真を撮ることになったが、「リップ塗るから待って」とスマホのカメラをのぞき込む。その姿がすっかり大人びていて、彼女が初めて教室に来た日から六年という歳月の長さを、改めて感じた。

マキコには過去にも二度、インタビューをさせてもらったことがあった。一回目は中学一年生のとき。当時はまだ日本語でのやり取りが難しく、タイ語が話せる後輩記者に通訳を頼んだ。高校一年生だった二回目のインタビューでは日本語で答えてくれたが、まだ使える語彙も限られ、短文でのやり取りが主だった。

十八歳になった三回目。すっかり豊かになった日本語表現と、自分の考えを言語化する力に、喫茶店で向き合う私は静かに感心していた。

マキコは自分でタイの大学を調べ、進学先をタイ東部にある工科大学に決めたという。子どものころに住んだ田舎にほど近い街だ。今も親戚が暮らしていることが、大学選びの決め手になったそうだ。

日本からオンラインで面接を受け、日本の高校での成績が入試評価に換算されたという。大学の担当者とSNSの連絡先を交換し、細かな相談にのってもらえたことを、マキコはとても喜んでいた。

「なんでタイに帰ることにしたん?」

そう聞いてみた。無難な質問のつもりだったが、マキコは少し表情を曇らせた。そして「壁」の話をした。

「日本に来て、みんな優しいんやけど、なんか冷たいなとも思ってた。壁があるみたい。みんな話はしてくれるけど、気持ちにはやっぱり壁がある。それって、なんか……きつい。バイトでも日本人と働くより、外国人どうしで働いた方が、なんか楽やねん。日本人と働く時は、自分がわからないことを『なんて聞いたらいいかなあ』、『聞いたら失礼になるかなあ』って考えて、しゃべれない。ずっとしゃべれなかったら、きついよ。もちろんみんな、何か聞いたら答えてくれるけど、答える言葉も、なんか……。その言葉の中に別の意味があるんかなあ、答えたくない気持ちがあるんかなあって感じてしまうねん」

自分の気持ちを表す日本語を丁寧に探しながら、マキコはそう答えた。関西弁もすっかり上手になっていたが、それでもなお、日本語を母語とする人との間で交わすコミュニケーションには、心理的な「壁」を感じてしまうのだ。

高校でも精神的に疲れてしまい、遅刻や欠席が増えた時期があったそうだ。ベトナムから来た同級生の女の子とは仲良くなったが、「日本人」の友達はほとんどいなかったという。

一番の友達はずっと、Ｍｉｎａｍｉこども教室で仲良くなった中国ルーツのスーハンだった。二人は別々の高校に進んだが、しょっちゅう連絡をとって買い物やご飯に行っていたという。

「教室があってよかった」と、マキコは言った。

日本での生活で感じた「壁」を前に、マキコはタイでの進学を選んだ。

「タイで生活するのは、やっぱり楽なんですよ。なんか自分の家みたいで」

聞くべきか悩んだが、私はマキコに「タイのルーツと日本のルーツ、マキコの中でどっちが大きい？」と尋ねてみた。

マキコは即座に、「たぶんタイやと思う」と答えた。「私はタイ語をしゃべってるし、タイの文化の方がよく知ってるし。私のことをタイ人やと思ってる人の方が多いし」

その一方で、タイ人としてのアイデンティティの揺らぎも感じているのだろう。

「だけど、タイに帰ったら、名前は日本の名前やし、顔もちょっと真ん中の感じやから。タイにいても、タイ人じゃないみたい。日本に来ても、日本人じゃないみたい。私はどこの国の人なんやろ」

笑いながらそう言ったが、目は寂しそうだった。

そんな風に感じるようになった背景には、やはり小学生の時に名前でからかわれた原体験があるという。

「私、タイ人っぽい名前に変えたいなあとも思ってる。小学生の時、名前でめっちゃいじめられたやろ。たぶん、その子らは覚えてないやろうけど、私はずっと嫌やった。だからタイに帰って、もし大学でまたそんなこと言われたら、ほんまに嫌やから、名前変えられへんのかなって悩んでる。今の名前は、タイで誰かに言うたびに、自分がどういう人なのかって説明しないといけないでしょ。これからもずっと……」

返せる言葉が見つからなかった。

言葉に詰まる私を慮ってか、マキコはすぐに付け加えた。

「けど私、どこに行ってもやっていける自信があるねん。なんでかわからないけど、自分はどこに行っても、生活はちゃんとやっていける、そんなには苦しまへんって思う。なんか自信あるねん。だから大丈夫」

六年間、日本という新しい環境で生き抜いたからこそ、マキコはどこかで自分の生きる力を信頼しているようだった。大学を出たらタイにある日系企業で働きたいとも言っていた。

マキコが引っ越しの準備をしていると、一枚の黄色いTシャツが出てきたそうだ。

その四年前、Ｍｉｎａｍｉこども教室でそろいのＴシャツを作ろうという話がもちあがった際、中学で美術部に入っていたマキコに、スタッフがデザインをお願いした。マキコは紙とペンで図案を書き上げた。地球の周りに各国の言葉や国旗をあしらった、ひいき目抜きにポップで素敵なデザインだった。教室の遠足などの際に、みんなでそのＴシャツを着て、中学を卒業する子には記念としてプレゼントした。そのデザインは後に、教室のロゴマークにもなった。

「あのＴシャツ、ちゃんと捨てずにとってあった。中学の時、みんなが着てくれたこと、私の誇りですから」

マキコはタイへ送る船便の荷物に、Ｔシャツを大切にしまった。

タイへ出発する早朝、関西国際空港には親友のスーハンやメイ、お世話になった教室スタッフのウカイさん、高校の友達や先生が見送りに駆けつけた。出国ゲートの前でマキコは号泣しながら、スーハンやメイらと固く抱き合った。

日本でできた友達に見送られて、マキコは日本を発った。

壁を感じることが多かった日本での六年間にも、マキコと心を交わした人たちは確かにいた。Ｍｉｎａｍｉこども教室という場所は、その出会いを確かに支えていた。

三．学校へ行きたい

Ｍｉｎａｍｉこども教室でボランティアをしていて驚いたことの一つは、島之内に住む移民家庭の「出入り」の激しさだった。

しばらく顔を見ないなと思っていた子が家族で母国に帰ってしまっていたことや、日本国内の別の土地へ引っ越していたことがよくあった。逆に年度途中に来日した子が、学校から紹介を受けて教室へ来ることも多い。もちろん頻繁な移動の背景には、親の仕事の不安定さがある。

ジョセフの母子も、そんな家庭の一つだった。

日本生まれのジョセフは、フィリピン人の母親との母子家庭で育った。Ｍｉｎａｍｉこども教室ができたころは南小学校の三年生で、初回の教室から参加している最古参だ。

小学六年まで教室に通い続けていたが、卒業と同時に家族の事情でフィリピンへ移り住むことになった。しばらくして母親だけが大阪へ戻ったという。当初は母親と一緒にフィリピンで暮らしたが、しばらくして母親だけがジョセフは首都マニラ郊外にある祖母の家に住み、地元の学校に通った。最初の一年はタガログ語でのコミュニケーションに苦労したという。日本で暮らす間も、母親とはずっとタガログ語と日本語の入り交じった会話をしていたが、中学レベルの学習にすんなり入っていけるほどの言語力はない。

一方で日本語に触れる機会も減った。好きな日本のアニメをインターネットで見る程度で、日本語の読み書きからはすっかり遠ざかった。

現地の学校ではダンスに打ち込み、毎月あった発表会に向けて、練習に励んだという。タガログ語に慣れていくにつれ友達も増えた。それでも、長く住み慣れた日本に帰りたい、という思いはずっとあった。

フィリピンで暮らし始めて三年がたった二〇二〇年六月、また転機が訪れた。新型コロナウイルスの感染が世界中で広がっていることを心配した母親が、ジョセフを日本へ呼び戻し、再び大阪・島之内で一緒に暮らすことになったのだ。

その年の夏、ジョセフは突然、Ｍｉｎａｍｉこども教室に戻ってきた。笑顔のかわいい、あどけない小学生だったジョセフは、三年という時を経て、身長百七十センチ超、足の大きさが二十九センチという立派な青年になっていた。

すっかり声変わりした低音で「先生ひさしぶり」とあいさつした後、「こんど飲みに連れていってや」と、大人ぶった冗談をかましてくる。それでも、私が「あと五年たったら連れてったるわ」と返すと、小学生のころの面影が残るかわいらしい笑顔を見せた。

三年ぶりに日本へ戻ったジョセフにとって、一番の問題は、学校に行けないことだった。日本の中学校にあたる教育課程はフィリピンで終えていたため、日本の中学に編入することはできない。一方で、日本語の読み書きからは長く離れていたため、高校に入るためにはかなりの準備が必要になる。

ジョセフ母子は教室スタッフとの相談の末、同い年の子から一年遅れるかたちで、翌春の入試をめざすことを決めた。

*

ジョセフのように、母国で中学相当の教育を修了してから来日した子が、中学校に入らずに高校入試を受けることを、支援者らは「ダイレクト受験」と呼ぶ。

Ｍｉｎａｍｉこども教室にもダイレクト受験の子が毎年やって来る。日本語学習や入試対策が必要になるだけでなく、親も日本語が十分には理解できないことが多いため、受験校選びや出願のサポートも欠かせない。移民ルーツの子どもにとって高校受験はそもそも高いハードルだが、中学校での受験指導がないダイレクト受験はさらに厳しい壁となる。

Ｍｉｎａｍｉこども教室ではジョセフたちの高校受験に対応するため、普段やっている火曜夜の学習支援に加え、木曜の夜にも受験生向けの勉強会を開くことにした。

さらに、教室スタッフだったウカイさんらが大阪市内で開いている別の支援教室「こどもひろば」と連携をとり、月曜と水曜はそちらへ行くことになった。

ジョセフは合わせて週四日、二つの教室に休まず通った。

「学校に行きたいって、ずっと思ってた。一人でずっと家におるのって、やっぱさみしいから」

家では毎日、勉強をするか、スマホでゲームをするか。学校に行けないジョセフにとって、地域の支援教室は家の外での唯一の居場所になっていた。

ある日、Ｍｉｎａｍｉこども教室で午後八時に学習が終わった後、ジョセフが何をするでもなく居残っていた。「最近、調子どう?」と話しかけると、「まあまあかな」といつも通り素っ気ない。けれども、私が「せっかく残ってるんやから、ちょっと手伝ってや」と教室の片付けを頼むと、「うん、いいよ」と二つ返事で引き受けてくれる。そして掃除機を手に、「おれ、これやるの初めてや」と笑っていた。

小学生のころに同級生だった子たちは一足先に高校生になっていて、「おれ、みんなから一年遅れてもうたんやなあ」と気にするような言葉も口にする。その一方、教室で再会した旧友たちと昔の思い出話をする時は、心底うれしそうな様子だった。

教室ではこの年、ジョセフらダイレクト受験生二人と、中学三年生七人の計九人が高校受験に臨んだ。受験生向けの教材は、元中学教師のスタッフであるイノウエさんが準備をした。

日本を三年離れていたジョセフは、やはり漢字の読み書きや文章題の読解に難しさを抱え、国語や社会の点数は伸び悩んだ。その代わり、フィリピンで公用語として学んだ英語はいつも高得点だった。

入試では、日本語力がさほど必要ではない数学の点数をどこまで伸ばせるかがポイントになる。イノウエさんがジョセフの弱点に合ったプリントを用意して、つきっきりで取り組んだ。

イノウエさんはジョセフが問題を解いた時、全力で褒める。間違えた時も、おしかった点を見つけてやっぱり褒める。他の子に対してもそうだ。私はボランティアを始めたころ、「ちょっと大げさやなあ」と思って見ていた。しかし一度、「なんでそんなに褒めるんですか」とイノウエさんに尋ねてみて、その答えに目が覚めた。

「この子らは日本の社会で、わからないことだらけの中で生きてきて、自信を失ってるんです。だからなかなか『わからない』と人に言えない。ぼくとしては子どもが答えを間違った問題こそが大事で、そこから弱点を解決するための教材を作れる。だから、子どもには、わからないところを自分で見つけて、ぼくに伝えてほしい。子どもが心を開いて『ここがわかりません』と言える相手になることが、受験勉強のスタートなんです」

イノウエさんは、ジョセフが机に向かう「姿勢」に着目していた。確かに教室に来始めたころのジョセフは、いすの上で片膝を立てるような少し崩れた姿勢で勉強をしていた。それが、日を追うごとにまっすぐ座って机に向かうようになっていった。

イノウエさんは長年の教員経験から、「子どもの内面が姿勢に表れる」という持論をもっているという。

「勉強に向き合い始めたころは、やっぱりわからんことばっかりでおもしろくない。そやけど、基礎的な学習を積み重ねて、それまで解けなかった問題が解ける喜びを知るようになると、もっと集中しようという気持ちが姿勢に出てくるもんです。ジョセフの姿勢にも気持ちが表れてます」

受験を翌月に控えた一月、ジョセフは教室で、志望校へ提出する自己申告書を書いていた。「教室に通った半年余りで自分がどう変わったか」について書こうとしたところで、筆が止まった。ジョセフはふと、そばにいた私たちに「おれ、どう変わったと思う？」と聞いてきた。

イノウエさんはすかさず「自分では気付いてないかもしれんが」と前置きして答えた。

「ぼくの話を集中して聞くようになった。座る姿勢も、初めはだらっとしてたけど、ちゃんと座って勉強に向かえるようになった。数学の力は入試問題が自分で解けるところまで伸びた。ぼくはすごいなと思って見てるんや」

子どものことを細やかに見ているイノウエさんらしい言葉だった。普段ひょうひょうとしているジョセフも、少しはにかんで聞いていた。

二月、大阪府立高校の入試当日は火曜だった。ジョセフはその夜、教室にやって来た。スタッフはみんな気を遣いながら「どうやった？」と声をかけたが、ジョセフは「まあまあできたよ」と、いつも通り素っ気ない。

翌日には面接試験を控えていたので、スタッフが試験官の代わりになって練習をした。ジョセフは背筋を伸ばしていすに浅く腰掛け、質問に答える。

「私は将来、建築家になりたいので、三年間目標に向かってがんばります。また、高校でいろんなルーツの友達と出会い、その人たちの文化を知りたいです。そうして、自分自身のルーツを大切にしていきたいです」

練り上げた自分の考えを述べるジョセフの姿に、面接官役を務めたスタッフらは、顔がほころぶのを抑えられなかった。

三月一日、合格発表の月曜日。ジョセフは私に「受かったどぉー」とメールをくれた。

翌日は火曜日。午後六時前、教室に顔を見せたジョセフは普段通りひょうひょうとしていた。「うれしかった？」と私が聞くと、にやっと笑って「これでうれしくない人なんていないっしょ」と軽口をたたく。

イノウエさんがこの一年の万感をこめた「おめでとう」で出迎え、他のスタッフも口々に祝福の言葉でねぎらった。

受験を終えたジョセフに、近所の喫茶店でインタビューをさせてもらった。フィリピンで暮らした三年間、島之内に戻ってからの一年間を、言葉数は少ないながら、丁寧にふり返って話してくれた。

インタビューの終盤、私が「教室は自分にとってどんな場所？」と、いつもの質問をすると、それまではよどみなく答えていたジョセフが、ふと考え込んだ。

「おれにとって……。ちょっと待って」と言い、たっぷり七十秒は考えた後、再び口を開いた。

「教室は、ほんとに……、いい……場所。というか、何だろ。ちょっとずれるかもしれんけど、教室がなかったら、どうなってたかなあって……。前に思ったことがあって……。本当に、なんやろ……。あー……、あってよかったと思う。うん」

いつもひょうひょうとしているジョセフが、何度も言葉を選び直しながら語ってくれた本心のようだった。

＊

その三月の末、Ｍｉｎａｍｉこども教室は運動会を開いた。

大阪市内にある私立高校のグラウンドを借りた、本格的な運動会だった。その高校の生徒会が競技用具やＢＧＭを用意してくれた。教室につながる小学生から高校生までに加え、その親たち、スタッフら合わせて七十人が参加し、四つのチームに分かれて玉入れやリレーで盛り上がった。

高校入学直前のジョセフも参加した。同じチームになった小学二年の中国ルーツの女の子がジョセフを気に入り、「鉢巻き結んで」と頼んだり、大玉転がしのペアに指名したりと、すっかり懐いていた。

ジョセフも最初は戸惑いつつ、まんざらでもない様子で、求められるがままに世話を焼いていた。一年間ずっと焦がれていた「学校」のような風景の中に、ジョセフはいた。

フィリピンから日本へ戻り、どこにも行き場がなかったジョセフは、Ｍｉｎａｍｉこども教室という場所に、人とのつながり、社会とのつながりを見つけることができた。教室という場所を経ることで、高校という次の場所へと歩を進めていった。

そして高校生になってからも時々、ぶらりと教室に顔を見せてくれた。スマートに着崩した高校の制服姿は、後輩たちの憧れになっていた。

四．「違い」を主役に

Ｍｉｎａｍｉこども教室の活動には、毎週の学習会のほかに、多彩なイベントがある。運動会をはじめ、遠足、社会見学、地域の盆踊りや餅つきへの参加まで。親が経済的に苦しく、外出の機会が少なくなりがちな子どもの「体験の貧困」を何とかしようと、スタッフらは工夫を凝らしてきた。

そうした恒例行事の一つに、調理実習があった。

教室の子どもの親たちは夜に仕事に出ることが多く、夕食を子どもだけで食べる家庭が少なくない。食事の内容もコンビニの総菜や冷凍食品、ファストフードなどにどうしても偏りがちだ。

調理実習では「子どもが自分で食事を作れるように」との願いを込め、オムレツやピザトースト、カレーといった手軽なメニューに挑戦した。年一、二回の実習くらいで子どもが急に自炊できるようになるわけではないが、幼いうちから料理を身近に感じるきっかけにはなる。何よりまず、食べることの大好きな子どもたちが楽しみにしている行事であることは間違いなかった。

その調理実習でいつも一人、みんなと別のメニューを作って食べるオムという男の子がいた。インド出身であるオムの一家は、殺生を戒めるヒンドゥー教を信仰していて、厳格なベジタリアン（菜食主義者）だった。肉だけでなく、卵や魚もとらないため、みんなと一緒に食べられる食品は少ない。

オムの両親は、パキスタンに接するインド西部・グジャラート州の出身。インドの中でも特に広く菜食主義が守られている地域だ。父親のサティシュさんは一九九〇年代初め、仕事を探すために来日した。

バブル景気に沸く日本で、サティシュさんは宝石売買の仕事を見つけた。インドや香港で買い付けたダイヤなどの宝石を日本で売る。当時、東京を中心にインド出身の宝石商が増えていた。

サティシュさんが初めに住んだのは神戸。明治期からインド人コミュニティがある港町の神戸でも、真珠などの宝飾品売買は盛んだった〔1〕。しかし、一九九五年の阪神・淡路大震災によって神戸での商売が立ちゆかなくなり、サティシュさんは大阪・ミナミに移ることを決めた。

二〇〇四年には小さな会社を設立。バブル崩壊で日本の景気が落ち込んで以降は、それまでとは逆に日本の業者から宝石を安く買い取り、インドや香港で富裕層向けに売るようになった。

オムはインドで生まれ、一歳のころにミナミへ移り住んだ。サティシュさんは仕事で、年に四〜五回はインドへ帰るが、オムも小学校の夏休みに合わせて里帰りし、大勢の親族と一緒に過ごす。飛行機が大好きなオムは、夏休み明けの教室ではいつも「エール・インディアに乗ったよ」と、「エア（air）」の「r」を巻き舌でしっかり発音するインド英語のアクセントで話してくれた。

日本語の会話や読み書きに不自由のないオムだが、自宅で両親と会話する時にはインドの故郷で使われるグジャラート語を話す。居間のテレビでは衛星放送でインドの地元番組を流していることが多く、幼いころから自然と言葉を覚えていったという。

ヒンドゥー教への篤い信仰心から、一家の菜食主義は徹底している。日本では食べられる食材が限られるため、インドの実家から食材や調味料を送ってもらい、帰郷の際にも買い込んでくる。外食はインド料理店や、ベジタリアンメニューがあるエスニック料理店を利用する。やむなくチェーンのハンバーガー店に行く時は、バーガーを肉抜きで注文し、フライドポテトは肉や魚と同じ油で揚げていないか確認するという。

＊

オムは学校で出される給食も食べられないので、毎日、弁当を持っていく。

一度、オムの通う南小学校で、給食の様子を取材させてもらった。

四時間目の授業が終わりチャイムが鳴ると、当番の子どもたちが列をつくり、給食を受け取りに調理室へ向かう。オムは一人、教室の後ろにあるランドセルの棚から、母親が持たせた弁当箱を取り出す。教室に給食が到着すると、オムも一緒になって配膳を手伝う。この日の給食のメニューは鶏肉と野菜のオムレツだった。

「いただきます」と声を合わせた後、オムは隣の席の子とおしゃべりしながら弁当箱を開ける。緑色の丸い団子が十個ほど入っていた。オムに「これ何で作った料理？」と聞くと、「わからん」と言いつつ、おいしそうに食べていた。後日、母親に聞いたところ、小麦粉とホウレン草をゆでた故郷の家庭料理だそうだ。

周りの同級生も、オムだけが弁当持参であることを気にする様子はない。オムと同級生らは小学生らしくふざけ合いながら、目の前の食事をそれぞれに完食していた。

担任の女性教諭は「別のものを食べているからって、他の子が何かを言うってことは、ないですね。一年生のころからずっとオムと一緒に過ごしてきて、食に関する文化の『違い』があることを、ちゃんと理解していますから」と言っていた。

夏の林間学校では担任が宿泊先の施設から食事の成分表を送ってもらい、父サティシュさんに見せて説明したという。肉が入っている献立は、似た内容の個別メニューを作ってもらい、鰹だしを使った料理は魚を食することになってしまうため、昆布だしに変えてもらったそうだ。ただ、三食すべてに別メニューをお願いするのは難しく、一部の食事には家からレトルトのベジタリアン食を持たせたという。

みんなと同じ物を食べたくなることはないのだろうか？　サティシュさんに自宅でインタビューさせてもらった際、少し不躾だが、オムにそう聞いてみた。

「全然ない」とオムは即答した。

「もう慣れてるから。動物を殺したら、かわいそうやと思う。みんなにも、もっと動物を大事にしてほしい」

小学五年生ながら、心の底からそう考えているのだと感じさせる、ためらいのない語気だった。

隣のサティシュさんが「すみませんね」と苦笑しつつ、「普通に考えたら食べたくなるんじゃないかと思うでしょうけど、それはないですね。生まれてからずっと、そう教えられて育ってきていますから」と補足してくれた。

Ｍｉｎａｍｉこども教室でも調理実習や食事会の際には、オムだけに別メニューを用意していた。差し入れのお菓子が配られる時も、オムは必ず自分から「ぼく、それ大丈夫？」と尋ねていた。スタッフが成分表を見て確認し、卵などが含まれていれば、オムはきっぱりとあきらめる。

そんなオムの様子を見て、スタッフのウカイさんが「いつもオムだけが他のみんなと違う状態になってしまう。次の調理実習では逆に、みんながオムの食べているものを食べてみることで、彼が主役になれる機会をつくったらどうでしょうか」と提案した。

文化的な背景に基づく「違い」を、新たな経験の機会にする発想だ。

そこで、オムの両親を料理の先生として招き、インドで普段食べる野菜カレーの作り方を教わることになった。みんなが教えてもらう立場になることで、オム自身が「違い」を肯定的に捉える後押しができれば、と考えたのだ。

南小学校の家庭科室を借りた調理実習の当日、みんなが見守るなか、三角頭巾とエプロンを身に着けたオムが前に立った。

コンロの火をつけると、「まず鍋に油を入れて、熱くなったらスパイスを入れます」とカレーの作り方を実演して見せる。

「それから砂糖を……」と続けると、隣に立つ母親のダーシャさんがすかさず「砂糖ちがう。塩よ」と軌道修正し、オムを含めてみんなが笑った。

スタッフらが次々と「スパイスの量はこれぐらい？」「火はどれくらいで止めるの？」とダーシャさんに質問をしに行く。隣で一心不乱に鍋をかき回すオムの表情は、少し誇らしげだった。

父サティシュさんは「ほんとにうれしいね。息子のためにこんなにしてもらって」と、にこやかに見守っていた。

子どもたちと作った野菜カレーを、私も一緒に食べた。さわやかな酸味の後に、スパイスの複雑な辛さが押し寄せる。辛さと酸っぱさのバランスが絶妙で、いくらでも食べられそうだった。

十分足らずのうちに、子どもたちは次々とおかわりに走り、オムもあっという間に二杯目を平らげていた。

「みんなと一緒に食べるのは、おいしいねえ」

オムはそう言って、笑った。

みんなで一緒に食べるとおいしい——。

ありきたりなセリフも、ずっとみんなと「違う」ものを食べてきたオムの言葉として聞くと、ずいぶん重く、切実に響いた。

五.「日比」のはざまで①

Ｍｉｎａｍｉこども教室に集まる子どもをルーツごとに数えると、フィリピンにルーツをもつ子が一番多い。全体の半数ほどを占め、ほとんど全員がフィリピン人の母親と日本人の父親との間に生まれた子どもだ。シングルマザーの家庭も多い。

その背景には「繁華街ミナミ」という土地柄があるのだが、なぜフィリピン出身の女性がミナミに集まるのかを考えるためには、日本の入管政策を顧みる必要がある。

法務省の統計をみると、日本に住むフィリピン国籍者は二〇一〇年代、ずっと二十万人台で増え続け、二〇二二年末には約三十万人に達している。国籍別では、中国、ベトナム、韓国に次いで四番目に多い。

他の国籍グループとの際だった違いが、男女の割合だ。主な国籍グループでは男女の数にそれほど差がないが、フィリピン国籍者は男性が約十万人なのに対して、女性が倍の約二十万人を占める。

その偏りの大きな要因に、「興行」という名の在留資格がある。

いわゆる「興行ビザ」は本来、海外から来日する歌手やダンサー、俳優といったエンターテイナーに出される在留資格だ。しかし一九八〇年代に入ると、興行ビザで来日して、パブやラウンジでホステスとして働くフィリピン人女性が増えていった。

その前史には、一九六〇年代のフィリピンで栄えた駐留米軍相手のエンターテインメント産業、性サービス産業の存在がある。一九七五年にベトナム戦争が終わった後、米軍は徐々にフィリピンから撤退していったが、その空白を埋めたのが日本からの買春観光だった。そして一九八〇年代、買春観光が批判を浴びて下火になると、現地に拠点を置く日本人業者を中心に、こんどはフィリピン人女性を日本へ働きに出す流れが生まれた〔1]。

フィリピン政府は経済政策の一環として、海外での出稼ぎを後押ししてきた。特に家事労働に就くフィリピン人女性は世界各地にいる。

その流れの中で、フィリピンから興行ビザで来日する女性も増え続け、二〇〇三年には年間八万人に達した。もちろんその数字の背景には、女性を搾取し、消費してきた日本国内の男性がいることを忘れてはならない。悪質なブローカーや店舗経営者が、ホステスに長時間労働や売春を強いたケースも明らかになっている〔2〕。

しかし、フィリピンから日本へ向かう女性の流れは、二〇〇五年に終わりを迎える。前年にアメリカ国務省が出した「人身売買報告書」の中で、日本のフィリピン人エンターテイナーに関して「人身取引の疑い」が指摘されたのだ。対応を迫られた日本政府は、興行ビザ発給の条件を厳しくし、それ以降、フィリピン人女性の来日は激減した。

ただ、すでに来日していたフィリピン人女性と日本人男性には、多くの恋愛関係、婚姻関係が生じていた〔3〕。そして、その間には多くの子どもが生まれた。

子どもたちは「ジャパニーズ・フィリピノ・チルドレン」（ＪＦＣ）と呼ばれている。

ＪＦＣの中には両親が離婚し、フィリピン人の母親が一人で育てる家庭の子や、そもそも日本人の父親が法律上の結婚をしようとせず、未婚のまま母親が育てる家庭の子が少なくない。

そんな歴史を背負ったＪＦＣの母子が日本の社会で生き抜くなかで、西日本屈指の繁華街であるミナミへとたどり着くのだ。

＊

Ｍｉｎａｍｉこども教室に通う小学生のジェニファーも、フィリピン人の母親と日本人の父親との間に生まれたＪＦＣの女の子だった。

母親のアンジェラさんは二〇〇〇年ごろに、興行ビザでマニラから東京へ移り住んだ。フィリピンパブのホステスとして、夜七時から朝六時まで働いたという。

疲れ切った勤務の後には、ダンスの練習が二～三時間もあった。遅刻などの罰金が給料から細かく天引きされ、来日前に聞いていたほどは稼げない。フィリピン人ホステスに対する日本人従業員の態度も厳しかった。

我慢できず、「フィリピンに帰りたい」と店のマネージャーに相談したが、「来日させるための費用がまだ回収できていない」と許してもらえない。

働き始めて三カ月がたったころ、アンジェラさんは先に来日していた同郷の知人に連絡をとり、大阪へ逃げた。

大阪ではミナミのパブで、ホステスとして懸命に働いた。そんな生活で出会った日本人男性との間に、未婚のままジェニファーを授かった。

男性は別に家庭をもち、そもそも結婚する意思がなかったようだ。出産前には「子どもの認知はする」と言っていたが、それを知った男性の家族が猛烈に反対し、結局うやむやにされたという。出産後しばらくたつと、経済的なサポートも途絶えた。

日本人の父親からの認知がないまま生まれたジェニファーは日本国籍を取れず、フィリピン国籍者として日本で暮らしていくことになった。

アンジェラさんはその後、別の日本人男性と結婚した。しかし、その夫からはDVを受け、暴力の矛先は時に娘のジェニファーへも向かった。

アンジェラさんは離婚を決意し、それ以降、母一人、娘一人の母子家庭で暮らしてきた。ただ、その離婚によって、二人が日本で暮らせなくなる事態が起きていた。在留資格の問題だ。

日本人男性と結婚している間、アンジェラさんには「日本人の配偶者等」という在留資格があった。その娘であるジェニファーにも「定住者」という在留資格が出ていた。しかし、そのいずれもが、離婚によって失効してしまったのだ。日本語の読み書きができないアンジェラさんは、そのことに気付けていなかった。

「日本人男性との婚姻」によって在留資格を得ているという状況は、移民の女性、とりわけフィリピン人女性にしばしば問題を引き起こしてきた。

日本で暮らし続けるためには、夫との関係を良好に保たなければならない。移民に対する偏見が根強い日本の社会では、日本語の不自由な移民女性が就ける職は限られ、夫への経済的な依存からも逃れられない。その偏った力関係が移民女性を従属的な立場に置き、DVを生みやすいのだ。

国籍、エスニシティ、ジェンダー、在留資格、言語、経済力……、いくつもの軸が交差するように社会の抑圧が折り重なり、フィリピン人の母親らは弱い立場に置かれてきた〔4〕。我が子と無理心中を図るまでに追い込まれた、あの母親がそうだったように。

＊

アンジェラさんの離婚から数ヵ月がたち、ジェニファーの通う南小学校の教師が、在留資格の問題に気付いた。南小の校長だったヤマザキさんとMinamiこども教室のスタッフが家庭訪問をして、在留資格が切れていることを確認した。

ヤマザキさんらは在留資格の問題に詳しい弁護士に依頼し、入管との交渉にあたった。弁護士は私の取材に、「入管の対応はかなり厳しく、そのままでは入管施設に収容され、強制送還される可能性があった。子どもに対しても『小学生の間であれば、フィリピンの環境に十分に対応できるはずなので、国籍のある本国に帰れ』という姿勢だった」と話していた。

ジェニファーは幼いころからぜんそくの発作があり、通院が途絶えると命の危険さえあった。かかりつけの医師の協力も得て、入管に事情を伝え、なんとか母娘に在留資格が出ることとなった。ただ、一年ごとの資格更新が必要で、二人にとっては不安な日々が続いた。

教室のスタッフは在留資格の相談をきっかけに、アンジェラさん母子から、公的支援の利用状況についても聞き取った。本来であれば受給できるはずの児童手当やひとり親家庭向けの児童扶養手当を申請できておらず、健康保険料の滞納によって、保険証も失効していることがわかった。

役所からは督促状が来ていたが、日本語が読めないアンジェラさんは、それに気付けなかった。

日本で生まれ育ち、日本語が問題なく読み書きできる人の目には、ただ無責任な親だと映るかもしれない。しかし、児童手当などは、自分から役所に申し込まない限り支給されない「申請主義」をとっている。日本語が不得手な移民にとって、簡単なことではない。役所に行っても、難しい行政用語で説明を受けたり、窓口をたらい回しにされたりして、あきらめた経験をもつ人は少なくない。

教室スタッフがアンジェラさんと一緒に役所へ行き、窓口での説明をやさしい日本語にかみ砕いて伝えた。申請用紙の記入も手伝った。

この同行支援をきっかけに、アンジェラさんは教室につながった。彼女は娘を大切にするあまり、学校以外の活動にジェニファーを参加させることをためらいがちだった。しかし、教室スタッフと顔の見える関係ができたことで、娘を教室へ送り出すようになった。にぎやかな子どもが多い教室の中で、ジェニファーは物静かな方だった。いつも仲良しの同級生女子と並んで座り、ひそひそ声で楽しそうにおしゃべりしていた。

ある日の学習が終わった後、私が自宅まで送る道中、ジェニファーは「コンビニに寄りたい」と言い出した。寄り道は禁止だが、「どうしても」と言うので一緒に店へ入った。彼女は白ご飯のパックと小さな総菜を二つずつカゴに入れて、レジへ向かった。

「お母さんと私の晩ご飯やねん」

そう言って見せた、はにかむような笑顔を、私は忘れることができない。

母一人、娘一人の暮らしは常に楽ではない。アンジェラさんはミナミのパブで午後八時から午前一時まで、時給二千円で働いていた。少しでも生活費を稼ごうと、別の店へもアルバイトとして働きに出ていた。夜に出勤する間は、フィリピン人の友達に娘の世話を頼んだ。それでも手取りは月十数万円で、生活はぎりぎりだった。

「ジェニファーには大学までいって、いい仕事についてほしいね。マミーと一緒の仕事はだめだからね！って、いつも言ってるから」

ピンク色の装飾が鮮やかな1Kの自室で、アンジェラさんは冗談めかして笑った。

六・「日比」のはざまで②

日本とフィリピン、両方のルーツをもつ子どもたちは「ＪＦＣ」と呼ばれる。

ただ、そう呼ばれる子どもたちの生きてきた道のりは、一人ひとりずいぶん違う。ジェニファーのように日本で生まれ育った子が多くいる一方、日本で生まれた後、母親の故郷フィリピンで育てられた子も少なくない。

そんなフィリピン育ちのＪＦＣたちが数多く来日するきっかけとなる判決が、二〇〇八年に最高裁判所で言い渡された。

裁判では、未婚のフィリピン人母のもとに生まれ、日本国籍を認められていない十人のＪＦＣが、国籍を求めて国を訴えていた。

大方の予想に反し、最高裁は「親の結婚を要件に国籍を区別するのは、不合理な差別にあたる」と認め、「国籍法は憲法に違反している」とする判決を出した。最高裁が現行の法令を憲法違反と認めた判決は戦後八件（当時）しかなく、大きなニュースとなった。

最高裁の判断を受けて、政府は国籍法を改正した。

それまで未婚カップルの子どもは、日本人の父親が「出生前に認知」をするか、出生後に夫婦が結婚しないかぎりは日本国籍を得られなかった。それが法改正によって、父親が「出生後に認知」した場合でも日本国籍を得られるようになったのだ。

この法改正がJFCに与えた影響は大きかった。改正法が施行された二〇〇九年以降、日本国籍を取るJFCが急増したのだ。法務省によると、その数は七年間で四千人を超える。

実子が日本国籍をもっていれば、外国籍の母親も「子どもの養育」を理由に「定住者」の在留資格が得られる。そうしてフィリピンから日本へ移り住む母子が、二〇一〇年代に急増した。Minamiこども教室ができた二〇一三年は、この流れの中にあったのだ。

来日が増えた背景には、子どもの国籍取得を支援するフィリピン国内の慈善団体の存在がある。それに加えて、JFCやフィリピン人の母親を、働き手として日本側に斡旋する仲介業者も現れた。特に人手不足の介護業界では、JFCやその母親を雇う動きがみられた〔1〕。

私が取材した関西のある高齢者介護施設は、フィリピン国内のJFC支援団体に対して、JFCとその母親の斡旋を依頼し、二〇一二年からの四年間で三十人ほどを介護職として来日させていた。

施設を運営する法人幹部の話では、ある子どもの日本国籍を取るために、母親から聞き取った情報で音信不通の父親を捜しだし、東北地方の自宅を訪ねて子の認知を求めたこともあったという。父親は「申し訳ないことをした」と謝罪し、認知に同意したそうだ。

また、ある人材紹介業者は、フィリピン国内の医療大学と提携し、現地でＪＦＣやその母親に介護実習を積ませたあと、日本各地の介護施設に斡旋していた。二〇一〇年からの五年間で三百人以上の就労を仲介したという。

介護現場では労働環境をめぐるトラブルも起きていた。

関西で二十ほどの介護施設を経営していたある会社は、二〇一〇年からの六年間でＪＦＣの母子約六十人を来日させ、介護職員として雇っていた。しかし、夜勤をフィリピン人職員一人に任せて休憩を取らせなかったことや、「死亡した場合はすべての金銭の権利を放棄する」という日本語の書面に、説明なく署名させていたことが問題になった。

施設で雇われていたＪＦＣの母子十人が、弁護士の支援で民事訴訟を起こし、最終的に会社が解決金計一千万円を支払うことで和解した。

国籍法の改正以降、こうしたＪＦＣの母子をめぐる問題が各地で生じていたのだ。

＊

ＪＦＣの娘を一人で育てるマリアさんも、この流れの中でフィリピンから日本へ介護職として働きに来た。

彼女が一度目に日本へ来たのは、数多くのフィリピン人女性が興行ビザで来日していた二〇〇〇年ごろ。自身も興行ビザで入国して横浜で働き、日本人の男性と出会った。一緒に暮らすようになって三年目に、二人は結婚。その二年後に娘のアヤカを授かった。しかし、出産直後から夫との関係が悪くなり、アヤカが生後三カ月の時に離婚した。日本では生計を立てる術がなく、母娘はフィリピンに帰ることを決めた。それ以降、アヤカの父親とは連絡がつかなくなった。

帰国後は、マリアさんの実家があるミンダナオ島北部の町で暮らした。大都市の横浜と正反対の、田んぼが広がる田舎町だ。フィリピンの主要言語タガログ語ではなく、ビサヤ語を話す地域だった。

地元に稼げる仕事はなく、生活はぎりぎり。アヤカに良い教育を受けさせてあげたいが、教育水準が高い私立学校に入れる経済的な余裕はない。マリアさんは「私がもう一度日本で働きながら、アヤカを日本の学校で勉強させることができたら」と考えるようになった。ちょうどそのころ、セブ島の病院で働く友達が「日本で働ける方法がある」と教えてくれた。勤務先の病院と同じ系列の医療大学で、ＪＦＣの母親を対象に、日本で働くための介護研修を開いているという。

マリアさんが船でセブ島へ渡って、詳しく話を聞いてみると、日本の財団が関わる研修プログラムだという。何より、財団からの研修費のサポートが魅力的だった。

マリアさんは再び日本へ渡る決心をして、セブ島で六カ月の研修を受けた。研修中には日本の介護施設の経営者らが面接に訪れ、大阪の介護施設で働くことが決まった。

日本へ行くと聞いて、アヤカも喜んだ。幼いころから「昔ママが住んでた日本は、いい国だよ」と話して聞かせていた。自分の父親が暮らす国だという思いも、アヤカにはあったようだ。

そうして母娘は日本に来た。マリアさんは大阪府内の介護施設で働き、二人は施設の寮に住んだ。他のフィリピン人女性二人との相部屋だった。

小学四年生だったアヤカは、地元の小学校に通い始めた。そのころ知っていた日本語は、数字の言い方を少しだけ。「ありがとう」さえ知らなかった。

先生や同級生の言っていることが全くわからない。アヤカは自宅の壁に「フィリピンに帰りたい」と書いた紙をはって、マリアさんに帰国を訴えた。

マリアさんも追い詰められていた。介護の仕事は体力的にきつかったが、それは来日前から覚悟していた。想定していなかったのは、寮生活での様々な経費を、給料から天引きされること。金額が不当なほど高く設定されていたため、思ったほどの手取りにならず、食べていくことで精いっぱいだった。仕方なく友人を頼って、少しばかり待遇のいい別の介護施設へ転職した。

住んでいた寮からは出ていかざるを得ず、友人のそのまた友人が住む部屋に居候させてもらうことになった。

そのマンションが島之内にあった。

2LDKのうちの一部屋にマリアさん母子が住み、月給の手取り十二万円から四万円を家賃として支払った。マリアさんが自分の食事を我慢するほかない、切りつめた生活だった。

アヤカは地元の南小学校に転入した。小学六年の夏だった。転入後まもなく担任教師が気付いたのは、アヤカの顔が少し腫れていることだった。聞くと「奥歯が痛い」と言う。アヤカにも健康保険証がなかった。マリアさんは以前、申請のために役所へ行ったが、窓口をたらい回しにされ、早口の日本語もわからず、あきらめてしまっていた。引っ越したばかりで手持ちの現金も少なく、アヤカに市販の痛み止め薬を飲ませて、我慢させるしかなかったという。

南小の校長だったヤマザキさんは、担任や養護教諭と相談し、「とりあえず、治療費が十割負担になっても仕方がない。歯医者に行かせた方がいい」とマリアさんに説明した。紹介した歯科医院は、アヤカの保険証が発行されるまで支払いを待ってくれた。ヤマザキさんとMinamiこども教室のスタッフは連携し、役所で保険証の申請手続きを済ませた。そして、アヤカを教室にさそった。

＊

島之内に移り住んだ二週間後、アヤカは初めて教室に来た。キャップを後ろ向きにかぶって「こんにちは」とあいさつしたが、続く言葉が出てこない。同級生らが「あ、アヤカや!」と喜んで出迎えると、ようやくはにかむような笑顔を見せた。

もともとは人懐っこい性格なのだろう。私が休憩時間に声をかけると、初対面にもかかわらず「先生、これ知ってる?」と言って、手押し相撲を挑んできた。

アヤカはそれから毎週欠かさず、教室に通ってきた。同級生でタイルーツの女の子と仲良くなると、互いの家へ遊びに行き、教室ではいつも一緒にいた。

学習面では、やはり漢字がなかなか覚えられず、国語や社会の勉強がはかどらない。一方、フィリピンで学んだ英語はずば抜けて得意で、同級生に教えるほどだった。算数の難しい問題が解けた時には「私、天才やから」と冗談っぽく胸を張り、私もつられて笑ってしまった。

アヤカが教室に通い始めて数カ月がたったころ、教室の終了後、キムさんから「タマキさんちょっと時間ある?」と呼び止められた。

アヤカの母娘が居候先から引っ越すことになり、「荷入れを手伝ってほしい」という話だった。生活保護を受けるためにも単独世帯になることが必要で、スタッフが新居探しを手伝ったという。

　教室でボランティアを続けていると、子どもの家の引っ越しを手伝う機会が結構ある。たいていはスタッフ数人で荷を運び出し、調達したバンや軽トラックに積み込んで、新居へ運び込む。

　この日も、教室のスタッフ七人でアヤカの居候先マンションへ行き、キムさんの自家用バンに荷物を積み込んだ。母娘の持ち物は、古びた衣装ケースや小さな冷蔵庫、テーブル、ぬいぐるみ程度。バンの後部座席に一度ですべて収まった。持ち物の少なさが、余裕のない暮らし向きをよく物語っていた。

　引っ越し先は数百メートル離れたワンルームマンションの一室だった。歩いて向かい、みんなで一気呵成に荷上げする。

　アヤカはこの日、風邪で教室を休み、がらんとした新居の隅でしんどそうに三角座りをしていた。私の姿を見かけると、「来てくれたんや」と弱々しく笑う。「いい部屋やん。よかったなあ」と声をかけると、持ち前のユーモアをふりしぼり、にやっと笑って親指を立てた。

　その年の暮れ、寒さの厳しい教室からの帰り道、私が自宅へ送る子どもたちの中から、同級生と話すアヤカの声が聞こえてきた。

「大人になったらな、外国に行く仕事したいねん。日本語もタガログ語もわかるし、英語もうまくなってきたやろ。だから」

跳びはねるようにして歩くアヤカ。その後ろ姿を見ていると、私の心もほんの少しだけ軽くなるような気がした。

七．めぐる越境の歴史①

普段、Ｍｉｎａｍｉこども教室でボランティアをしていても、子どもたちが島之内にたどり着くまでの経緯を知る機会は、それほどない。

教室の実行委員らが生活支援の中で事情を把握することはあっても、スタッフみんなに共有することはない。学習中の雑談で子どもがおぼろげに話してくれることはあるが、根掘り葉掘り聞くようなことはしない。

だから、「取材」というかたちで親にじっくり来し方を聞くと、いつも驚く。フィリピン出身の母親たちがそうだったように、その背景には大抵、日本を取り巻く歴史や政策の大きな流れが影響しているからだ。

ある年の夏、教室に一組の兄妹が通ってくるようになった。中学三年生の兄ニコラスと、小学三年生の妹ラウラ。兄妹はブラジル人の母イザベラさんと三人で、島之内に住んでいた。

兄のニコラスはとにかく明るくて、人懐っこい。隣に座って勉強をみていると、すぐに「なあ先生、知ってる?」と、雑談を始めようとする。その表情があまりに楽しそうで、つい引き込まれてしまう。

妹のラウラも人見知りをせず、いつもニコニコしている子で、スタッフたちの人気者だった。教室には他にもう一人、ブラジルにルーツをもつ中学生の女の子がいたが、ラウラはその子を慕って、休み時間になるたびに中学生の部屋をのぞきに行く。ポルトガル語で会話できることが、うれしいようだった。

日本で暮らす外国籍住民のうち、ブラジル国籍は五番目に多いグループだが、ミナミに住む人はそれほど多くない。ブラジル人の大半が暮らすのは北関東や東海地方で、自動車関連の工場などで働いている。飲食業が盛んなミナミの住民はごく少数だ。

なぜニコラスたちの家族が島之内で暮らしているのだろうと、ずっと気になっていた。ラウラのお迎えで教室に来る母親のイザベラさんと顔見知りになり、思い切って取材をお願いした。初めは驚いた様子のイザベラさんだったが、快諾してくれた。後日、また近所の喫茶店で、戦前にまでさかのぼる家族の歴史を聞かせてもらった。

イザベラさんは日系ブラジル人の三世。父方の祖父母は戦前、群馬からブラジルへ渡ったという。

一九〇〇年代から一九三〇年代にかけて、南米、特にブラジルへは、政府の後押しを受けて多くの日本人が移り住んだ。深刻な不況にあった当時の日本では、土地を手放した農家を中心に、ハワイやアメリカ、ペルーといった海外へ出稼ぎに行く人の流れが生まれていた。

ブラジルへの移民は一九〇八年、移民船「笠戸丸」が神戸から七八一人を乗せて出航したのが始まりだ。日本政府が渡航費用を支給するなどして移住を促し、戦中・戦後の中断をはさんで、一九六九年までに約二十四万人が移り住んだ。現在、ブラジルで暮らす日系人は百数十万人にのぼる〔1〕。

イザベラさんの祖父と祖母はそれぞれに群馬からブラジルのパラナ州へ渡り、現地で出会った。最大都市・サンパウロの西に位置するパラナ州は、日本からの開拓農民が多く暮らした土地だ。パラナで結婚したイザベラさんの祖父母も畑を開墾し、小さな八百屋を営んだという。

当時の日系社会ではコミュニティ維持のために、日本人どうしでの結婚が強く求められていた。移民一世であるイザベラさんの祖父の姉は、現地のブラジル人との結婚を望んだが、家族から認められずに自殺してしまったという。

かくも結びつきの強い日系社会で暮らしたイザベラさんの祖母は、晩年までポルトガル語が話せなかったそうだ。孫娘であるイザベラさんとは「おはよう」や「元気?」といった簡単な日本語でしかコミュニケーションがとれなかった。

そんな祖父母の間に生まれたイザベラさんの父(日系二世)は、日本語とポルトガル語の両方を話した。日系ではないブラジル人の女性(イザベラさんの母)と結婚し、長女のイザベラさんをはじめ七人のきょうだいを産んだ。家の中ではポルトガル語が共通言語だったという。

そうして世代を経るごとに、日系人はブラジル社会へ溶け込んでいったのだ。

*

一九九三年、十七歳になったイザベラさんは単身で日本へ渡った。多くの日系ブラジル人が、日本へ出稼ぎに行き始めた時期にあたる。その三年前、日系社会に大きな影響を与える法改正が日本であった。

政府は一九九〇年、改正した出入国管理法を施行し、日系二世の配偶者や三世にも「定住者」の在留資格を出せるようにした。定住者の資格があれば、在留期間や就労に制限なく日本で暮らすことができる。バブル期の人手不足を背景に、経済界からは外国人労働者の受け入れを求める声が上がっていた。

法改正の結果、かつて多くの日本人が移民したブラジルやペルーから、日系二世・三世とその家族が日本へ還流するようになった。ブラジル側では出稼ぎ渡航をサポートする旅行社が、日本側では日系人に仕事を斡旋する業務請負の業者が増え、人の流れを加速させた〔2〕。

日本に住むブラジル人は一九八九年に約一万五千人いたが、法改正の後は右肩上がりを続け、ピークの二〇〇七年には三十万人を超えていた。特に自動車関連の工場が集中する北関東や東海地方に、多くのブラジル人が集まって暮らすようになった。

イザベラさんもブラジルの旅行社と日本の人材業者を頼って、三重県に来た。大学へ進学する学費を稼ぐという目標に向け、津市の外れにある小さな縫製工場で、洋服にミシンをかける仕事を始めた。

ブラジル人の従業員は十人ほどいたが、「とにかく仕事がつらくて、家族が恋しくて、日本の食べ物も口に合わなくて、最初はずっとブラジルに帰りたかった」という。失踪を防ぐためか、会社からパスポートを預けるよう求められた。来日時に借りた渡航費の約五十万円を分割で返済するため、月々の手取りは四万円ほど。人材業者のピンハネもあったようで、食事さえ切りつめる生活だった。工場で日本人従業員と話すことはほとんどなく、日本語が一向に上達しなかった。

その後、派遣先の都合で各地の工場を転々としながら働き続けた。兵庫にある自動車関連の工場や、大阪にある空調関係の工場、滋賀や名古屋でも働いた。来日してからブラジルに帰ったのは、たった一度だけ。イザベラさんのきょうだい七人のうち五人が、日本で働いていた。

働き詰めの日々のなかで、イザベラさんは日系二世のブラジル人男性と結婚し、子どもを授かった。しかし、結婚生活は長く続かず、離婚した後は、二人の子を育てながら働くシングルマザーとして生きてきた。

イザベラさんが名古屋で働いていた二〇〇八年、リーマンショックが起きた。米国での銀行破綻に端を発する世界同時不況は日本で働く日系人を直撃し、非正規労働者の雇い止めが各地で相次いだ。

日本政府は仕事を失った日系人の「帰国支援」という名目で、三年間をめどに再来日しないことを条件として帰国費を支給した。「日系人の切り捨てだ」という批判の声もあったが、一年間で二万人以上が制度を使って帰国。三十万人を超えていた在日ブラジル人は、二十万人前後まで減った。

イザベラさんも突然、会社から雇い止めを言い渡された。人材業者の寮からも出ていかざるを得なくなった。ブラジルへの帰国も頭をよぎったが、世界中が不況に陥るなか、経済が混乱するブラジルで一から仕事を見つけるのは難しい。日本で生まれ育った子どものことを考えれば、日本に残る以外に選択肢はなかった。

知人を頼って住む場所を探し、たどり着いたのが、島之内の小さなマンションだった。

＊

イザベラさんが職場を転々とするのに伴い、小学生だった長男ニコラスも転校をくり返してきた。家ではポルトガル語を使うため、子どもは二人とも小学校に入るまで日本語がほとんど話せなかった。ニコラスは言葉が十分に理解できないことで登校を嫌がり、他の子にからかわれてケンカになることが度々あった。

イザベラさんは「私もはじめは日本の学校のことが全然わからなかった。仕事でいろんな場所に住んだから、やっと慣れたころにまた引っ越しで。ニコラスにはすごくかわいそうなことした」とふり返る。

妹のラウラも近隣の保育所が定員いっぱいでなかなか入れず、小学校に上がるまでは日本語に触れる機会が少なかった。南小学校へ入学した当初は日本語が話せず、毎朝「学校に行きたくない」と泣いた。

それでも、国語の時間などに日本語教室で個別の指導を受けるようになると、少しずつ言葉を覚えていった。

イザベラさんは諸々の手続きで区役所に通ううち、ポルトガル語通訳を務めるブラジル人の女性職員と顔見知りになった。子どもの日本語や学習の課題についても相談したところ、Ｍｉｎａｍｉこども教室を紹介された。

ニコラスが中学三年生、ラウラが小学三年生の時、一家は教室につながった。

ニコラスの高校受験は中学生担当のイノウエさんがつきっきりで支えた。イノウエさんは「教室に通いはじめたころのニコラスは、すぐに勉強から気がそれておしゃべりしようとしてたけど、自分でも何か思うところがあったんやろうな。入試が近付くにつれて勉強への向き合い方が変わってきた。机に座る姿勢もよくなってきた」という。

そうしてニコラスは無事、私立高校に合格。初めて高校の制服姿で教室に顔を出した日は、大人も子どもも拍手で出迎えた。

ラウラもやがて小学校に慣れ、喜んで通うようになった。

その年の秋、私が取材に行った南小学校の学習発表会に、ラウラの姿があった。

日本語教室の参加者による発表で、子どもたちはルーツごとのグループになり、その国の文化や食べ物を紹介していく。フィリピンルーツや中国ルーツの子は、それぞれ二十人ほどの大集団だったが、ブラジルルーツの子はラウラ一人だ。

ラウラは緊張した様子で体育館の壇上に立ち、はにかみながら「ブラジルのことを紹介します」とポルトガル語であいさつ。スライドの写真に合わせて、豆と肉を煮込む家庭料理のフェジョンについて、日本語でよどみなく紹介していた。

観覧席では母イザベラさんがカメラを手に娘を見つめ、ときおり涙をぬぐっていた。

二人の子どもは日本語を覚えるのと引き換えに、ポルトガル語を忘れていく。「深い話ができないこともある」と、イザベラさんは寂しそうに言っていた。

「私は日本語の読み書きができないから、学校の宿題も見てあげられない。学校からの大事な手紙も読んであげられない」

私も一度、イザベラさんから連絡をもらって自宅へ行き、役所や学校からの手紙の束を解読したことがある。たったそれだけのことなのだが、ずいぶん感謝された。

そんなイザベラさんの姿を見ていて、ふと気付く。彼女自身もかつて、ブラジル移民一世の祖母とは日本語でのコミュニケーションがとれなかったということに。時代を隔てても、やはり移民の家族にとって母語の継承は、避けがたい難題なのだ。

「自分の夢をもって、普通のライフまでいってくれたら、それだけでいいの」

子どもたちの将来への思いを、イザベラさんは日本語でそう語った。

「私は、大学に行きたくて十七歳で日本に来たけど、結局、その夢、できなかったから。私と同じにはなってほしくないね……」

一〇〇年ほど前、日本からブラジルへ渡ったイザベラさんの祖父母も、きっと「普通のライフ」という夢を、子や孫に託したのだろう。

「普通」に学校へ行って、「普通」に働いて、「普通」に家庭をもって……。

言語や文化や制度の、あるいは心の「壁」がある移住先の社会で、「普通のライフ」とは、そう簡単に実現できるものではない。それもまた、イザベラさんが身をもって感じてきたことなのだろう。

八．めぐる越境の歴史②

Ｍｉｎａｍｉこども教室で、フィリピンルーツの子どもに次いで人数が多いのは、中国ルーツの子どもたちだ。日本生まれが多数を占めるフィリピンルーツの子とは対照的に、中国ルーツの子たちは小学生や中学生の時、親の事情で来日してくるケースが多かった。

そのため、教室に来始めた当初は日本語での会話が難しいこともあるが、言語習得は早い傾向がある。中国語と日本語が同じ漢字圏だというアドバンテージに加えて、経済的に安定し、親が教育熱心という家庭が比較的多いことも背景にあった。

教室に兄妹で通ってくる中国ルーツの小学生ナツキとハヅキも、そんな教育熱心な来日家庭で育ったのかな、と思っていた。日本語の会話には何の不自由もなく、母親が教室までよく迎えに来ていたからだ。

ある日の教室で、私は妹ハヅキの隣についた。ふと見ると、「國語」と書かれた教科書を持っている。「学校の宿題？」と尋ねると、「うん。中華学校やねん」と言う。

いつも人を食ったような微笑みで大人とは独特の距離を保つハヅキだが、その時は素直に、大阪市内の中華学校に通っていることを教えてくれた。教室の子どもは、ほぼ全員が地元の公立校に通っているので、中華学校とは驚いた。

教科書の表紙にある「國語」とはつまり、中国語のことなのだ。

兄妹の家は、教室が活動する中央区と隣り合う浪速区にあった。少し距離があるので、いつも教室が終わるころになると母親の雪蓮《シュエリエン》さんが自転車で迎えに来た。しょっちゅう顔を合わせるうちに短いあいさつをするようになったが、話す日本語には何ら違和感がない。

一家の来し方がどうにも気になり、ある日の教室の終わり、雪蓮さんにおずおずとインタビューを願い出た。彼女は「ああ、いいですよぉ」と軽く承諾してくれたうえ、「そしたらまた連絡ください」と電話番号を教えてくれた。

後日、連絡を取って、浪速区にあるマンションの一室を訪ねた。八月はじめの猛暑日だった。雪蓮さんは冷たいお茶を出してくれて、クーラーをきかせたダイニングのテーブルに差し向かいで座った。

話を始めて間もなくわかったのは、雪蓮さんもシングルマザーだということ。そして、彼女自身が九歳で中国から来日した「移民のルーツをもつ子ども」だったということだ。

＊

雪蓮さんは中国の東北部にある吉林省で生まれた。戦前・戦中には「満州国」となった土地だ。母方の祖母は日本から当時の満州国へ渡り、終戦時の混乱のために帰国できなくなった、いわゆる「中国残留婦人」だった。

一九三一年の満州事変を足がかりに、日本は翌年、関東軍を後ろ盾とした満州国を中国の東北部に建国させた。世界恐慌に続く不況にあえいでいた日本政府は、「百万戸移住計画」を国策に掲げ、満州への移民をおしすすめた。終戦までに約二十七万人の開拓移民が満州へわたったとされる〔1〕。

雪蓮さんの祖母も、その一人だった。

夫が開拓団の一員で、祖母は「大陸の花嫁」と呼ばれた開拓移民の妻として、十八歳のころに京都から満州へわたった。国が募った国策移民だったが、戦況が悪くなるにつれて日本本土からの支援は細り、開拓団は苦しい生活を強いられるようになった。

そして、第二次世界大戦が最終盤をむかえていた一九四五年八月九日、日本の降伏直前にソビエト連邦が参戦した。

ソ連軍が突然、満州国との国境を越えて攻めてきたことで、各地の開拓団は大きな混乱におちいった。動ける男性は「根こそぎ動員」によってソ連軍との戦線にかりだされた。

祖母の夫も、侵攻と動員の混乱のなかで行方がわからなくなった。召集された男性らの中にはソ連軍によってシベリアへ連行され、戦後長く抑留された人々も多くいた。

開拓団に残された老人と女性、子どもたちは、そこから日本へ向かう逃避行に入った。ソ連軍の侵攻に加えて、土地を奪った日本人にうらみをもつ現地の中国人らによる襲撃、収容所での飢えや病、集団自決まで起こり、およそ八万人が命を落としたとされる。

雪蓮さんの祖母も、命をかけた逃避行の中にあったのだろう。厳しい冬を目の前にして、助けてくれた現地の中国人男性と新たに所帯をもつことを選んだ。この男性が雪蓮さんの祖父となる。

当時、現地の中国人の家族になることで、かろうじて生きのびた女性や子どもは少なくなかった。そうして、中国に取り残された女性は「中国残留婦人」、子どもは「中国残留孤児」と呼ばれる。戦後、日本と中国の国交が断絶し、残留邦人の存在は日本の社会で忘れられていった。

転機となったのは一九七二年の日中国交正常化だ。ようやく、日本政府による残留邦人の調査や帰国支援が始まった。それ以降、中国で暮らしていた残留婦人・孤児約七千人、家族を含めた計約二万人が日本に永住帰国している。

一九八〇年代半ば、雪蓮さんの祖母もおよそ半世紀ぶりの帰国をはたした。それまでに祖母は中国東北部の農村で家庭を築き、娘を育てあげ、さらに孫の雪蓮さんが生まれていた。

帰国にあたっては、はじめに祖母が一人で日本へ渡り、その二年後に家族が来日した。

京都の公営住宅で暮らし始めた時、雪蓮さんはまだ九歳だった。

祖母は戦後四十年近く使うことのなかった日本語を、忘れてはいなかった。孫娘との間では日本語で会話をするようになり、雪蓮さんの日本語はみるみるうちに上達した。中国生まれの両親との会話は中国語のままだったが、小学校でも日本語漬けになるうち、雪蓮さんは中国語を忘れていった。

「私が中国語を忘れていったから、両親とはコミュニケーションの手段がなくなっていって。当時はほんとに必要最低限のことしか話してなかったですね」

言語だけでなく、名前にも悩みがあった。

学校では中国で使ってきた名前ではなく、祖母のもともとの名字と通名を組み合わせて使った。日本風の名前を名乗り、日本語での会話が上達してくると、周囲の友達にも中国出身だとは気付かれなくなった。それでも学校生活のふとした瞬間、育ってきた文化の違いを意識すると、自分が「中国人」であることを隠しているような気がした。

「自分が中途半端な存在だっていう気がしてたんですよね。日本のことも、中国のことも、どっちもよく知らんから、いつも自信がなかった。だからずっと自分のアイデンティティがよくわからないままで、生きてきてしまったんですよ」

自分のアイデンティティと向き合うため、雪蓮さんが選んだのは中国語を学び直すことだった。

高校卒業後、中国語学科のある東京の大学に進んだ。さらに二年生の時には一年間、北京へ留学した。現地ではしばらく学生寮に住んだ後、友達になった中国人学生の家で一緒に暮らすことになった。同世代の友人と生活を共にすることで、中国語の力は格段に伸びた。「そのころが人生で一番楽しかった」と雪蓮さんはふり返る。

「そうやって自分のルーツと向き合うことで、自分は日本と中国のどっちのことも、完全には知らんかもしれんけど、どっちも知ってるんやって、ちょっと前向きになれたんですよね」

雪蓮さんは大学を出た後に結婚し、子どもたちを授かった。しかし、二十代後半で離婚し、シングルマザーとなった。

京都の公立学校で、日本語教室の講師として働いた。かつての自分と同じように中国から日本に来たばかりで、言葉や文化の違いに悩む児童らと向き合う日々だった。

自身の子どもが小学校に上がるタイミングで、大阪へ引っ越すことを決めた。大阪にある中華学校の近くに住み、子どもたちを通わせるためだった。

「やっぱり中国語を勉強してほしいっていう思いがあったんですよね。子どもたちは日本で生まれ育って、日本国籍やけど、うちのルーツのおおもとは中国からも来てる。うちの家庭には中国の文化も交じってて、純粋な日本の家庭とは絶対に同じにはなれない。それなら子どもたちが大人になった時、自分は日本のことも中国のことも、どっちも知ってるって、前向きに考えられるようになってほしいから」

雪蓮さん自身が中国留学で得た「中国のルーツを大切に思う気持ち」を、子どもたちにも、もってもらいたかったという。

加えて、子どもたちが雪蓮さんの両親と中国語で会話できるようになってほしい、という願いもあった。来日から三十年近くがたっても、両親は日本語が苦手なままだった。特に日本にルーツをもたない父親は、来日後も中国人コミュニティの中で過ごす時間が長く、日本語でコミュニケーションをとるのが難しかった。

中国残留から帰国した人やその家族が、日本の言語や文化になかなか適応できないという問題は各地で起きていた。残留邦人の多くは帰国後の六カ月間、政府の「中国帰国者定着促進センター」で日本語や生活習慣の講習を受けたあと、紹介された公営住宅に住んだ。大人になってから学び始める日本語の難しさは、想像に難くない。

高齢の帰国者が孤立する、地域住民との交流がない、日本育ちの三世・四世とコミュニケーションがとれない――。そんな課題は、希望をもって移り住んだ日本で、帰国者らを苦しめていた〔2〕。

雪蓮さんは両親と中国語でのコミュニケーションが十分にとれなかったことを悔いていた。そのぶん、せめて孫たちとは自由に話をさせてあげたい。そんな思いから、子どもたちを中華学校に通わせることを決めた。

中華学校の運動会には毎回、雪蓮さんの両親も孫を見に訪れた。演目の中では、中国でなじみの深い歌が流れた。その歌を両親が懐かしむ姿を見た時、雪蓮さんは「子どもたちを中華学校に入れてよかった」と心から感じたそうだ。

「私の親と子どもの両方が、共通した文化につながっていることを目の当たりにした時、この離れた世代の間にも通じるものがあるんだなって実感できたんです」

＊

雪蓮さんの話を聞いていて中華学校の授業を見てみたくなり、学校にお願いして取材をさせてもらった。

大阪中華学校は、日本国内で各種学校の認可を受けた五つの中華学校の一つ〔3〕。終戦直後の一九四六年、日本で暮らし続けることを選んだ旧植民地・台湾の出身者らが創立した。

当初は公立学校の校舎を間借りしていたが、有志が資金を出しあって大阪市浪速区に土地を買い、校舎を建てたという。私が訪ねたころは、幼稚班から中学部まで三百人ほどの子どもが通っていて、台湾出身の生徒のほか、大陸中国の出身者や、中国語学習熱の高まりで日本人生徒も増えていた。

そんな歴史を紹介してくれた台湾出身の女性校長は「この学校の存在は、華僑が日本の社会に認められている証しだと感じています」と、誇りをにじませて語った。

小学部の六年にいるハヅキの教室をのぞいてみた。

中国語を学ぶ「國語」の時間。台湾から取り寄せた教科書を手に、ピンマイクを付けた担任の女性教師が中国語で問いかける。子どもたちが一斉に手を挙げながら、日本語と中国語で口々に意見を言う。後ろの方の席で、ハヅキも隣の子となにやら議論をしていた。

「安静《アンジン》（静かに）！」と担任の一喝が響くと、ハヅキも表情を引き締める。

しばらく授業を見学したが、子どもが中国語と日本語を入り交じらせつつ積極的に発言し、それに対して周囲からは拍手や笑い声が起きる。日本の平均的な学校と比べて、ずいぶん活発な雰囲気だった。ハヅキもくるくると表情を変えながら、その自由な空気を楽しんでいる様子だった。

保護者である雪蓮さんにとっても、その「雰囲気」が子どもを中華学校に通わせる大事なポイントだという。一例として、お弁当のことを挙げた。

「子どもには大きな弁当箱を持たせてるんですけど、普通、日本の学校で女子が大きな弁当箱を持っていくと、引かれると思うんですよね。でも中華学校は誰もそんなこと気にしない。何でもありっていう雰囲気がある。弁当にキムチ持ってくる子もいるし。私自身、子どものころは、純日本文化の学校に行くのがしんどかったんですよね。周りに気を遣って、みんなに合わせるのが。だから、子どもたちには中華学校の『何でもあり』の雰囲気の中で、もうちょっと楽に生きてほしいなって思うんです」

ただ、公立学校に比べて学費の高い中華学校に子どもたちを通わせるのは、シングルマザーの雪蓮さんにとって楽なことではない。「同級生の中にはリアルなお金持ちも結構いる」という。雪蓮さんは三十代になってから看護師の資格を取り、病院での夜勤をこなしながら、なんとか学費を工面していた。

*

子どもたちがＭｉｎａｍｉこども教室へ通うようになったきっかけは、雪蓮さんが京都で日本語教室の講師をしていた縁で、こども教室設立メンバーの元日本語教師ツボウチさんと知り合ったことだ。教室を紹介され、「子どもたちを塾に行かせる経済的な余裕もないし、どうせ家で遊んでるなら」と、二人を通わせるようになった。

教室でのナツキとハヅキは、中華学校の雰囲気と同様、やっぱり自由だった。二人とも勉強はきちんとやるのだが、なんだか大人を食ったようなところがあって、こちらの問いかけには微笑みを浮かべながら「知らん」と言ってはぐらかす。

それでいて、休み時間には人一倍元気に走り回り、私の背中にタフな攻撃をしかけては、かまってほしそうにしている。子どもらしいのか、らしくないのか、つかみどころのない二人とのコミュニケーションが、私は好きだった。

雪蓮さんは教室のイベントにも参加し、てきぱきと手伝いに励んでくれていた。

「子どもたちには中華学校の外でも、いろんな文化をもってる子たちと接してほしいなって思うんです。この教室でいろんな背景をもっている子と接することで、『人と違ってもいいんや』っていうことを感じてくれたら」

四世代にわたって国境をこえる行き来をし、常に「違い」について考えながら生きてきた雪蓮さんらしい言葉だった。

九．ルーツとルーツ

こんな風にして私は、Ｍｉｎａｍｉこども教室でボランティアをしながら、そこにつながる子どもたち、親たちの語りに耳を傾けてきた。

二つとして同じもののない語りから、しかし共通して見えてくること。それは、誰もが歴史や政策の大きな流れに翻弄されながら、少しでも自らの人生、そして子どもたちの将来を良い方向へ導こうと手を尽くし、ミナミにたどり着いたということだ。

この社会のマジョリティのあいだで、移民は「弱者」として表象されることがままある。

だけど、こうして一人ひとりの言葉や表情に直接触れていると、それぞれが強く、したたかに生きている事実がよくわかる。

ああ、目の前のこの人は「弱者」なんかではなくて、この社会で「弱い立場に置かれた」存在なんだ——。

そんな当たり前の事実が、ようやく腹に落ちる。

隣に座ったその人を、大きな主語としての「外国人」や「移民」ではなく、顔と名前と人柄を知ったひとりの人間としてまなざす。そして、その語りにただ耳を傾ける。

その瞬間、私の意識の中で前景化されるのは、「フィリピン人」や「ブラジル人」といった固定されたルーツ（roots）＝「起源」ではなく、その人がたどってきたルーツ（routes）＝「経路」だ。

私が大学生のころ一生懸命読んだ本に『ルーツ——20世紀後期の旅と翻訳』〔1〕という学術書がある。アメリカの文化人類学者ジェイムズ・クリフォードが「旅」という移動の概念を真ん中に置き、文化人類学そのものを批判的に捉えなおした名著だ。クリフォードはその中で、二つの「ルーツ」についてこんな風に言っている。

居住は集団生活のローカルな土台で、旅はその補足と考えられた。roots（起源）はつねにroutes（経路）に先行する。だが、もし、と私は問いはじめた。旅がこれまでの枠組みから解放され、それが複雑で広くゆきわたった人間経験の一部とみなされるなら、どうなるだろうか？　そのとき、転地という実践は、たんなる場所の移動や拡張ではなく、むしろ多様な文化的な意味を構成するもの、、、として考えられるかもしれないのだ。（P12）

「旅＝転地という実践」を人の暮らしの例外状態や付け足しだと考えるのではなく、それこそが個人や社会を形づくるのに欠かせない要素だと捉える視点を、クリフォードは提起している。

ある社会におけるマジョリティは常に、移民たちが「どこから来たのか」（ルーツ＝roots＝起源）を問い、「ここに属する私たち」なのか、「よそから来た他者」なのか、という区分けを最優先の問題とする。その問いの先では、起源の異なる他者が社会に持ち込む「違い」を、取りのぞくべき疎ましいものと捉えてしまいがちだ。

そうではなく、その人が「どうやって来たのか」（ルーツ＝routes＝経路）に耳を傾ける時、一人ひとりの経路には、二つとして同じものがないことに気付く。それは私自身、あなた自身の経路も含めて。生まれたその土地で暮らし続けることですら、決してありきたりではない固有の経路だ。その問いの先では、「違い」は豊かさとして捉えられうる。

点としての「起源」ではなく、線や面としての「経路」に思いを致す時、「外国人」や

「移民」として一括りにされる人々の、個としての姿が立ち上がってくる。大きな主語としての「外国人」「移民」という言葉にまとわりつく偏見にあらがって、その人を個としてまなざす視点が生まれる。

その経路こそが一人ひとりの人格や個性、アイデンティティ、さらにはこの社会そのものを形づくってきたのだ。

それは、ここまで耳を傾けてきたＭｉｎａｍｉこども教室につながる子どもたち、親たちの語りからもはっきりと感じとれる。「移民のルーツ（roots＝起源）をもつ子ども」はむしろ、「移民のルーツ（routes＝経路）をもつ子ども」と読むべきかもしれない。

＊

しかし、現実はなかなかそうならない。とりわけ日本の社会では「起源」が重んじられる。想像上の同質性に固執するこの社会は、「違い」を忌む。そこで生きる移民ルーツの子どもにとって、多様な経路が育んできた豊かな「違い」は逆に、自己否定の要素になってしまいがちだ。

Ｍｉｎａｍｉこども教室で子どもたちに接していると、他の子との「違い」についての否定的な言葉をしばしば耳にする。

フィリピンと日本のルーツをもつ、ある女の子は、「自分がフィリピン人でもあるっていうのが嫌。私も普通の日本人やったらよかったのに」と口にした。フィリピン出身である母親の仕事が安定せず、生活が荒れるなかで、そのしんどさを自身のフィリピンルーツに対する嫌悪感へと転換してしまっているようだった。

東南アジアにルーツをもつ女の子たちは、日焼けを過度に気にしていた。彼女らにとって焼けた肌の色は、隠そうとしてきた「ルーツに基づく違い」を際立たせてしまうものとして意識されているようだった。

苦い経験がある。私が教室でボランティアを始めて少したった夏休み、フィリピンにルーツをもつ女の子二人が、日焼けした腕を出しながら「どっちが白い？」と私に聞いてきた。

私は特に何も考えず、デスクワークばかりで外に出られない自分の腕を見せて「おれの方が白いかも」と返事をした。二人のうち一人がすかさず「そら日本人やからな！」と言った。私はとっさに何も言葉を返せず、自分の浅はかな発言を深く後悔した。

自分の周りにいるマジョリティとの肌の色のわずかな違いを否定的に捉える心の動きは、マジョリティの側が発する「違い」への否定的なメッセージによって生み出されている。あからさまに差別的な言動ではなくても、（私が発してしまった言葉のように）排他的な文脈のなかで「違い」を指摘され続けることによって、自分を否定する気持ちが形づくられてしまう〔2〕。

教室につながる子どもたちの間では、そうした「違い」を高校に入ってから意識するケースが多かった。島之内で育ち、移民ルーツの子どもが半数近くを占める地元の小中学校に通っていると、生活の中に「違い」はごく当たり前に存在している。子どもたち自身、ことさら「違い」を意識することはない。

他地域の生徒が入り交じる高校へ行くようになって初めて、移民のルーツをもつ者が圧倒的なマイノリティとなる環境に出くわすのだ。

タイと日本のルーツをもつメイ（※第一節）は高校に入った当初、こう言っていた。

「高校には外国ルーツの子が少ないから、友達に『え？ハーフなん？』ってびっくりされる。中学までは私みたいな方が普通やったから、ほんまにカルチャーショックやわ。嫌っていうわけじゃないんやけど、珍しく思われるのがちょっとなあ。別に珍しくないのになって……」

島之内という土地の特殊さをつくづく感じさせられる話だが、こうして「違い」が特殊なもの、例外的なものとして扱われる人間関係の中では、ルーツを肯定的に捉える心の動きは養いづらい。

＊

Ｍｉｎａｍｉこども教室の普段の活動では、子どものルーツに関する話を直接扱う機会は多くない。ただ、スタッフの大人たちはみんな「違い」を肯定しようとする意識をもって、子どもに接している。もちろん個人差はあるが、その共通認識こそが教室の土台だと言える。

その意識を形にした、一つの印象深い活動があった。

「あなたの名前は」と銘打ち、自分の名前について考えてみるという活動だった。

誰にとってもそうだが、特に移民のルーツをもつ人々にとって、自身の「名前」の捉え方はアイデンティティ形成に大きな影響を及ぼす。

タイルーツのマキコ（※第二節）は、自身の日本風の名前のためにタイの小学校でからかわれた記憶を、消えない傷としてずっと心に残していた。来日後も、日本風の名前なのに日本語が十分に話せないことで、自分のルーツを相手に説明しなければならないというしんどさを抱えていた。そして、大学進学でタイに帰国する時には「タイの名前に変えたい」と口にしていた。

中国残留邦人三世の雪蓮さん（※第八節）は日本風の通名を使っていた小学生のころ、「自分のルーツを隠しているような気持ちだった」という。そして大人になった後、中国のルーツを大切にしたいという思いから、日本の家庭裁判所へ申し立てをして、戸籍上の名前を中国で使っていたものに変えた。（実は、雪蓮さんからの要望で、雪蓮さん自身と子どもたちはいずれも実名にしている）

教室には他にも、自己紹介が嫌いだというフィリピンルーツの子がいた。「日本人っぽくない名前を言うのが恥ずかしくて、怖かった。いじめの原因になるんじゃないかって、いつも不安だった」というのだ。

移民ルーツの子どもが名前についてこれほど悩まされる背景には、「違い」を排除すべきものとして捉える社会の圧力があるのだろう。

『マイノリティの名前はどのように扱われているのか』〔3〕という本がある。移民ルーツの子どもたちの名前が日本の学校でどう扱われているのかを丁寧に調べた、一風変わった学術書だ。

著者のリリアン・テルミ・ハタノによると、南米のブラジルやペルーから来た子どもが日本の学校に編入する際、教育委員会の担当者に、名前（複数の姓・名を組み合わせた形が一般的）が長すぎるとして姓・名を一つずつ選んで登録することを求められたり、本来の韻とはかけ離れたカタカナ名で登録されたりするケースがあるという。中国ルーツの子どもは、名前の漢字を中国語読みでうまく発音してもらえないという理由で、仕方なく日本語読みで名乗るケースが多いようだ。

自身も日系ブラジル人二世として日本に移り住んだハタノは、こう書いている。

名前は、誰の名前でも、それがエスニシティを表す名前でもそうでない名前でも、自尊心に関連しており、生まれた時に名前をもらえるくらいのケアを受けていた存在であることの証でもある。（……）子どもを迎え入れる側の人たちが名前のそのような重みを尊重しない態度を示すことは、その子どもの心にもつらく厳しいメッセージを送ることになるのではないか。ありのままの自分は、ここでは受け入れられないのだ、と。（P190）

名前を大切にすることは、その子をありのままで受け入れるというメッセージ——。その理念を形にした実践として、Minamiこども教室は「あなたの名前は」という活動を企画した。

その日、教室ではBGMが流れた。誰の発案か知らないが、ゴダイゴの「ビューティフル・ネーム」（作詞：奈良橋陽子・伊藤アキラ、一九七九年）だった。

名前　それは燃える生命《いのち》
ひとつの地球にひとりずつひとつ
Every child has a beautiful name……

そうくり返すタケカワユキヒデの声に耳を傾けたあと、在日コリアン三世のスタッフ、キムさんが「ぼくは、みんなと同じ子どものころ、キムっていう自分の名前じゃなくて、日本の名前を名乗ってたんよ」と切り出した。

「あの子は韓国人やって嫌がらせされるのが怖くて、韓国人であることを隠して生きるためでした。韓国人っていうことを隠して生きるためにいっぱいエネルギーを使って、本当は将来こんなことがしたいって夢を膨らませるために使うはずのエネルギーは、少ししか残ってなかった。そやけど、私にもみんなのように、自分と同じルーツをもつ仲間が集まる教室があって、そこで出会った仲間もみんな名前のことで悩んでるのを知ったんよ。私だけの悩みじゃないんやって知って、心が落ち着いた経験があります。本当の名前を名乗って、コリアンやということを明らかにして生きていくことの方が、ずっと値打ちがあることやんかって、思えるようになりました」

そう言って、中国ルーツの子どもたちに一人ひとり、自身の名前の中国語での正しい発音を尋ねた。そして、「ぼくら大人がうまく発音できてないこともあるかもしれんけど、できるだけ本来の発音で呼ぼうとがんばるから、自分の名前の音に愛情をもってください」と語りかけた。

フィリピンと日本のルーツをもつ子たちは普段、日本名のみで生活するケースが多いのだが、キムさんは一人ひとりにフィリピンルーツに由来する名前を尋ねた。そして子どもが答えるたび、「めっちゃええ名前やなあ」と言葉をかけた。

高校生のコウタはみんなの前に立ち、「ぼくの名前はタカダ・コウタです。だけど、もう一つ名前があります。ジョシュアです」と言った。コウタは自分のパスポートを改めて見直したことで、ジョシュアというフィリピン名を知ったという。

「ジョシュアっていう名前は、これからもっと英語を勉強していこうっていう気持ちになれる名前です。みんなに呼んでほしいし、ぼく自身が大事にしていきたいです」

後輩たちからは拍手が起きた。

普段の教室活動では、新しく子どもが参加するようになると、どんな名前で呼ばれたいかを本人に尋ね、それを名札に書いてもらう。そして、ボランティアのミーティングでもその子の名前の呼び方を確認する。名前を大切にすることから、その子をそのままで受けとめる、という気構えを伝える。

「あなたの名前は」の企画に込めた思いが、どれくらい子どもに届いていたのかはわからない。それでも、「一人ひとりがもつ『違い』を大切にしたい」というメッセージは、こうした瞬間を積み重ねることでしか伝わってはいかないだろう。

教室での交わりには、学習中の雑談の一つひとつから、随所にそんな瞬間があった。その積み重ねは子どもの自尊感情を育み、どこか別の場所で「違い」に対する否定的なメッセージにさらされた時の、心の支えになるはずだ。

ルーツ（roots＝起源）にばかり目を向けて、「違い」を排除しようとするのではなく、ルーツ（routes＝経路）に意識を傾けることで、一人ひとりの「違い」を寿《ことほ》ぐ。
教室に通い、子どもの隣に座る時間が、そんな心根を私に植えつけてくれた。

第三章
教室を形づくる大人たち

Ｍｉｎａｍｉこども教室には、多様な子どもたちが集まってくるのと同じくらい、多様な大人たちがボランティアとして集まっていた。大人たちは、いろんなもの——経験、知識、熱意、承認欲求まで——を教室にもち寄り、それが教室の根っこを形づくっていた。ここからは、教室につながる大人たちの歩んだ多様な経路に耳を傾けていきたい。

一・「解放教育」というルーツ

Ｍｉｎａｍｉこども教室が生まれたきっかけは、第一章で書いたように、島之内で暮らすフィリピン人母子の無理心中事件にある。亡くなった男の子が通っていた南小学校の当時の校長、ヤマザキさんが、大阪で移民支援を続けてきた人たちに声をかけ、教室が立ち上がった。

教室ができて数年後、ヤマザキさんは別の小学校へ転任した。さらにその数年後には教員を定年退職したが、こども教室ではずっと変わらず運営の中心を担った。

教室の活動のうち、移民家庭の生活支援は、週一回の学習支援と比べると負担が格段に大きい。子どもの体調が悪い、役所での手続きがわからない、仕事を急にクビになった……など相談内容も幅広い。

活動のしんどい部分を担いながら、いつも朗らかで温かいヤマザキさんの人柄は、太い幹のように教室を真ん中で支えていた。

何がそこまでさせるのだろう。

ヤマザキさんには、現役の校長だったころから何度もインタビューをさせてもらった。その中で、ヤマザキさんがたびたび口にする話があった。

「ぼくがはじめに勤めた小学校では……」から始まる、新人時代の経験談だ。

どんな教師でもそうだろうが、ヤマザキさんにとっても一九八〇年代初めに新任教師として勤めることになった小学校での経験は、Ｍｉｎａｍｉこども教室の活動にまでつながる深いインパクトを残したという。

その小学校は、いわゆる「同和教育推進校」だった。教育現場では「同推校」と略して呼ばれることが多いのだが、校区内に同和地区、すなわち被差別部落がある学校を指す。

ヤマザキさんは大学卒業後、五年ほど会社勤めをした。当時、勢いのあった大手スーパーの子会社で、スポーツ用品を販売していた。大阪や奈良、和歌山の店舗で店員、さらに店長として働いたが、大学時代からひそかに教師になりたいという希望をもっていた。

思いが高じ、スーパーでの仕事の傍ら、教員免許をとるために通信制大学で学び始めた。教育実習先を探していたところ、すでに教師になっていた大学時代の友人が、勤務先である大阪市内の小学校を紹介してくれた。そこで教育実習を経験し、そのまま翌年から講師として働くことになった。その学校が同推校だった。

日本の社会に根強く残る差別のため、被差別部落で暮らす人々の生活は世代を超えてしんどい状況におかれてきた。同推校には経済的に苦しい家庭の子や、なかなか勉強に向き合えない子も通ってきていた〔1〕。

ヤマザキさんは「子どもたちの家庭が抱えている生活の厳しさは半端じゃなかった」とふり返る。学校には字の読み書きができない親をもつ子もいた。

新人のヤマザキさんは「促進学級」の担任になった。学力のしんどい子を別室で指導する役割だ。促進学級には体の大きな五年生の男の子、アキラが通ってきていた。クラスでの勉強に全くついていけないわけではないのだが、とにかく学校生活や学習に向かう意欲が見えない子だった。

まだ二十代で「熱血漢だった」というヤマザキさんは、アキラに向かって「なんで勉強せえへんのや！」「宿題やってこい言うたやろ！」とたびたび怒鳴った。

それでもアキラは無気力に「なんでやねん」と言い返すだけ。その返事にいらだち、「ちゃんとせえ！」とまた怒鳴る。そんなやり取りをくり返す毎日だった。

この子をどうしていったらいいんやろうか――。悩んでいたヤマザキさんに、ある日、先輩教師が声をかけてきた。

「おまえ、あの子の家庭訪問行ったんか？」

まだ行ったことがないと答えるヤマザキさんに、先輩は「いっぺん行ってきてみい」とだけ告げた。

ある日の放課後、アキラの家を訪ねてみると、年配の女性が玄関先に出てきた。アキラの祖母だった。アキラは姉、弟、祖母の三人と一緒に暮らしていた。母親はおらず、父親は月に一度だけ家に姿を見せるという。

その「一度」は生活保護費の支給日直後。家族に支給されたお金を持っていくためだ。祖母が「返せ」とすがっても、父親は無理に奪って家を出ていく。

腹を立てた祖母は孫たちに向かって、「おまえらがおるおかげで生活ができへんねん。出ていけ！」とあたる。行き場のない子どもたちは、家で縮こまってやり過ごすしかなかった。

アキラの祖母と話し込んで事情を聞き、ヤマザキさんは学校に戻った。家庭訪問を勧めてきた先輩は、職員室でずっと帰りを待ってくれていた。

ヤマザキさんは「ぼくはあいつに何も言えません。生まれて十年しかたってへんのに、ぼくが経験してきたことより、はるかにつらい思いをしてる。一体ぼくに何ができますか」と伝えた。

先輩は、厳しい表情のままで答えた。

「おまえ、なんちゅうこと言うてんねん。生活背景わかって、同情だけして、あの子のこれからの人生に何かプラスになるか？　だからこそ、あの子が将来を自分で変えていけるよう、学力つけるために、おまえががんばらなあかんのちゃうんか」

先輩の言葉は四十年たった今でも、ヤマザキさんの耳に残っている。

その日を境に、促進学級でアキラに接するヤマザキさん自身の物腰が変わった。

アキラが無気力な態度をとった時、それまでは怒鳴りとばしていたヤマザキさんだったが、まず「そんな行動をとる背景に、何かあるんとちゃうか」と一拍おいて考えるようになった。家庭背景を知ったことで、「そら勉強やる気にならんわなあ」「つらかったんやろうなあ」という慮りが、まず頭によぎるのだ。

コミュニケーションの微妙な変化に呼応するように、アキラの態度も少しずつ変わっていった。ヤマザキさんに対して、自分が何に腹を立てているのか、いま何がしんどいのかを、ごく短い言葉で伝えるようになった。ときおり本音をぽつりと漏らすようにもなった。そうして、一日のうちで学習に向かう時間が徐々に延びていった。

アキラとの出会いをふり返って、ヤマザキさんは言う。

「長い目でみたらやっぱり、その子が荒れる背景を知ったうえで関わっていくことが、心を開くことにつながる。初任校ではたくさんの子どもからそれを学んだんよ。あの時の思いがあるから、たぶん今でもこうしてやってるんやと思う」

＊

学校のシステムにも、しんどい家庭背景をもつ子を支える工夫があった。

年に数回開かれる「進路保障合同会議」では、被差別部落を校区内にもつ小学校、中学校、高校の教員が集まって、子どもの状況を共有する。中学生になって荒れはじめた子や勉強についていけなくなった子については、小学校の担当教員が、当時の学校での様子や課題を伝え、中学校での指導に生かす。高校へ進学する際には、小中学校の側から配慮すべき家庭事情を引き継ぐ。

そうやって地域の中で、一人の子どもを途切れることなく見守り育てる。学校が特に力を入れていたのが、地域の「子ども会」との連携だった。

被差別部落には一九六〇年代ごろから、子どもたちの生活や学びを支えるため「部落解放子ども会」がつくられた。一九六九年、被差別部落の生活をよくするための「同和対策事業特別措置法（同対法）」ができると、地域ごとに活動拠点としての「青少年会館」が整備され、「社会教育指導員」が配置された〔2〕。

特に子ども会活動が盛んだった大阪では、府内四十七の解放同盟支部ほぼすべてに子ども会があった。最盛期の一九七〇〜八〇年代には毎日のように、学習支援や集団での遊び、人権学習といった活動をしていたという。

しかし、二〇〇二年に同対法が期限切れを迎えたあとは、青少年会館の閉鎖が各地で相次いだ。地域外との間での住民の流出・流入も増え、子ども会活動は縮小していった〔3〕。

部落差別をなくすことをめざした「全国水平社」の創立から百年を迎えた二〇二二年、私はいくつかの地域で子ども会の現状を取材させてもらった。

大阪府内のある地域では、現在も子ども会の活動が続いていた。四十年ほど前には二百～三百人の子どもの参加があったという会だが、今は三十人ほどしか集まらず、集会や学習会といった活動も月数回に減っていた。

それでも、幼いころから参加してきた高校生らは「当事者である仲間がいて、何でも話せる場所は他にはない」「地域の歴史や差別について、子ども会の先輩から聞かせてもらってきたことで、この地域を大切に思えるようになった」と言っていた。

子ども会を支えるのは、かつて自身も会に支えられた地域の大人たちだった。「子どもの居場所を、次の世代に受け継ぎたい」という思いを、みなが口にしていた。

ヤマザキさんが勤めていた小学校の地域にも、解放子ども会があった。一九八〇年代当時、子ども会と学校との連携は密だった。学校には子ども会担当の教員がいて、ヤマザキさんも着任当初から担当になった。

毎日放課後になると、子ども会活動に参加する児童らを、学校から徒歩十分ほどの青少年会館へ連れていく。会館の指導員と一緒に子どもをみることも、よくあったそうだ。

夜には「グループ学習」があった。地域の子ども五人で一つのグループをつくり、週一回、夜七時から九時ごろまでメンバーの家に集まって、小学校の教師が勉強をみる。当時は各地の子ども会に同じような取り組みがあった。

ヤマザキさんは「小さい妹や弟がいる家庭では勉強に集中できる環境じゃなかったり、

仕事から帰ってきたお父ちゃんが、勉強してる隣で酒飲みながらテレビの音を小さくしてプロ野球中継を見てたり、それぞれの家庭での苦労があった」とふり返る。

また、教員の側からすると、学校での勤務後に学習指導へ出ていく負担は小さくなかった。指導者の人繰りを担っていたヤマザキさんは、同僚の教員らに協力してもらうことにずいぶん気を遣ったそうだ。

それでも、地域の中に子どもたちが学び、遊べる居場所がある。そんな解放子ども会の意義は、ずっと後にＭｉｎａｍｉこども教室を立ちあげる時までヤマザキさんの胸の内にあり続けた。

そして、地域の解放会館や青少年会館は、親たちの生活支援の拠点にもなっていた。会館の指導員は親の相談にのり、しんどい家庭の事情をよく把握していた。学校の教師が会館へ相談に行くことも多く、連携して家庭の支援にあたっていたという。

「解放子ども会は子どもの居場所になったり、親の相談場所になったりすることで、学校と家庭をつなぐ拠点になってた。その役割は、ぼくにとってＭｉｎａｍｉこども教室を立ちあげる時の一つのモデルになった」とヤマザキさんは言う。

大阪でマイノリティ教育に関する調査研究を長く続ける、教育社会学者の志水宏吉《しみずこうきち》は、共著『多文化共生の実験室　大阪から考える』〔4〕で、こう書いている。

あちこちで「学力保障」という言葉を見かけることもあるが、その起源は同和教育にある。子どもたちに、生きていくうえで必要な自分なりの基礎学力を獲得させることが教師の務めである。（……）同和教育・解放教育の考え方とそれにもとづく教育実践は、今日に至るまで大阪の学校に深く根をおろしている。（P220）

解放教育の中で培われた「しんどい子ほど手をかける」という公正さへの理念が、その後の在日コリアンの子どもの教育、ニューカマーの子どもの教育を貫く「ルーツ」になっている、と志水は言う。

しんどい子ほど手をかけるという公正さ——。それはまさしく、ヤマザキさんが教員時代から培ってきた子どもとの向き合い方だ。

ヤマザキさんにとって同推校や解放子ども会での経験は、子どもを支える理念や熱意、方法論のルーツ（＝根っこ）になっている。その理念や熱意、方法論はそのまま、Ｍｉｎａｍｉこども教室の根っこになった。

二．「民族学級」というルーツ

Ｍｉｎａｍｉこども教室の実行委員長を務めたキムさんも、ヤマザキさんと同様、子どもの家庭に踏み込み、生活を支えた。キムさんの携帯電話はいつも、大小の相談事を持ちかける親たちからの着信履歴でいっぱいだった。

キムさんにも、教室のことを語る時、よく口にしていた言葉がある。

「子どもらの姿が、昔の自分と重なって……」

キムさんは大阪市の生野区で生まれ育った、在日コリアン三世だ。

一世にあたる父方・母方の祖父母は、ともに一九三〇年代半ば、朝鮮半島の南に浮かぶ済州島《チェジュ》から大阪に移り住んだ。当時、済州島から大阪へは直通の客船が就航していて、移住者のうち済州島出身者は大きな割合を占めていた。キムさんの祖母も「クンデファン（君が代丸）に乗って来た」と語っていたという。

一家が暮らした生野区は、今も住民の二割が外国籍で、そのうち韓国・朝鮮籍をもつ人が七割を占める。一九一〇年の韓国併合によって植民地となった朝鮮半島から日本へ渡った人々、渡ることを余儀なくされた人々が、当時日本一の工業都市であった大阪で、特に中小零細工場が集まる東成《ひがしなり》・生野の「猪飼野《いかいの》」と呼ばれたこの地域に集まるようになった〔1〕。

済州島と猪飼野のあいだに生じた大きな流れの中に、キムさんの祖父母もいた。しかし、大阪で暮らし始めた父方の祖父は若くして亡くなり、祖母は廃品回収をして家計を支えたという。

在日二世にあたるキムさんの両親も、小学校さえ満足に通えなかったそうだ。子どもながらに屑鉄を拾って売りに行くなど、ずっと働き詰めだったという。

一九七一年生まれのキムさんが幼いころ、父親は日雇い労働をしていた。早朝には大阪市の東部市場で配達夫の仕事をし、売れ残った魚を安く仕入れて露天で売った。しかし、父親は生活のしんどさから一攫千金をねらい、博打にのめり込んでいった。働いて稼いだ給金をギャンブルにつぎ込み、全部すって帰ってくるようなことがあったという。

母親はその分まで、家でミシンを踏んでいた。下請けのさらに下請けの内職として、地場産品のヘップサンダルを作っていた。サンダルの材料が長屋の自宅へ大量に運び込まれると、布団を二枚敷くスペースしか残らない。一個何銭という給金で、納期が迫れば徹夜もして、一日数百足にミシンをかける。

休みなく働くことでぎりぎりの家計を支えていた母親は、キムさんが十五歳の時に亡くなった。がんだった。

子どものころの暮らしをふり返るキムさんの言葉を、少し長くなるが、そのまま記したい。

「ずっとみじめやなあと思って生きてました。生活も貧しかったし、街中に『チョーセン』とかいう差別語が飛び交ってた。日本人がぼくらに使うだけじゃなくて、朝鮮人どうしも言い合ってたんです。差別語があまりにも広がり過ぎると、普通にアホやボケやという言葉と同列になって、その言葉で最も傷つくはずの当事者が、その言葉で他者を攻撃する。ぼくらの目の前にいる人たちは、みんな肉体労働をして、その日暮らしをしてて、まともな学歴もなくてね。部落の中で朝鮮人どうしがようケンカしてた。ケンカの内容も、仕事の取り合いです。『頼むからその仕事をおれにゆずってくれ。やや子のまんま買えんのや』ちゅうて、半ば泣きながら。もう片方も『おれの事情もくんでくれ』って胸ぐらつかみ合って、殴り合ってる。社会の中で差別されてる者どうしが、小さな小さな仕事を取り合って殴り合ってる姿っていうのは、子どもの目で見たら、もうこんなん生きる意味あるやろかって……思いましたね。ほんまに出口のない迷路にはまった感覚でね。最初はみんな出口があると思って必死で探し回るけど、もうここに出口はないって思ったら、自分の人生をあきらめてしまう。生きるか死ぬかしかなくて、他者を慮るエネルギーも失ってしまって、自分を守るために他者を攻撃するみたいなね。だから、多かれ少なかれ在日の子っちゅうのは、そんな傷つきを抱えながら生きてた。がんばれば報われるっていう感覚、ほんとになかったですわ。こんな英語の単語覚えて一体なんの役に立つねんって思ってたし、数学の点数とったからって、おれたちに何が待ってんねんって言うたら、もう、おれも結局そうなるんやんっていう姿しか目の前にはないわけですよ。日雇いで朝から晩まで肉体労働して、安全装置がついてないもろ出しの機械の前にたって、扱いミスして体の一部失うとかね。そんな人ばっかり周りにいてるから。ほんとに目と鼻の先に、あと数年したら、あのおっちゃん、兄ちゃんらの姿と、自分の将来が交差していくわけですよね。そらもう、なんのために生きてんのやろうって……思いました」

時々言葉を詰まらせながらも、キムさんはそこまで一息に言って、付け加えた。

「それが在日の子らの、荒れの背景やったと思います」

*

キムさんが通った地元の中学校は当時、まさしく荒れていたという。校内をバイクが走る。窓ガラスは割られてなくなったまま。たばこやシンナーは当たり前。教師に対する暴力も頻繁にあった。在日コリアンの生徒が四分の一ほどを占める中学校で、荒れの中心にいる子の多くはコリアンルーツだったという。

キムさん自身も荒れていた。「腕力はなかったけど、悪知恵がよう働いたから」。授業中に教師の揚げ足を取って授業をつぶしたり、学校を抜け出して商店街をうろついたり。問題を起こすたび、教師が自宅へやって来た。

まだ存命だった母親は、とにかく頭を下げて教師に謝った。その姿は今もキムさんの胸につっかえている。

「母親は字の読み書きができなくて、その強迫観念がすごく強い人やった。人と会話するのも怖いようなところがあって、とにかく人様に迷惑かけたらあかんと謝り倒す。もちろん悪いのはぼくなんやけど、そんな母親に、板間の床におでこつけさして謝らす先生ってなんなんやって……。やっぱり屈辱的でしたね」

そうして荒んでいくキムさんのことを気にかける教師も、中学校にはいた。隣のクラスの担任だったイヌイ先生という英語教師だ。当時まだ三十歳くらいで小柄な女性なのだが、暴れまわる生徒も怒鳴り倒すパワフルな人だった。

イヌイ先生は一年生のキムさんに「朝文研に入らへん?」と声をかけた。

朝鮮文化研究会。つまり、朝鮮半島にルーツをもつ生徒が集まって、朝鮮の言語や文化、歴史を学ぶ、いわゆる「民族学級」のことだ。

民族学級のルーツの一つは大阪にある。

終戦直後の一九四八年、文部省は日本国内に次々と生まれていた朝鮮学校に対し、「民族学校の自主運営を認めない」という趣旨の通達を出した。大阪・兵庫ではそれに対する大規模な抗議行動「阪神教育闘争」が起きた。

これをきっかけに、大阪などの府県では、知事が朝鮮人団体の代表らと「公立小中学校でも課外の時間であれば、朝鮮語や文化について授業を行うことができる」という内容の覚書を交わした。在日コリアンが集まる大阪では、それから二年で三十校ほどに民族学級が開設された〔2〕。

学校現場での理解不足もあって、民族学級の活動は一時下火になったが、キムさんが中学生だった一九八〇年代は、その大切さが再び見直された時期だった。

民族学級の顧問をしていたイヌイ先生に参加を勧められたキムさんだが、にべもなく断ったという。

「そらそうや。誰もやらへんよ。そのころはぼくらみんな、朝鮮から逃げたい、日本人になりたいって思ってたんやから」

それでもイヌイ先生は、キムさんをしつこく誘い続けた。民族学級が開かれる放課後、キムさんは終礼が終わるとすぐに走って教室から逃げ出し、イヌイ先生が追いかける。そんなやり取りがくり返された。そして、諦めずに声をかけ続けるイヌイ先生に、キムさんはやがて、他の教師との違いを感じるようになっていった。

「生徒が本気で暴れたら、大抵の先生はどこか怯むところがあったけど、イヌイ先生は違った。ぼくがガム嚙んでたら、口の中に手を突っ込んで出させるような人やった。でもね、当時ぼくが悪さをしたら、よく先生らが家に来てたんやけど、イヌイ先生だけは母親の前で、ぼくをほめてくれるんですよ。母親も『イヌイ先生は仏さんや。あんたみたいな子をええ子やって言うてくれた』って感激してた」

もう一人、カク先生という教師の存在も、キムさんの気持ちを民族学級へ向けさせた。カク先生は社会科の教育実習で学校に来た中年の男性教師で、在日コリアンだった。

「ぼくにとっては衝撃でした。朝鮮人でも先生になれるんやって。周りにはそんな人、一人もいてなかったから」

カク先生は教育実習を終えたあと、そのまま中学校の民族学級で講師になった。イヌイ先生とカク先生からの勧誘に根負けし、キムさんは放課後に週一回開かれていた民族学級をのぞいてみた。

集まっていた生徒は数人で、その日はカク先生が朝鮮古代史の話をした。新羅、高句麗、百済の三国時代について、黒板に図を描きつつ、大河ドラマのように聞かせる語りにキムさんは引き込まれた。

「それまでぼくにとって『朝鮮』っていうんは、災い以外の何物でもなかった。貧しくて、みすぼらしくて、そんな国やから、みんな日本の地に逃げてきて住まわせてもらってるんやと思い込んでた。だから、我が国に歴史があるなんて感覚が全くなくて、カク先生の話はめちゃめちゃおもしろかった」

こうしてキムさんは民族学級に通い始めた。

学級では朝鮮半島の歴史のほか、外国籍住民の「指紋押捺」など在日をめぐる社会問題についても学んだ。朝鮮伝統の遊びを教えてもらい、民族楽器の練習もした。

ただ、最も記憶に残っている活動はソフトボールだという。放課後、学校にたむろしている在日生徒のやんちゃグループをカク先生が誘い、一緒にプレーした。

普段は通名（日本名）で生活している生徒らを、カク先生はあえて本名（朝鮮名）で呼んだ。

「イッス、次ランナーで出たら盗塁ねらえ」

「スンイル、もうちょっと下がって守れ」

その朝鮮名の響きが、キムさんの耳にはとても自然に感じられた。

キムさん自身、当時はまだ通名を使っていた。本名を名乗るきっかけとなった出来事は、その年の文化祭にあった。

朝文研は文化祭で、朝鮮の楽器を使った伝統芸能「サムルノリ」を演じることになっていた。当時の部員は三年生と一年生の数人だけ。イヌイ先生はキムさんにも一緒に出ようと持ちかけた。しかし、「在日」として全校生徒の前に出るのが嫌だったキムさんは、出演を拒んだ。「それならせめて」と説得され、結局、照明係をやることになった。

文化祭の当日、キムさんは会場となった体育館の二階席で、スポットライトを構えていた。舞台が暗転し、体育館の外から「ケンケンケンケン！」という威勢のいい打楽器の音がこだまするると、朝鮮の伝統衣装に身を包んだ三年生らが駆け込んできた。

原色豊かな伝統衣装に映える先輩たちのりりしい表情を、キムさんのスポットライトが照らし出す。普段は騒がしい生徒たちも、しいん、と静まりかえっていた。

気付かぬうちに、キムさんは体を震わせていた。

「真っ暗な中でスポットライトに照らされて、衣装の原色が映えて、先輩らめちゃめちゃ輝いてたんです。ほんとに、オーラがね。その光景は今でも忘れられへん。ほんまに体が震えて。ああ、もう隠すのやめたい、って。そう思ったんです」

文化祭が終わってすぐ、キムさんは職員室にイヌイ先生を訪ね、「二年生になったら、本名を名乗りたい」と告げた。そして家に帰ると、両親にもそう伝えた。母親は「それはええことや」と認めてくれた。

しかし、父親は激昂した。「おまえに何がわかんねん。そんなことする必要ない」。そう言ってキムさんに憤りをぶつけた。

キムさんは「その時は、なんちゅう親やって思いました。けど大人になってふり返ってみたら、父親は傷ついてたんやろうなあ、って思うんです。ぼくら以上に厳しい現実のなかで朝鮮人として生きてきて、なんで息子が自ら朝鮮人やって他人に言うて歩かなあかんのやと、そう思ったんでしょうね」と慮る。

親戚からも反対にあったが、キムさんは押し切った。以来、本名で生きてきた。

キムさんは民族学級での三年間をふり返って言う。

「人としての生き直しの機会を与えてくれた、かけがえのない場所でした」

＊

公立高校を卒業したキムさんは、カク先生の勧めで韓国へ留学した。アルバイトの掛け持ちと在日向け奨学金で資金を用立て、一九九〇年から一年間、韓国にある在外国民向けの教育機関で韓国語を学んだ。さらに外国語大学にも通った。

自分のルーツを隠す必要のない韓国での暮らしは、居心地がよかったという。

留学生として韓国で五年近くを過ごしたキムさんは、二十二歳で大阪に戻った。そして母校の中学で、カク先生と同じ民族学級の講師になった。

講師時代のことを尋ねると、キムさんは「あんまり何にもできへんかった」と、珍しく言葉少なだった。

キムさんが勤めた当時も中学校は荒れていた。週一回の民族学級には歴史や文化を教える準備をして臨んだが、子どもたちには全く関心をもってもらえない。やんちゃな生徒らが、教室に来て暴れる。まだ経験の浅かったキムさんは虚勢を張って押し返そうとしたが、よけいに収拾がつかなくなった。

職員室には民族教育に理解を示してくれる教師がおらず、孤立した。理想とするカク先生のような役割は全く果たせなかったという。キムさんにとっての挫折だったのかもしれない。

ただ、民族講師としての六年間が何も残さなかったわけではない。

キムさんはテソンという男子生徒のことを記憶にとどめている。口達者なテソンは学校内では荒れて手が付けられず、民族学級の活動にもまともに加わろうとはしなかったという。

テソンが卒業して五年ほど後、街中を歩いていたキムさんは通りかかった車から突然、「ソンセンニム（先生）」と呼び止められた。車から降りてきたのは、二十歳すぎの成人になったテソンだった。キムさんにあいさつをすると、電話番号を交換し、また車で去っていった。

しばらくたったある日、テソンから電話があった。「相談があるんです」という。

ファミレスで待ち合わせたテソンは、「結婚を考えている子がいるんやけど、親御さんは在日やからと反対してます。ちゃんと話をしたいんやけど、どうしたらええんでしょう。ソンセンニム、もういっぺん在日のこと教えてもらえませんか」と言う。

キムさんはテソンと何度か会い、在日の歴史や国籍の問題を一から説明した。テソンは熱心に聞き入り、キムさんが手書きしたメモを「それくれへん？」と言って持ち帰った。

そして時間をかけて、交際相手とその親に話をした。

その後、キムさんには「ソンセンニム、わかってもらえたんです。結婚許してくれました」と、うれしい報告の電話があった。

キムさんは言う。

「民族講師をやってたころのぼくは、子どもに何かを教え込もう、考えさせようって意気込んでたけど、そもそも自分はそんな立場にたったらあかんのやと思い至りました。そうじゃなくて、子どもにとってただ安心できる相手、関係性にならなあかんのやと思ったんです」

キムさんは二〇〇四年、生野で在日コリアンを支援するNGOの立ち上げに加わった。以来、しんどい状況にある家庭の支援、特に子ども支援に深く関わるようになる。

そして、島之内で起きたフィリピン人母子の無理心中事件に出合い、Minamiこども教室の設立に加わっていく。

「在日コリアン」という移民のルーツをもつ当事者として生きるキムさんの姿は、Minamiこども教室の子どもたちと確かに重なる。そして、移民のルーツをもつ当事者として子どもたちに向き合ってきたキムさんの思いは、教室の根っこに確かに息づいている。

三．「帰国者支援」というルーツ

Ｍｉｎａｍｉこども教室で私が隣に座る相手は、主に中学生と高校生だった。だから、同じ中高生担当のスタッフであるイノウエさんとは、活動の中で最も長い時間を一緒に過ごしてきた。私が子どもと接する時の姿勢や考え方も、彼から影響を受けたところが大きい。

イノウエさんは大阪市の公立中学に四十年近く勤めた、大ベテランの元教員だ。

「若いころは普通の理科教師だった」というイノウエさんが、移民の子どもに出会ったのは一九九〇年ごろ。勤めていた東住吉《ひがしすみよし》区の中学校に、中国・福建省から来日したばかりの三姉妹が転入してきた。

三姉妹は日本から中国へ渡った日本人の子孫で、日本にルーツをもつ「中国帰国者」だった。一九三七年に日中戦争が起きた際、日本から帰国する中国人男性に伴われて福建へわたった日本人妻が多くおり、その子孫だったのかもしれない。

イノウエさんの学校では来日生徒を受け入れた経験がなく、「日本へ帰ってきた以上、早く日本に適応させるため特別扱いはしない」という方針で、ほかの生徒と同じ学習を課した。

三姉妹とも日本語は不得手だったが、イノウエさんが担任をしていた長女は基礎学力が高く、まもなく授業の内容を理解できるようになった。一方、妹の一人はうまく日本の学校文化に適応できず、しばしば教室を飛び出すようになった。

担任ではないため、その姿を端で見ているしかなかったイノウエさんには、一つの疑問があった。

「特別扱いをしない」というのは結局、その子のなかの「中国」を否定することになるんとちゃうか——。

答えを求めて、中国帰国生徒を多く受け入れる東京の中学校へ見学に行った。国語などの授業中に別室で日本語を教える「抽出授業」の取り組みを見せてもらい、やはり来日したばかりの子には「特別扱い」が必要だと感じた。

手はじめに、近くの中学校で中国帰国生徒の担任をしている教師に相談をもちかけて、一緒に交流会を立ち上げた。

年数回のイベントとして集まる程度の活動だったが、学校で荒れがちだった三姉妹の妹たちも参加した。ほかの中国ルーツの子どもと出会えたことを喜ぶ姿を目にして、イノウエさんは「特別扱い」が間違いではなかったと確信した。

中国の雑技団が大阪で開いた公演には、子どもの親たちも一緒に行った。親も子も中国語で自由に話せることがうれしい様子で、大いに盛り上がっていた。イノウエさんには、みなが何を話しているのかわからない。

「その時はっきり理解できたんです。これが学校で子どもの置かれてる状況なんやなって。みんなが日本語で話して笑い合うけど、自分だけがわかれへん。こんな寂しさを、この子らは毎日味わってるんやなあって」

サポートした三姉妹を無事に府立高校へ送り出したイノウエさんは、翌年の転勤希望に「中国帰国生徒が多数在籍する学校」と書いた。このころ、第二章に登場した雪蓮さんのように、戦後の中国残留を経験した元孤児・婦人やその家族の帰国がピークを迎えていた。「特別扱い」を必要とする子どもの支えになれたら、という思いが、三姉妹との出会いを通して膨らんでいた。

春に言い渡された転勤先は望みどおり、大阪市の南東部にある平野区の中学校だった。平野には公営団地が多く、帰国した中国残留孤児とその家族が集まって暮らす。転勤先の中学にも六人の中国帰国生徒がいた。

イノウエさんは四月初めの職員会議で、新設された中国帰国生徒の担当になると、さっそく東京の中学校で見せてもらった「抽出授業」をとり入れた。

別室で日本語を教える抽出授業を始めたばかりのころ、通ってくる生徒らは授業の合間に中国語でおしゃべりをした。イノウエさんには聞かれたくない話もあるようだった。

しかし月日を経るうち、彼らは少しずつ日本語を交えて雑談するようになっていった。さらには、イノウエさんを話の輪に加えるようになった。時には、抱えているしんどさを吐露し、泣きだす子もいた。

学校生活に壁を感じていた帰国生徒らにとって、抽出授業は学校での居場所にもなっていたのだろう。

中国帰国者の一年生たちはその冬、「授業以外でも、学校の中で集まれる活動をつくりたい」と言い出した。そして、自ら企画してクリスマス会を提案し、準備のために週一回ほど集まるようになった。

年末に実現したクリスマス会は、生徒の親たちが中国料理を用意し、BGMもあいさつもすべて中国語とした。そして一年生全員に、こんな文章で参加を呼びかけた。

「私たち四人の共通点を知ってますか。みんな中国からかえってきたことです。日本にきての年数はいろいろありますが、中国の生活や習慣が、私たち自身や家族の中に生きています。それは、とても素敵なものです。私たちの中国の文化を知ってもらい、もっともっと仲良くなれたらと思い、みんなで話をしました。そして、クリスマス会をすることにしました」

他の教員らもこの日は部活動の時間をずらす配慮をしてくれて、会には三十八人が集まった。企画した生徒らは心底うれしそうだった。

クリスマス会をきっかけに、自主的な集まりを「国際交流クラブ」という部活動へ発展させることになった。顧問にはイノウエさんが就いた。

問題はクラブの参加対象だった。移民ルーツの生徒に限るのか、日本人生徒も交えるのか――。中国ルーツの生徒らを集めて話し合うと、一年生は「日本人の子らも入れよう」と主張した。企画したクリスマス会に同級生が大勢来てくれたことは、彼らの自信になっていた。

しかし、二年生の男子生徒イーミンは「日本の子におれらの気持ちがわかるわけない」と反対した。イーミンは学校で他の生徒から「中国に帰れ」と罵声を浴びせかけられたり、後ろから蹴飛ばされたりするいじめを受けていた。生活も荒れがちで、「いつ日本人にやられるかわからん」と、警戒するような眼をいつも周囲に向けていた。

話し合いは結局、人数の多い一年生が押し切り、部活動には中国ルーツ以外の生徒も参加することになった。週一回ほど集まり、校内発表会に向けて一緒に劇や歌の練習を重ねた。中国ルーツの生徒向けには、中国で高校教師をしていた人を招いて母語教室を開いた。

当初は日本人生徒の参加に反対していたイーミンだったが、活動への参加を続けるうち、荒れていた学校生活に変化があった。

例えば、校内で日本人の同級生と過ごす姿がよく見られるようになった。日々の学習にも前向きに取り組む姿勢を見せるようになってきた。全校生徒が集まる人権学習会では、自ら「作文を読みたい」と提案し、イノウエさんを驚かせた。

実際に全校生徒の前で読み上げた作文で、イーミンは一年生の時に先輩からいじめを受けたこと、授業についていけず学校を休むようになったこと、抽出授業が始まって勉強が楽しくなってきたことを、率直な言葉で丁寧に綴った。そして最後に、こう呼びかけた。

「ぼくたちの気持ちをわかってくれる仲間がほしいのです。これから先、みなさんはいろんな立場で困っている人に出会うことがあると思います。そんな時、いじめるのでなく、その人を助け、協力してあげてほしい。ぼくもがんばって高校に行き、困っている人たちの役に立つことができるようになりたいです」

中国帰国生徒らと同じ時間を過ごした当時をふり返り、イノウエさんは言う。

「ぼく自身が、子どもに向き合って、隠してきた気持ちを出してもらえる相手になって、何事も一緒に考えることを通して、彼らは自分が本来もっているエネルギーを出せるようになった。自分たちで変化していったんです。その変化を見ながら、ぼくの頭の中もすっかり変えられていきました」

＊

定年退職までの七年間、イノウエさんは大阪市が設けている「日本語指導が必要な子どもの教育センター校」で教員を務めた。来日したばかりの生徒を近隣校から集め、日本語を教える役割だった。

日本語指導の傍ら、生徒や教員から求められて理科を教える機会もよくあった。イノウエさんは中国ルーツの子どもと長く接した経験から、ある確信をもっていた。

「学習言語の習得ができていなくても、教科の理解はできる」ということだ。

移民の子どもが新たに身につける言語には、生活言語と学習言語の二つがあると言われる。日常会話で使う生活言語が二年ほどで習得できるのに対して、学校の勉強で使う学習言語の習得には五～七年かかるとされる〔1〕。

「その認識が強すぎるせいか、来日したての子が日本語をある程度習得するまで、教師や学校が教科内容を理解させる努力を怠るケースがある」と、イノウエさんは指摘する。

「日本語を習得するまで放置されるうちに、子どもは自信を失って、勉強自体をあきらめてしまう。だけど、子どもたちには母語で学んできた知識があるんです。必要最低限の日本語だけを使って、教科内容の概念形成を進めることはできるはずです」

例えば、理科の「植物のつくり」を教える時にはまず、ごく簡単な日本語と図だけを使って植物の各部位のはたらきを説明し、植物のつくりの全体像を理解させる。そのうえで、最後に「花弁」「柱頭」「おしべ」といった各部位の名前を日本語で教える。

「通常の教え方はこの逆で、初めに部位の名前から覚えさせようとしがちです。知らない日本語の単語ばかりが並ぶことになり、そこでつまずいてしまう。そうではなく、母語でもつ知識を一つずつ日本語と結びつけていくステップが必要なんです」

数学でも、はじめに「自然数」や「平方根」といった単語を覚えさせたり、数式の文章題に難しい日本語を使ったりと、学ぶべき概念以前に日本語のハードルがつくられてしまいがちだ。そのハードルは、日本語を母語とする人の目には見えづらい。

「日本語がそれほど必要でない数学や理科だけでもテストで点が取れれば、その子の自信になる。学習や生活のモチベーションにもつながっていくんです」

イノウエさんは自身の方法論を用いて、日本語の使用を最小限にとどめた独自の理科教材をつくった。それは後に、大阪市内の各中学校へ配られることになった。

＊

イノウエさんは教員として最後の一年となった二〇一三年、同じく中学の日本語教員であるツボウチさんから声をかけられ、Ｍｉｎａｍｉこども教室の設立を準備するボランティア研修会に参加した。学校の中で移民ルーツの生徒と長く接してきて、地域での支援が必要だと感じていたこともあり、教室の設立時からボランティアに加わった。

教室にやってくる来日間もない生徒には、教員時代に培った教科指導法を実践した。

一方、教室には日本生まれの子や、幼いころに来日した子が多い。生活言語に問題はなくても、学習言語が十分身についていないという課題もみえてきた。小学校に入るまで、家庭内ではずっと親の母語で育てられることもあり、小学校の早い段階で教科理解につまずき、それが積み重なっているのだ。日本語と親の母語の両方が十分に発達していない「ダブルリミテッド」状態の子もいる。

イノウエさんは担当する中学生一人ひとりに数学や理科の教材プリントを作り、どの分野でつまずいているのかを探った。そして、その子が理解できていない分野の問題を集めたプリントをまた作り、苦手意識を取り除くことに努めた。

「子どもの小さなつまずきは、コンプレックスとして積み重なってるから、一つひとつ取り除いていかんとあかん。何より大事なのは、子どもが『わかりません』と遠慮なく言える関係性なんです」

だから、ことあるごとに子どもをほめる。自信を育み、わからないことは恥ずかしいことではない、という雰囲気を教室の中につくる。

イノウエさんはある年、フィリピンにルーツをもつ中学三年の女の子カミルを担当した。親の仕事が不安定で転校が続き、学習面でのつまずきが多い子だった。なかなか高校受験に向き合えず、教室も休みがちになった。

そのカミルが高校入試の直前、イノウエさんに向かってぼそっと言った。

「先生にもらったプリント、全部やりましたから」

その一言を思い出すたび、イノウエさんの顔はほころぶ。

「あの子は生活面でもいろいろあって、苦労してきて、教室にも足が向かなかった。それでもぼくがプリントを渡してたのは、この場所でなくてもいいから、どこかで勉強に向き合ってほしいっていう願いを込めてのことやったんで」

カミルも同級生たちと一緒に無事、希望する高校へ進学した。

イノウエさんはいつも口癖のように、「ぼくは週イチで教室に来てるだけで、ほんまに何にも大したことできてないんです」と言っていた。ほかの中心的な実行委員と比べて、子どもの家庭支援に踏み込めていない、という引け目を感じているようだった。

そう言いながらも高校入試のシーズンにさしかかると、連日パソコンの前に長時間座って受験生のために個別の教材を作る。本当に週イチで教室に来ているだけの私からすれば、驚くべき熱意だった。

その熱意の根っこには、中国帰国者の子どもたちと深く関わった教員時代の経験があるのだ。

＊

こうして、ヤマザキさん、キムさん、イノウエさんの歩んだ経路に耳を傾けていると、日本の社会、特に大阪という土地に根付く、マイノリティの子どもを支える実践の蓄積に気付かされる。

被差別部落の子どもたち。在日コリアンの子どもたち。中国帰国者の子どもたち。それぞれの抱える問題を一緒くたにすることは決してできないが、それぞれが日本の社会で周縁化され、しんどい立場に置かれてきた子どもたちだ。

一九九〇年代以降、「ニューカマー」と呼ばれる南米や東南アジア出身の移民が日本に多く暮らすようになり、二〇〇〇年代に入ると国や自治体も「多文化共生」を唱えるようになった。

けれど、そのずっと以前から、マイノリティの子どもたちを支え、社会を変えようとする実践が教育現場では積み重ねられていた[2]。

その実践に携わってきた人たちがＭｉｎａｍｉこども教室に集まったことは、決して偶然ではない。『しんどい子ほど手をかける』という公正さ」（※Ｐ１５２）を志向する実践が、地層のように分厚く堆積していた大阪だからこそ、経験や知見や熱意をもった支え手が集まり、Ｍｉｎａｍｉこども教室が生まれたのだ。

四.「ダイレクト受験」というルーツ

Ｍｉｎａｍｉこども教室に長く関わるスタッフには、大きく二つの「系統」があった。一つはヤマザキさんやイノウエさんら、学校教員の系統。もう一つは、キムさんら市民活動の系統。教室立ち上げから加わったウカイさんも市民活動系の女性スタッフで、自分でも「私はボランティアの専門家として教室に関わっているつもり」と言っていた。

ウカイさんはＭｉｎａｍｉこども教室ができる八年前の二〇〇五年から、大阪市内で、移民ルーツの子どもの学習支援教室「こどもひろば」の運営を続けてきた。

こどもひろばの特色は、来日した子どもの高校受験に力を入れていることだ。第二章で登場したマキコやジョセフのように、日本語を十分に理解できていない子にとって、日本語で受ける高校入試の壁は高い。加えて、その親にとっても自身が経験していない日本の学校制度や入試制度を日本語で理解し、子どもの進路選択を支えるのは簡単ではない。

ウカイさんはこどもひろばで、移民ルーツの子どもたちを七〇〇人以上も支えてきた。まさに「ボランティアの専門家」なのだが、二十年前までは「子育てする普通のパート主婦」だったという。

移民を支える活動の入り口になったのは、大阪市が出す広報紙だった。

二〇〇二年、ウカイさんは広報紙に載っていた「識字日本語教室ボランティア募集」の広告に目をとめた。以前、日本語教師がベトナム人の留学生と恋におちるテレビドラマ「ドク」にはまったことがあった。留学生を演じた香取慎吾のファンだったウカイさんはドラマを欠かさず見て、「日本語教師」という存在を頭の片隅に残していた。

識字教室は大阪市内の小学校を借りて開く、と広報紙に書いてある。「日本語を教えるくらいなら自分にもできるかな」という軽い気持ちで、ウカイさんはボランティアに申し込んだ。

「普通のパート主婦」が、そこから長く続く支援者の道を歩み始めた瞬間だった。

しかし、実際に識字教室へ通い始めてみると、大人に日本語を基礎から教えることは想像以上に難しい。ある日の識字教室では、台湾出身の女性から困り事の相談まで受けた。台湾の高校を辞めて来日した十七歳の息子を「日本の高校に行かせたい」と言う。

ウカイさんの脳裏にとっさによぎった言葉は「え、外国人って高校に行けんの?」だったという。当時は知識も経験もなく、何一つアドバイスができなかった。

ひとり悩んでいたところ、またも偶然目にしたチラシに「外国にルーツをもつ子どもの支援者養成講座」の文字があった。「ここに行けば何かわかるかも」と思い、すぐに応募した。

数回にわたった講座では、大阪で長く移民ルーツの子ども支援を続けてきた教師や市民団体メンバーから話を聞いた。来日しても学校へ行けずに悩む子どもの経験を聞き、涙した回もあった。

講師を務めたベテランの中学教師に、台湾から来た親子のことを相談すると、「すぐに大阪府の教育委員会へ行きなさい」とアドバイスされた。海外で中学校を卒業した子が高校入試を受けるためには、教育委員会での資格審査が必要になる。

その親子に声をかけ、一緒に府教委へ相談に行ったのが、それから何百回と続けていく「同行支援」の初体験だった。

このころ、養成講座の参加者の間では、移民ルーツの子の支援教室を新たにつくろうという話がもちあがった。議論を重ね、二〇〇五年に十数人で立ちあげたのが「こどもひろば」だった。ウカイさんは、相談を受けていた台湾出身の親子に教室を紹介し、第一号の受験生として高校入試を支えた。

広報をする余裕もなかったが、口コミで参加者はみるみる増えた。設立五年目には公益財団法人・大阪国際交流センター（天王寺区《てんのうじ》）との共催となり、ウカイさんが事務局長に就いた。

「普通のパート主婦」は、市の広報紙を見てから八年の間に、支援団体の事務局長になっていた。

こどもひろばは小学生から高校生までを対象としたが、特に支援が必要になったのが、台湾出身の彼のような「学齢超過」の子だった。

＊

海外で日本の中学校相当の課程を学び終えて来日した十五歳をこえる子どもは、日本の中学校に入ることができない。そうした「学齢超過」の子は中学校で進路指導を受けることができず、日本語に課題を抱えたまま自力で高校入試をパスしなければならない。中学校を経ず、「直接」に高校を受験するところから、現場の支援者らは「ダイレクト受験」と呼んでいる〔1〕。

こどもひろばには毎年、数人から十数人のダイレクト受験生が集まるようになった。教室に通い始めると、まずは日本語の基礎に取り組む。同時に、数学と英語の入試対策にも取りかかる。

大阪府の高校には、小学四年以上で来日して日本語指導が必要な生徒向けの「特別入試」がある。受験科目は英語、数学、母国語の作文のみ。数学と英語は、国語や社会に比べると日本語を使わずに解ける問題が多く、来日生徒でも対策を積めば点がとれる。

大阪府は移民ルーツの子どもたちの進路を保障するため、この特別入試を二〇〇一年度に二校の府立高校で始め、二十年余りの間に八校まで増やした。全国的にみてもかなり進んだ支援策だ〔2〕。

こどもひろばに集まるダイレクト受験生の多くは、この特別入試の枠がある高校をめざす。来日前にしっかり基礎学力が身についている子は、教室に通い始めて間もなく、入試問題にも挑戦していく。日本語が完璧にはわからなくても、基礎学力があれば入試に十分通用することを体感させ、学習意欲を高めていく。

「学校へ行かずに、何カ月も先にある入試へのモチベーションを保つのはすごく難しいんです」とウカイさん。教育委員会が開く多言語での進路ガイダンスや、志望校の学校説明会へも連れていき、目標を意識させる。親たちにも面談や家庭訪問を重ね、日本の入試制度を理解してもらう。

「背景にある文化も、家庭環境も、学校経験も一人ひとり違うから、ニーズはばらばら。いつも悩みながら走ってます」

私がこどもひろばを通じて取材させてもらったイーチェンという男の子も、学齢超過で来日した一人だった。

イーチェンは中国の東北部にあるハルビンの出身。地元の高校で二年生になったばかりの秋、家族の事情で母親、妹と日本へ移り住むことになった。引っ越し先は親戚が住んでいた大阪。日本語はほとんど話せないが、中学校には入れない年齢だった。

イーチェンは「高校へ行きたい」という思いを募らせ、こどもひろばを見つけた。日本語の基礎から教えてもらえることがうれしくて、週二回通うようになった。

「あの時のぼくには、行き場はこどもひろばだけでした。それ以外は家でテレビを見たり、勉強をしたりするだけ。こどもひろばに行くことだけが、なんと言うか、生活の中で唯一、意味のあることだったんです」とふり返る。教室ではすぐに中国ルーツの友達ができた。

地道に入試対策に取り組んだイーチェンは翌年、英・数・母国語作文の特別入試に合格し、大阪府立高校に入った。通常よりも二歳下の学年だった。

特別入試の対象校には移民ルーツの生徒が集まるため、日本語指導の授業も用意されている。さらにイーチェンの通う高校は地域柄、中国ルーツの生徒が多く、部活動としての「中国獅子舞部」があった。日本の獅子舞とは違って、前脚と後ろ脚を一人ずつが務め、アクロバティックな動きも多い伝統芸能だ。地域の祭りへの出演や、近隣の小中学校での公演までをこなす活動熱心なクラブで、イーチェンは三年間、獅子舞に打ち込んだ。

生活費はスーパーのレジ打ちバイトで稼ぎ、こどもひろばへは学習支援ボランティアとして通った。「ぼくと同じ思いをしている子たちを、ちょっとでも助けたい」と、通訳として教育委員会に同行することもあった。

高校卒業後は大阪にある私立大学の理工学部に入り、大学院まで進んだ。「こどもひろばで日本語の基礎から教えてもらって、今のぼくがある」とイーチェンは言う。

彼のように、こどもひろばに出会ったことで高校進学を果たした学齢超過の子は、百人をゆうに超える。

＊

そうして、こどもひろばを中心になって運営してきたウカイさんが、Ｍｉｎａｍｉこども教室にも立ち上げから参加した。

きっかけはヤマザキさんやキムさんと同様、フィリピン人母子の無理心中事件を受けてＮＰＯが開いた「外国人母子支援会議」だった。ヤマザキさんが語る南小学校の窮状を聞き、ウカイさんは教室の実行委員に加わることを決めた。

どんな形で子どもを支えていくか、という話し合いの中で、ウカイさんは「学習支援」を提案した。

「子どもたちにとって居場所が必要なことは、もちろんみんなわかっていたけど、それをどういう形で具体化するか。ヤマザキ先生からは『子どもたちの学力が伸びない』という話もあったので、私としては、こどもひろばでの経験から、学習支援をメインにするのがいいんじゃないかと思ったんです」

同じように大阪市内で移民ルーツの子どもの学習支援教室を運営してきたツボウチさんと共に、ウカイさんはボランティア募集の方法、運営上の取り決めといった、最初に固めるべき要点を整えていった。

教室でのウカイさんは、いつもパワフルだった。いいことは「いい」、だめなことは「だめ」と物事をはっきり言う人なのだが、誰よりも子どもの様子をきめ細かに見ていた。メイの父親が倒れた際、メイを一カ月も自宅に泊めたエピソード（※第二章）が物語るように、家庭の支援にも深く関わるようになった。まぎれもなく教室の基盤を支える、太い「根っこ」となっていた。

しかし、教室設立から六年目の二〇一九年春、ウカイさんは活動から身を引いた。後日、彼女らしいストレートな言葉で、その理由を私に語ってくれた。

「私は教室でこどもひろばの経験をもっと生かせるかなと思ったんですけど、やっぱり違う形の場所なんだと、はっきりわかったんですよね」

こどもひろばの活動は学習支援、特に高校受験に中心をおくスタイルで、子どもは大阪市内外のあちこちから通ってくる。

一方のＭｉｎａｍｉこども教室は、島之内という地域に強い足場があり、集まる子どものほとんどは島之内で暮らす。対象は小学生が中心だ。学習支援という形をとってはいるが「居場所」としての色合いが強い、とウカイさんは感じていた。

この「居場所」と「学習支援」の間でのせめぎ合いは、常に存在していた。

スタッフはみな、教室が子どもにとって安心して集える「居場所」であることを第一に考える。だからといって、子どもが思うままに過ごす度合いが強まりすぎると、学習に向かおうとする雰囲気は消え、教室内がカオスになる。実際、小学生の部屋では子どもたちが学習時間に騒ぎすぎて、収拾がつかなくなることが時々あった。

だから、教室で遊びたがる子に対して、スタッフは「勉強しようや」と促す。けれども、学習に向かわせようとするベクトルが強くなりすぎると、勉強が苦手な子は教室に来なくなってしまう。それでは、居場所としての役割が果たせない。

スタッフらは「居場所」と「学習支援」双方のバランスをとろうと苦心していたが、どちらに重心を置くかは個人差があった。例えば、元教員のスタッフはどちらかというと学習支援に重きを置く傾向があり、地域住民のスタッフは居場所であることを重視しているように見えた。

そのせめぎ合いの中で、ウカイさんの目には、Ｍｉｎａｍｉこども教室が「居場所」であることに重きを置いていると映っていたようだ。

「居場所がメインの役割であるなら、私じゃなくても他の人でもできるのかな、と。私自身はこどもひろばでの支援経験を生かすために実行委員に加わったという思いがあったので」

そう言って、ウカイさんは続けた。

「子どもの家庭の生活支援にもずいぶん踏み込んでいくなかで、自分のキャパを超えてるような気もしてた。もちろん、生活に踏み込まずに外国人支援なんて絶対できないっていうのはわかるんです。だけど、実際に役に立てることはなかなかない。だからそれが自分のつらさにもつながっていた。自分の中でＭｉｎａｍｉこども教室でのことが大きくなりすぎて、こどもひろばのことがおろそかになっていきそうだった。だったらそれは、他の人にやってもらうのがいいんじゃないかなって」

　いつも気丈なウカイさんだが、二つの団体で中心を担う負担は大きかったようだ。支えの必要なポイントがしっかり見えていて、気付けば動かずにいられない彼女だからこそ感じる負担だろう。

　一つの場所から身を引くことで、自分がより必要とされている場所を大切にすることを、ウカイさんは選んだ。他のスタッフらも当初は引き留めようと説得したようだが、最後は彼女の選択を尊重した。

　ただ、「身を引いた」とは言うものの、Ｍｉｎａｍｉこども教室とウカイさんとのつながりは、その後も残った。むしろ、二つの教室が連携しあう形へと発展していったように、私には感じられた。

　ちょうどＭｉｎａｍｉこども教室では、高校受験に臨む子どもが増えつつある時期で、両方の教室に通うケースが見られるようになった。第二章に登場したジョセフのようなダイレクト受験生は、二つの教室に通うことで週四〜五日の学習機会をもつことができた。

ウカイさんは、Ｍｉｎａｍｉこども教室で中学生を担当するイノウエさんと入試対策の進捗を共有したり、指導する教科を分担したりするようになった。新たに来日した学齢超過の子の支援について、Ｍｉｎａｍｉこども教室からウカイさんに相談するケースも増えていった。

Ｍｉｎａｍｉこども教室とこどもひろばは、ウカイさんという「地下茎」でつながっていた。

ウカイさんは言う。

「二つの教室でそれぞれが得意なことを大切にしていけばいいかなと思うんです。こどもひろばは学習支援、特に学齢超過の子の支援については蓄積がある。それを大事にしながら協力できることはやっていけばいい。学校制度のはざまに落ち込んだ子どもたちを誰が支えるねん、って言ったらウチしかないと思ってやってます。生まれ育った国での生活をぜんぶ遮断して日本へ来た子どもたちに、少しでも早く希望をみせてあげたいから」

五．ボランティアの「多様性」

Ｍｉｎａｍｉこども教室で中心を担うスタッフは五十代、六十代の人が多かった。

もちろん、若い世代のボランティア、特に大学生はたくさんやって来る。ただ、来なくなるのも早かった。バイトやサークルで忙しい、想像していたようなやりがいが見いだせなかったなど、いろんな事情があるのだろう。ベテランスタッフからは「学生は回転が速い」という愚痴も聞いた。

仕事や育児で忙しい三十代、四十代もやはり少ない。ボランティアの中心は自然と、時間に融通の利きやすい五十代以上になる。

ただ、この中高年の大人たちが、みんなして濃いキャラクター揃いだった。

元高校教師のタナカさんは、大阪で街頭デモの取材に行くといつも見かける気合の入ったリベラル派。西成《にしなり》区の子育て施設で働くコガさんは、「カルメン歌江」と名乗ってライブハウスで歌う別の顔があった。彼女の同僚のイケダさんは、二十代の息子二人とともに一家で教室の主力を担う大阪のオカン。いつも穏やかに微笑むザイゼンさんは、八十歳を過ぎても通天閣そばの行きつけ飲み屋へよく連れて行ってくれた……。

みんな一癖ある人たちなのだが、子どもへの愛情は人一倍深かった。

中でも印象深いのが、ナカさんというおっちゃんだ。

ミナミでバーを経営していて、白髪交じりのセミロン毛に、若々しいデザインのTシャツ。一見すると「学習支援ボランティア」には見えない。

そして、スタッフの中でおそらく唯一、地元ミナミの出身者だった。

島之内の南隣にある日本橋で生まれ育ち、教室の子どもらが通う南中学校を出たナカさんは、二十代のはじめに島之内の端《はた》でサーフショップを開いた。そのころ、堺筋や御堂筋を西へ越えたアメリカ村には、サーフショップがいくつもあった。ナカさんは店を三十三年間も続け、日本サーフィン連盟の指導員も務めたサーファーなのだ。

本人いわく「時代の流れ」で店を閉めた後は、東心斎橋に「Various」（＝多様な）という名のバーを開いた。カウンターとボックス席一つの小さな店は、教室の子どもたちが通う南小学校のすぐ裏手の雑居ビルにあった。

ナカさんの妻が一時期、教室のボランティアに参加したことをきっかけに、本人も教室へ来るようになった。ちょうどサーフショップを閉めて、時間があるタイミングだったそうだ。

ナカさんは当初、他のスタッフから少し浮いて見えた。元教員や大学生が中心の教室では、確かに異色の存在だった。

しかし、そのラフな雰囲気の一方、ナカさんの気配りは細やかで、イベントの際には裏方をしっかり仕切ってこなす。みるみるうちに頼られるようになり、教室の実行委員になった。

子どもへの関わり方にも、ナカさんらしい一面があった。

お金がなくてカラオケボックスへ行けない中高生に、店のカラオケで歌い放題をさせてあげる。連休でも予定のない高校生らを三重県の海まで連れて行って、一緒にサーフィンをする。ギター好きのコウタが教室のパーティーで一曲披露する際には、得意のブルースハープでサポートした。

そこには「してあげる」のではなくて、「一緒に楽しむ」物腰があった。

「おれもずっとミナミの街でご飯食べさせてもらってるから、この街に対して何か返せることがあったらなあって思うわけよ。教室で接してたら、子どもらはすごい存在感があって、一人ひとり大きいやんか。そやけど、学校帰りにこのギラギラした街の中で見かけたら、ほんまにちっちゃく見えるねん。うまく言われへんねんけど……、子猫が歩いてるような。子どもらは、自分で選んでここで生まれて、暮らしてるわけじゃないやんか。そやから、おれは地元の世話焼きのおっさんとして、一緒に何かできることないかなって思ったんや」

バーカウンター越しに話すナカさんのハスキーボイスには、飾らない説得力があった。

＊

そうして中高年世代のボランティアが教室で子どもと接するのは、とても素敵なことだ。長い人生で培ってきた知識や経験を生かせるし、子どもが普段の生活で接することの少ない世代でもある。

ただ、より幅広い世代が参加している方が、子どもたちにとって望ましいことは確かだ。若い世代のスタッフの存在は、ボランティア団体が活動を継続させていくためにも欠かせない。

教室にも少ないながら、長くつながる若い世代のスタッフがいた。そして活動開始から十年が近づくにつれ、徐々に中心メンバーの世代交代が進んでいった。

その一つの象徴として、二〇二二年の春、教室の実行委員長が初代のキムさんから二代目のハラさんに交代した。

教室の設立時からボランティアを続けてきたハラさんは、このとき三十代半ばだった。関西の大学や高等専門学校で教員をしながら、移民研究を専門とする女性研究者で、フィリピンへの留学経験もあった。

ハラさんがハワイの大学院で学んでいた二〇一二年、島之内でフィリピン人母子の無理心中が起きた。フィリピンからの移民の子どもを主な研究対象としていた彼女にとっては大きな衝撃で、「二度とこんなことが起きないように、自分に何ができるか」と考えるようになった。海外を拠点に研究を続ける選択肢もあったが、出身地である関西へ帰ることを決めた。

そして、Ｍｉｎａｍｉこども教室の設立前にあったボランティア養成講座に参加し、そのままスタッフになった。タガログ語が自由に話せることで、フィリピン人家族の通訳や生活相談を頼まれるようになり、自然と教室運営の中心を担っていった。

ハラさんはいつもフラットに、先生ぶることなく、子どもと接する。その一方で専門的な知見をもとに、子どもと母親が抱えるしんどさを細やかに見てとり、ケアしていた。研究者としても教室の果たす役割を学問的に考察し、雑誌や専門書に論文を書いていた。

本人は実行委員長の役目を「荷が重い」とこぼしていたが、これ以上ふさわしい人はいないと、みんなが認めていた。

ほかにも、教室の中心を担うようになった若い世代のスタッフがいた。

インドネシアで日本語講師の経験があるコウダさんは教室設立の半年後、ボランティアを始めた。大学院で日本語教育について学んだあと、移民ルーツの生徒が集まる大阪府立高校で教師になり、こども教室からの進学もサポートした。

大学院生のセトさんは修士課程、博士課程で学ぶ間ずっと教室でボランティアをして、移民ルーツの子どもについての研究者になった後も実行委員を務め続けた。

大学生のシマムラさんは、教室でボランティアをするうちに小学校教諭を志すようになり、卒業後に教員免許を取るため通信制大学で学び始めた。

三人とも女性スタッフで、なぜか世代が若くなるほど女性の割合が多くなる傾向があった。なので、男性スタッフも一人。高校生のころからボランティアに来ていたカラクさんは、大学を出て社会福祉士の資格を取り、働きながら、子どもの家庭支援にも深く関わるようになっていった。

彼らはみんな学生時代に教室でボランティアを始め、子どもたち、親たちと深く関わることを通して、人生の歩みを少しずつ変えていった。

教室設立メンバーのヤマザキさん、キムさん、イノウエさん、ウカイさんらを、すでに別の場所でマイノリティの子ども支援に関わってきた「第一世代」のスタッフだとすれば、彼らはこの教室で移民ルーツの子どもと初めて深く向き合った「第二世代」だと言える。

第一世代が持ち寄った経験や知識を「根っこ」にして、第二世代が太い「幹」を伸ばしていく。そこから枝葉が広がるにつれ、教室は子どもたちの多様なニーズに応えられる場所へと成長していった。

＊

最後に一人、忘れられないボランティアのことを書いておきたい。

それはヤマダさん（仮名）という六十代くらいの小柄なおっちゃんの話だ。ボランティアへの参加は私よりも早くて、教室の設立直後だった。

ヤマダさんは、とにかく誰よりも休まずに教室へ来ていた。私がいつ教室へ行っても、すでにヤマダさんはそこにいた。それほど熱心に通ってくるボランティアは、実行委員を除けば、後にも先にもいなかった。

ただ、子どもへの接し方については気にかかる点があった。子どもの話をあまり聞かずに、一方的に自分の話をすることが多い。その話がまた脈絡のない内容で、端から聞いていても要領を得ない。

うまくコミュニケーションがとれないから、ヤマダさんを敬遠する子もいた。一方で、ある意味ざっくばらんな彼の雰囲気と相性がよかったのか、小学校高学年のやんちゃな男子が毎週続けて隣に座る時期もあった。

スタッフの中には「子どもによくない影響もあり得るので、ボランティアを外れてもらったほうがいい」という意見があった。私自身、ヤマダさんがいわゆる「空気を読めない」人だったので、正直いって敬遠していた。

ただ、ヤマダさんはとにかく休まず教室に来ていた。他の誰よりも熱心に。

ある日、教室が終わった後で開かれたスタッフの懇親会に、ヤマダさんも参加していた。

そういう場にはあまり顔を出さない人なので、めずらしい光景だった。しかし、彼は開始早々にジョッキのビールを二杯ほどぐいぐいと飲み干し、料理に少し箸をつけると、「ほな、ぼく先行きますわ」と立ち上がった。

驚いて、「え、もう帰るんですか?」と尋ねると、「今から仕事行くんや」と言う。聞けば、毎週火曜は教室でボランティアをした後、パチンコ店の清掃に通っているという。

ヤマダさんは年季の入った自転車にまたがると、夜の街へ去っていった。

体にこたえる深夜勤務の前に、学習支援のボランティアに欠かさず参加するモチベーションって一体なんやろう——。妙に心動かされる一幕だった。だからといって、込み入った話ができる間柄でもなく、彼の背景を知る機会はついぞ訪れなかった。

ヤマダさんは数年後、ボランティアを辞めることになった。

ぱたりと姿を見なくなったので、実行委員に聞いてみると、活動中にふざけて子どもを羽交い締めにするなど荒い接し方が目に余るようになってきたため、実行委員会で話し合って辞めてもらうことにしたそうだ。

仕方がないよなと思いつつ、どこか複雑な気持ちでもあった。休まずに参加してくれるけれど、子どもへの関わり方に問題がある人……。ボランティアという存在の、究極の課題を体現したような人だった。

子どもが社会の多様な大人と接する、という視点から言えば、ヤマダさんがそこにいる意味は何かしらあったと思う。一方で、教室が子どもにとって安心できる場所であるべきだ、という視点から言えば、辞めてもらうという実行委員会の判断も、全くその通りだと感じる。特にマジョリティの市民である大人と、移民ルーツの子どもとの力関係の非対称性には、どれほど気を付けても、付けすぎることはない。

一つだけ言えるのは、ヤマダさんにとっても教室は大切な居場所だったんじゃないか、ということだ。想像の域を出ないが、ままならない生活、ままならない人生のなかで、火曜の夜には行く場所があり、人から必要とされている実感があったのではないか。子どもの隣に座るヤマダさんは、いつも楽しそうだった。

こう書いていて、ふと思う。それは私や他のスタッフにとっても、同じことではないだろうか。

大学でボランティア学を教えながら福祉農園の事務局長を務める猪瀬浩平は、著書『ボランティアってなんだっけ？』〔1〕でこう書いている。

　ボランティアに参加する際、そこにたいした理由はなくてもいいと僕は考える。（……）どんな明確な、志の高い目的を達成しようとしていたとしても、活動をしていくなかでその目的は揺らいだり、別の目的を見出したりしてしまうこともある。
　重要なのは実際に活動が始まってしまうと、あなたの前や傍らにはほかの人がいる点だ。その人は、あなたと違った経験をしているかもしれないし、あなたが普段の生活では会わない人かもしれない。何かを必要としているかもしれないし、あなたに何かを与えてくれる人かもしれない。彼らの話を聞いたり、話し合ったり、一緒に活動するなかで、あなたはこれまで見てきたのとは違った世界や、その世界が抱えている課題が見えてきて、そして活動をしている意味も変わり、新しい意味を手に入れたりするかもしれない。（P14）

Ｍｉｎａｍｉこども教室という場に身を置くことで、「それまでの人生で見てきたのとは違った世界」が見えてきて、活動をしている意味が変わっていく。他者への慈善のつもりで始めたことも、いつの間にか自分自身に欠かせない営みとなりうる。教室で子どもたちが変化するのと同じように、ボランティアである彼らが「なぜここにいるのか」も変化していくのだろう。

そこでは「支援する／される」という線引きには、あまり意味がないのかもしれない。支援する者として「不適格」とされたヤマダさんのことを思い出すとき、そんな考えが私の中に沈んで澱む。

「多様性」という言葉は、教室に集う移民ルーツの子どもたちに向けられているのと同時に、支援者として集まる大人たちにも照射されている。

教室に集う大人の多様性こそが、教室の果たす役割の幅を広げてきた。では、その多様性はどこまで許容されうるのか。「好ましい多様性」というものがあるのだろうか。誰がそれを決められるのだろうか――。

詮無い問いが堂々と巡り、答えはない。

ただ言えること。「多様性」とは全く、きれいごとではない。

六. 学校とともに①

ここまでは、Ｍｉｎａｍｉこども教室の内側で子どもと関わる大人たちに目を向けてきた。ここからは教室の外側に目を転じてみたい。子どもたちを取りまく学校や地域の姿をみながら、そこで教室が果たす役割を考えてみたい。

教室に集まる小学生の多くは、地元の大阪市立南小学校に通う。そもそも教室の設立自体、南小に通う子どもの家庭で起きた無理心中事件がきっかけだった。当時の校長であるヤマザキさんが教室の立ち上げに加わり、学校と教室との関係は自然と深まっていった。

ミナミの繁華街のど真ん中にある南小学校の歴史を、少しふり返っておきたい。

南小学校は一九八七年、旧南区にあった大宝、道仁《どうにん》、芦池という三つの小学校が統合されて誕生した。さらに一九九五年には近くの精華小を統合。この四つの小学校の起源はそれぞれ日本で学校制度が始まった一八七二（明治五）年ごろまでさかのぼる、由緒正しい伝統校なのだ。（※南小学校創立一〇周年記念誌より）

このうち旧「大宝小」の跡地に、今の南小はある。東心斎橋のスナックや居酒屋が連なる先に突如、校舎や運動場が現れるという、不思議な景観をつくっている。

一方、東心斎橋から堺筋を東へ渡った島之内には、合併した旧四小学校のうちの「道仁小」があった。大正のはじめごろ、ここに通った作家の藤沢桓夫《ふじさわたけお》が、学校の百周年記念誌に寄せた文章が残っている。

私の子供のころは、男女ともほとんど全部がキモノ姿であった。それもさすがに商家の多い町らしく、三尺帯のところから、前垂れを下げて登校する子が多かった。

私の家は竹屋町にあったが、父は漢学者で「泊園書院」という塾を営んでいた。（……）登校の時には教科書を風呂敷かカバンに入れ、ぞうり袋を片手にさげて行った。ランドセルの子など一人もいなかった。（……）学校へは弁当を持参せず、小使いさんが昼休みの鐘をガランガランとならすと、みんな走って家へ食事をしに戻ったものだ。（※『続南区史』P250〜251）

今、道仁小の跡地には、図書館や体育館が入った市立中央会館が立つ。会館の前にある道仁小跡地の石碑だけが、そこに学校があったことを偲ばせる。石碑には「♪ゆかりも深い　島の内」から始まる校歌が刻まれている。

＊

商家が集まっていたかつてのミナミの姿は今、ほぼ跡形もない。飲食店が増えるにつれ、地域で暮らす子持ち世帯が減り、学校の統合も進んだ。

私が取材に通っていたころ、南小学校は児童数百五十人程度で、各学年一クラスの小規模校だった。往時の名残で比較的裕福な自営業者の子らが通う一方、ミナミの繁華街で不安定な職に就く、生活の厳しい家庭の子も通う。

そして、児童の半数ほどは移民のルーツをもつ。親の出身地はフィリピン、中国が大半で、島之内に住み、学校周辺の飲食店で働く人が多い。

南小には何度も取材に行かせてもらったが、靴箱を見ただけで子どものルーツの多様さがよくわかる。低学年の靴箱にひらがなで書かれた名前には「なつき」や「けんた」といった日本風の名前とともに、「じょしゅあ」「じぜいん」「まてうす」と言った、他言語の名前が並んでいた。

個別に日本語の学習が必要な子のために、南小の中には日本語教室があった。

各クラスの担任とは別に日本語教室の担任がいて、対象の子は主に国語の時間、自分のクラスを離れて日本語教室へ通う。週二〜三時間は日本語教室で学ぶケースが多いという。日本語教室での授業もよく見学させてもらった。初めて訪れたころ、教室は校舎一階奥の目立たない場所にあったが、数年後には、一般学級の教室と同じ二階の目立つ部屋に移っていた。日本語教室に参加していない子が気軽にのぞける場所に置くことで、教室の存在を身近に感じてもらおうという意図だそうだ。

担任は二人いて、教育委員会が日本語指導のために追加配置した教員をあてていた。一時間ごとに二〜四人ほどの子どもが教室へやって来て、基本は一対一か一対二で教える。

初めて見たときは「けっこう手厚い対応だな」と感じたが、よくよく授業を観察していると、先生たちの大変さがよくわかった。同じ学年の子でも、来日時期によって日本語の習熟度はずいぶん違う。同じ時間に受けもつ二人のうち、一方の子にはひらがなの発音を教えつつ、もう一方には漢字の書き順を教える、といったことがしばしばある。

ある時は、中国から来日したばかりの二年生の男の子が、ひらがなの勉強を嫌がり、床に寝そべってしまった。担任の女性教諭は「日本語の勉強しようっか」と優しく声をかける。日本の学校生活に慣れていない子にとって、日本語教室で過ごす時間には精神的なケアの意味もある。

担任教諭は「子どもたち、日本語が話せないうちは、クラスではじっと我慢して座っている状態なんです。だから日本語教室では、そのストレス発散の意味も考えて、少し優しめに接するようにはしてるんです。けど、それに甘えるようになってもあかんし、バランスが難しいんですよね」と言っていた。

低学年の子には、絵の描かれたカードを使ってひらがなを教え、雑談にもしっかり応じる。まずは日本語を学ぶことへのポジティブな感情を引き出そうと手を尽くす。

いつ取材に行っても、日本語教室に通う子は全部で三十人以上いて、フル回転の状態だった。先生たちは「本当ならもっとじっくり教えてあげたいけど、後がつかえて少し早めに卒業してもらわざるを得ない」と悩んでいた。

そのうえ南小では、年度途中の子どもの転出・転入がとても多かった。

区役所から突然電話があって、「転入希望の親子が来てるんですけど、今から学校に行ってもらっていいですか」と言われる。逆に、担任が夏休みに保護者へ電話をしてもつながらず、家庭訪問に行ったら「明日、中国に帰るんです」と言われる。

ミナミという土地が安定した終のすみかではなく、人が流れてたどり着く場所だということの証左だろう。

ある年には、日本語指導の必要な子が年度途中に約三十人も転入してきたため、学校は予算をやりくりして有償ボランティアを雇い、各クラスでの授業補助や放課後の補習支援にあてていた。

当時の校長は「使える手はすべて使わないと、現場の努力だけではとてもやっていけないですよ。国や自治体にはもっと人をつけてほしい」とこぼしていた。

特に、海外からダイレクトに転入してくる子の場合は「初期対応」が課題になる。来日まもない親子は日本語がわからないことに加え、日本の学校文化に全くなじみがない。例えば「お道具箱の中身」や「上履きにふさわしい靴」などは、日本で生まれ育った人にとっては当たり前のことだが、実際は日本特有の学校文化だ。どこに行けば買いそろえられるのか、来日直後の親子にとっては難題なのだ。

南小のある先生が言っていた。

「転入しても、学用品がそろわないまま一～二週間たってしまう子がいる。上靴がなくて学校のスリッパを履いたり、持ち物にクレパスって書いてても、違いがわからなくてクレヨンを買ってきてしまったり。そういう子には学校にある物を貸すんやけど、子どもにとったら、いきなりの大きなつまずきですよね。親に日本へ連れてこられて、今からがんばって勉強せなあかんっていう時に、自分だけ必要なものがそろってない。これでは前向きになれない。せめて学用品ぐらいは全部そろえて、不安なく教室に迎え入れてあげたい。私もそれに気付くまでに何年もかかって、すごく反省してます」

学校ごとの努力や工夫には限界がある。そこで、大阪市は二〇二〇年から、来日したばかりの小中学生を対象にした「プレクラス」を始めた。子どもを二週間にわたって市内四つの拠点に集め、必要最低限のサバイバル日本語や日本の学校文化を集中的に教える。

プレクラスの取り組みは来日生徒の多い東海地方などでも広まっている。学校任せだった初期対応を自治体が一括して担うことで、必要な支援から漏れてしまう子が出ないようにする施策だ。

ヤマザキさんも教員退職後は、大阪市のプレクラスでコーディネーターとして働いた。二週間のカリキュラムを見せてもらったが、初日の一時間目に「入級式」で自己紹介をしたあと、二時間目は「おなかが痛くなったら……」というテーマで、「いたい」「きもちわるい」「あたま」「おなか」といった体調不良を訴える日本語や、和式トイレの使い方、保健室の存在について学ぶ。「おはようございます」「ありがとう」のあいさつより先に、なのだ。子ども目線とは、こういうことなのかと感心した。

しかし、こう書き連ねていると、移民ルーツの子どもが来ることは学校にとって負担でしかないと誤解されるかもしれない。決してそうではない。

移民ルーツの子が全児童の半数という南小学校を見ていると、マジョリティ＝日本人、マイノリティ＝外国人という固定観念が揺らいでくる。子どもたちはルーツに関係なく、友達をつくり、つるんでいた。例えば、親がミナミで働くシングルマザー家庭の子どもどうしは、ルーツが違っても家庭環境にシンパシーを感じて仲良くなるというケースも多いそうだ。

日本で生まれ育った移民ルーツの子が、来日したばかりの同じルーツの子に通訳をする姿もよく見られる。そこで生まれるコミュニケーションは、転入生の安心を育むと同時に、通訳を担った子の自尊感情も育む。

学校も、子どもたちの「違い」をすべての児童の学びに生かそうと努めていた。

総合的な学習の時間に、同級生のルーツ文化についてみんなで調べて発表したり、移民一世である親をゲストに招いて出身地のことを話してもらったり。毎年秋の学習発表会では、歌や楽器演奏といった各学年の出し物に加え、日本語教室の児童らが自分のルーツの文化を舞台上で披露していた。

ヤマザキさんは南小の校長時代、そんな「多文化共生教育」に力を入れていた。

「外国にルーツをもつ子のことを、その『違い』でもって排除していく考え方が日本の社会には強いでしょう。そやけど『違い』があるのはなんもおかしいことではない。むしろ『違い』があるからこそ豊かになるんやという価値観をもってほしい。それが誰にとっても住みやすい社会を生む。それが多文化共生っていうことやと思うねん」

もっとも、そうした教育のあり方に誰もが理解を示してくれる訳ではなかったそうだ。

地域の人から、「校長先生、外国人の子のことばっかりに力入れすぎちゃいますか」とか、「日本に来てるんやから、もっと日本人になれるようがんばってもらった方がいいんとちゃいますか」と言われることもあったという。
そんな声は、日本社会のマジョリティの本音を表しているのかもしれない。

＊

移民ルーツの子どもの受け入れに尽力してきた南小学校は、Ｍｉｎａｍｉこども教室という地域の支えを得た。教室にとっても学校との連携は、なくてはならない活動の基盤だった。

小学校と教室との連携を象徴する取り組みに、保護者懇談があった。南小が学期ごとに保護者懇談を開く際、こども教室に参加している児童の親には、教室スタッフとの懇談の時間も設けるのだ。

これは、教室スタッフが保護者と面識をもつ機会になることに加え、教室が学校と密に連携していることを保護者に示し、教室を信頼してもらう意味合いも大きかった。

元中学教師のイノウエさんは「教師としての経験上、学校がここまで外部団体にオープンになってくれることはちょっとあり得ない。学校っていうのは、それが一つの社会であって、その中で教育の場を確立するという意識がある。裏を返せば、外からは独立した場所であって、外部に対しては閉鎖的になりがちなんです。だから、南小の対応はめちゃくちゃありがたい」と言っていた。

南小に転入してきた子のうち、Ｍｉｎａｍｉこども教室に通った方がいいと考えられる子の保護者には、学校が教室を紹介する。配慮が必要な家庭の情報をやり取りし、連携して家庭支援にあたることも増えていった。

南小のある先生が言っていた。

「教室の存在は一言でいうと、ありがたい。違う側面から子どもを見守ってくれて、学校ではとれない家庭の情報ももらえたりするわけだから。学校だけでは支えきれない家庭の課題というのは実際にある。子どもを学校に来させるまでの家庭へのアプローチを外部の団体が担ってくれるなら、そこから先、学校で知識や技能を身につけさせるという教師の本分に、全力を振り向けられるわけでしょう」

ただ、イノウエさんが言うように、学校と外部団体との関係づくりは簡単ではない。

校長だったヤマザキさんも教室の設立前、初めて学校外に支援を求めていった際には、ためらいがあったという。

「外部の市民団体やＮＰＯにはヘタに手を出されへん、っていう感覚は、どの校長も持ってると思う。外部の団体との関わりを自分がつくって、ゴタゴタした時に責任のとりようがないから、プラスよりマイナスのイメージが先に立つ。学校と地域との連携がなかなか進まへん原因は、そこにあるんちゃうかな。南小の場合、抱えていた課題が大きすぎて、何回か一歩踏み出せへんかったら絶対に状況が変われへんと、ぼく自身が思ってたから、躊躇《ちゅうちょ》はしたけど踏み出せた」

さらに、他の教員を教室の活動に巻き込むかどうか、という悩みもあったそうだ。

ヤマザキさんは毎週火曜の夕方、職員室で「こども教室行ってくるわ」と他の教員に声をかけてから、学校を出るようにしていたという。

「できたら、他の教員にも見に来てほしいなあという思いはあった。けど絶対に強制になったらあかん。教員に負担を感じさせたらあかんという思いがあったんで、ぼくが窓口になることで、学校と教室の様子をそれぞれに伝えるっていう形にしてた。そやけどやっぱり、教室で勉強してるとこに担任が顔を出してくれたら、子どもは喜ぶやんか。ぼくがもうちょっと遠慮せんと教室に来てもらうように言えばよかったかなって、それは反省してるんや」

実際、教室に時々顔を出してくれる南小の先生はいたが、定期的に来てもらうところまではいかなかった。

南小のある先生は、「もうちょっと教室に関わった方がいいとは思うんですが、マックスで学校内の仕事をしているなかで、プラスアルファのことを義務だと言われると、なかなか厳しい。余力があればもっと関わりたいけど、その余力が全然ないのが、学校現場の実際のところなんです」と話していた。「教師の多忙」が大きな問題になっている日本の社会では、無理からぬことだ。

南小のみならず、学習や生活に課題を抱える子をケアするために十分な数の教員が確保できていない学校は全国にある。先生たちは「もっと人がいれば何とかできるのに」というジレンマを抱え、そのしわ寄せはしんどい立場に置かれた子へ向かう。

それは教師個人の問題ではなくて、本来は政策上の問題、ひいては社会が教育をどれだけ大切にするか、という問題のはずだ。

政府として、社会として、まずは十分な数の教師を配置すること。そこから、Ｍｉｎａｍｉこども教室のような地域の力を生かす知恵や余裕も、学校の中に生まれてくるはずだ。

七．学校とともに②

南小学校の子どものほとんどは、南中学校へ進む。

南中学校も生徒百五十人ほどの小規模校だった。戦後すぐの一九四七年創立で、八〇年代までは現在の西心斎橋・アメリカ村にあたる場所に校舎があった。跡地には今、ライブハウスやミニシアターが入る商業施設が立ち、周囲は若者が集まる洋服店だらけ。学校があったとは想像しがたい風景に様変わりしている。

南中は一九八五年、島之内へ移転した。南小と同じく、全校生徒の半数ほどが移民のルーツをもち、校内の日本語教室では国語、社会、理科の時間に個別で指導を受けていた。

Ｍｉｎａｍｉこども教室と南中との関係はもともと、あまり良好ではなかった。

教室は設立当初、小学三〜六年生を対象に活動を始めた。しかし設立二年目には小学六年生が中学へ進級したため、そのまま中学生にも対象を広げた。

中学生は高校受験を控えているぶん、小学生に比べて学習支援のニーズが高い。教室に来る中学生は徐々に増えて、十数人が参加するようになり、ほとんどが南中の生徒だった。しかし南中の当時の校長は、教室との関わりにあまり積極的ではなかった。教室に顔を出してくれることはなかったし、教室側からの連携を呼びかけるアプローチにも、色よい返事はなかった。

南中との連携は長いあいだ、教室にとっての課題であり、スタッフらは「学校としては、それが普通の対応かもしれない」と、半ばあきらめ気味だった。

しかし、Ｍｉｎａｍｉこども教室の設立から数年後に、潮目が変わった。南中の校長が人事異動で交代したのだ。

新しく赴任したマツイ校長は着任したての四月、教室へ見学にやってきた。前任校長からの引き継ぎはなかったそうだが、顔見知りだった南小の校長から教室の話を聞いていたという。

「うちの学校の生徒が通ってる場所やから、どんなとこなんかなと、すごい興味あったんです。初めて訪ねた時は中学生と小学生が同じ会場で結構にぎやかやったから、正直ちゃんと勉強できてるんかなって心配もありました。けど何より、子どもらがみんな安心してるなあ、というのが印象的やった。やっぱり心の支えが必要な子は多いですから」

マツイ校長はその後もしばしば教室に顔を見せ、その秋からは毎週のように教室へ来るようになった。他のボランティアと同様、子どもの隣に座って一対一で教え、他の中学の生徒を担当することもあった。学習後のボランティア会議にも残って、子どもたちの学校での様子を伝えてくれた。

あまりに頻繁に来てくれるので、中学生担当スタッフのイノウエさんがボランティアの出席簿に「校長」の欄を作ったほどだ。南中との関係づくりにずっと心を砕いてきたイノウエさんにとって、喜びはひとしおだったようだ。

中学校にとって教室はどんな存在なんでしょうか？　マツイ校長に尋ねてみた。

「子どものまた別の顔が見られる、大事な場所やと思いますねえ。私ら教師はついつい、子どもが学校で見せる顔がすべてやと思ってしまいがちやけど、ここに来ている時の顔はまた違う。自分のしんどい状況を受け入れてもらって、大人と信頼関係を築いてる。子どもたちのそんな姿を見ることで、学校の教師にとっても学べることがたくさんあると思うんです」

六十歳を目前にして、現場から学ぼうという姿勢には頭が下がる。ただ、マツイ校長も他の教師への呼びかけについては、悩んでいるようだった。

「他の先生にも来てほしいとは思うんですけど、それが義務的になって、負担につながるのはよくない。自分で気付いた人が来てくれたらいいな、というところですかねえ」

＊

それでもマツイ校長は着任から半年ほどたって、一人の職員を教室に連れてきた。大柄な三十代の男性で、見た目はゴツイがずいぶん腰が低い。学習後の後片付けも、率先して手伝ってくれた。

その男性、タナカさんは当時まだ教員ではなく、数学教師をめざして通信制大学で勉強しながら、南中で授業支援の職員として働いていた。新卒から八年間は建築会社に勤め、現場監督として住宅や店舗の施工管理をしていたそうだ。大学時代に教師を志した時期があり、「やっぱり人を育てる仕事に就きたい」と一念発起して会社を辞めたという。

先に教師になっていた弟のつてでマツイ校長と知り合い、南中の職員として働き始めた。授業の補助や、放課後の補習授業を受けもつ役割だった。

南中に勤め始めて半年ほどたったころ、マツイ校長が「Ｍｉｎａｍｉこども教室へ行ってみいへんか」と声をかけた。前職のキャリアを捨てて教育にかけるタナカさんの熱意が、マツイ校長の目にとまったそうだ。

初めて教室を訪れたタナカさんの目にも、子どもたちは「学校で見せる顔とは、また違う顔をしている」と映った。

「学校では忙しくて、生徒一人ひとりには少しずつしか接することができないんですよね。けど、この教室では一人の子と二時間ずっと向き合うことができるでしょう。ある女の子は学校での授業中はいつも眠そうにしてて、話も全然聞いてないんですけど、この教室でじっくり話をしてみると、少しだけ本音を出してくれる。日本語が苦手な子たちは学校ではすごく無口なんですけど、ここでは母語で話したり、にぎやかで驚きました」

バスケットボール部の指導もするタナカさんは、教室に来ているバスケ部員たちに親しく話しかけていた。子どもたちも「先生、なんで来てるんすか！」と驚きつつ、顔を見せてくれることを喜んでいた。

ある日、タナカさんが教室に建築雑誌を持ってきた。その前週、高校入試を控えていたジョセフ（※第二章）が志望校に出す自己申告書に「将来、建築士になりたい」と書いているのを見かけたからだという。

会社員時代に建築設計にも携っていたタナカさんは、世界の有名な建築物の写真が載った記事を見せつつ、「建築の世界でも、数学や物理の知識はぜったいに必要やから、今からちゃんと勉強しといた方がいいで」とアドバイスをしていた。

タナカさんは南中での仕事が終わった後、毎週のように教室に顔を出し、やはりボランティア名簿に名前が加わった。タナカさんは言っていた。

「例えば、日本語がまだ苦手な子が、教科学習のどういう点でつまずいてるのか。数学やったら、こういう単語が理解しづらいんやな、とか。教室で二時間かけてしっかり話をしていると、少しずつわかってくる。教員になる時のために、ぼく自身が勉強さしてもらってるイメージでいます」

その言葉どおり、タナカさんは教室に来はじめてから一年半後、大阪市の中学教諭に採用され、そのまま南中の数学教員になった。クラス担任として忙しく働きながら、教室にも続けて顔を見せてくれた。

*

教室と南中の関係は、こうした教師個々人とのつながりから始まり、やがて、子どもの情報を共有するためのミーティングをもつ段階へと発展していった。

教室と南小学校、南中学校との関係をみていると、学校現場にいる教師個々人の考え方が、学校外の団体との連携に大きく影響することがよくわかる。

外部との関わり方のさじ加減に悩みながらも、子どものことを第一に考え、連携に踏み出す思慮と熱意をもった教師がいたことは、教室にとっての幸運だったといえる。

そして、公立学校には人事異動がつきものだ。一度築かれた連携も、人が代われば弱まったり、失われたりすることがある。政府や自治体が制度として、学校と地域の団体との連携を促していくことができないものかと、現場でいつも感じていた。

子どもを支える地域の団体は、学校との連携によって何倍もの役割を果たすことができる。特に、言語や学習に難しさを抱える移民ルーツの子どもを支えるためには、学校だけではない複数の視点から、子どもと家庭のニーズを探ることが重要になる。

教員らが「子どもが学校とは違う顔を見せる」と口にしていたように、大人がすくい取れる子どもからのメッセージは居場所ごとに違ってくる。それぞれの居場所で見いだした子どものニーズを共有しつつ、持てる力を寄せ集めることができれば、より大きな働きができるはずだ。

八．地域の同志

Ｍｉｎａｍｉこども教室ができたころ、島之内には同じように子どもを支える市民団体は見当たらなかった。週一回の学習支援教室にできることには限りがあり、教室はずっと連携できる団体を求めていた。

そんな「同志」ともいえる存在が二〇一七年、「子ども食堂」という形で島之内に生まれた。

Ｍｉｎａｍｉこども教室がいくつかの支援団体のメンバーらによって設立されたのとは対照的に、子ども食堂「しま☆ルーム」は一人のおっちゃんの志から生まれた。

そのおっちゃんことフクイさんは、もともと薬品会社に勤める会社員だった。四十五歳で脱サラし、薬局を経営。大阪に三店舗をもち、堅調な商売をしていたが、六十歳が近づくにつれ「引退後は何か社会のためになることがしたい」と思うようになった。

何ができるか考えていたある日、テレビで見たのが、子ども食堂の国内第一号と言われる東京の団体を取り上げたニュースだった。

「これなら自分にもできるかもしれない」

そう思い立つと、薬局経営から身を引くと同時に、子ども食堂の開設に向けて動き出した。

全国にある子ども食堂の数は、二〇一六年に約三百カ所だったものが、二〇二二年には七千カ所に達している。（※認定ＮＰＯ法人「全国こども食堂支援センター・むすびえ」調査）

フクイさんが動き始めた二〇一六年末は、まさに子ども食堂が急速に広がり始めた時期だった。

大阪市にある子ども食堂を調べたフクイさんはまず、西成区で活動する団体でボランティアを体験した。地元の社会福祉協議会(社協)が開いた子ども支援の研修会にも参加し、二十人ほどの出席者の前で「大阪で子ども食堂をやってみたい」という思いを語った。

ちょうど同じ時期、社協が中央区で開いた別の研修会では、南小学校の校長だったヤマザキさんがMinamiこども教室の取り組みについて、こんな話をしていた。

「外国につながりのある子どもたちには今、こども教室という居場所があります。だけど、生活のしんどさを抱えるのは、外国につながりのある家庭の子に限ったことではありません。現状では、日本人家庭の子がこども教室に来たがっても、『それは無理やねん』という話をせなあかん。それが私の中では一番ひっかかってるんです」

ヤマザキさんが言うように、教室スタッフの間でも、対象を移民ルーツの子に限定するかどうかはずっと議論があった。そのうえで「まずはマイノリティの子どもたちが、自分のルーツへの思いを安心して表に出せる場所にする」という考えから、対象を移民ルーツの子どもに限っていた。

しかし、ヤマザキさんが南小で接する日本人家庭の中にも、シングルマザー家庭を中心に、生活の苦しい家はいくつもあった。そんな家庭の子たちが移民ルーツの同級生から話を聞いて、「私もこども教室に通いたい」と言ってくることが時々あった。その申し出を断るつらさを、スタッフらは共有していた。

ヤマザキさんの思いを研修会で聞いた社協の職員が「校長先生、実は大阪で子ども食堂をやってみたいと言ってる人がいるんです」と声をかけてきた。この職員は別の研修会で、フクイさんの話も聞いていたという。

当時、中央区には子ども食堂がなく、ヤマザキさんにとっても気になる話だった。まずは直接会ってみようと、社協の職員にフクイさんを紹介してもらった。

フクイさんはさすが薬局経営を長く続けてきた人だけあって、いつも柔和で腰が低い。ヤマザキさんも安心して、「ぜひ、南小の近くで食堂をやってください」と頼んだ。Ｍｉｎａｍｉこども教室も紹介し、フクイさんは教室の見学に訪れた。

実際に子ども食堂を始めるためには、まず場所と人の確保が課題になる。フクイさんは島之内で使わせてもらえそうな会場を探して、公共施設や不動産屋を訪ねてまわった。しかし、公共施設では抽選なしで継続して借りられる部屋がなく、広い賃貸物件は予算的に難しい。

最後に訪ねたのが島之内の自治会が管理する自治会館だった。無理だろうなと思いつつ自治会に頼んでみたところ、思いがけず無償で貸してもらえることになった。日時は毎週水曜の午後だ。

ただ、小さな流し台しかない自治会館では調理ができない。食材を保管する場所も必要になる。やむなく、フクイさんは自治会館から百メートルほど離れた賃貸マンションに、ワンルームの部屋を借りた。家賃は月六万五千円だった。

家賃と食材費に加え、調理器具や食器の購入費も必要になり、初年度は二〇〇万円ほどの持ち出しがあった。普通はなかなか用立てられない大金だが、フクイさんは退職時に薬局の経営権を売った資金でまかなったという。ボランティアには、フクイさんの弟や経営していた薬局の従業員ら、顔見知りの数人が集まった。

＊

二〇一七年六月の水曜日、初日の食堂に参加したのはスタッフの子どもを含めて五人。こぢんまりとしたスタートだった。

子どもの参加は登録制にして、その後は十人前後が集まるようになった。やがて、南小学校やＭｉｎａｍｉこども教室からも紹介が相次ぎ、半年ほどで三十人を超えた。活動を知った生協などからは、野菜や調味料の寄付が届くようになった。

毎週水曜、フクイさんらは正午から食材の買い出しに行き、三時間余りかけてマンションの台所で調理をした。メニューはカレーやスパゲティ、ハンバーグ、唐揚げなど、子どもたちの好物が主だが、野菜もしっかり取り入れる。

学校が終わった午後三時半ごろから、自治会館に子どもが集まってくる。

部屋の中を走り回る子、おもちゃやボードゲームで遊ぶ子、ボランティアに宿題をみてもらう子……。みんな思い思いの自由時間に精を出す。

五時半には、マンションで作った料理を自治会館へ運び込み、子どもと一緒に配膳する。「いただきます」は六時前。そのころには部活動が終わった中高生も顔を出す。

畳敷きの部屋に広げた長テーブルで、子どもと大人が三十〜四十人、肩や背中を寄せ合って座り、食卓を囲む。にぎやかなおしゃべりが飛び交い、体の大きな子は競っておかわりに走る。

自宅では夜に一人で食事をすることも多い子どもたちが、喧騒の中で温かい食事をかきこんでいた。

午後七時半、ボランティアが子どもを自宅へ送り届ける。みんな未練たっぷりで、なかなか帰りたがらない。

しま☆ルームは、対象を移民ルーツの子に限っているわけではない。ただ、島之内にはひとり親の移民家庭が多い。集まる子の八割ほどがＭｉｎａｍｉこども教室の参加者と重なっていた。自然と連携は深まり、両方の団体でボランティアをするナカさん（※第五節）を中心に、共催のイベントも増えていった。

ある年末には、Ｍｉｎａｍｉこども教室としま☆ルームが合同でパーティーを開いた。南小学校の多目的室を会場に、子ども五十人、大人三十人が参加した。

子どもらが家庭科室で作ったカレーを、部屋いっぱいに広げたテーブルで一斉に食べる。合わせて八十人もの人々が座卓を囲み、食べて、しゃべって、笑い合う。そこに生まれるにぎわいには、見ていて圧倒されるエネルギーがあった。

私も時々、水曜夕方の食堂にお邪魔したが、学習の場であるＭｉｎａｍｉこども教室に比べ、しま☆ルームの雰囲気はゆるい。子どもたちは奔放に遊びまわり、大人の注意を聞かないこともしばしばだ。「こんなにカオスでいいのだろうか……」と感じることもあった。

直接フクイさんに聞いてみた。目の奥には経営者時代の鋭さを残しつつ、いつもにこやかなフクイさんは言う。

「そうやって、また違う顔を出せる場所があることが、いいんちゃうかなと思うんです。Ｍｉｎａｍｉこども教室は勉強する場所やけど、しま☆ルームは家に帰ってくる延長線上にあるような場所やから。ほっとした瞬間に、ぽろっと心の中にある言葉をもらして、楽になれる場所であればいいのかなあ、と思っていて」

フクイさんには、ある男の子の食堂での姿が強く印象に残っている。

それはフィリピンルーツの小学六年生で、Ｍｉｎａｍｉこども教室にも時々来る男の子だった。日本語が不得手なこともあって勉強が好きではなく、こども教室ではいつも物静かにしている。

「うちでもあんまりはしゃがず、静かなタイプやけど、ある日ご飯を食べ終わった後に『今から何するん?』って聞いてきたんですよ。ぼくが『洗い物すんねん』って言うたら、『手伝うわ』って言うてくれて。一緒に食器を運んでいって洗い物はじめたら、めっちゃうれしそうに洗い物してくれてね。満面の笑みで『お皿きれいなったやろ』とか言うて。それまで見せたことのない笑顔やった。自分から何かをわーっと言ったりしない子やから、ものすごいうれしい瞬間でしたねえ。それからは学校であったこととか、よう話してくれるようになった。勉強は苦手というか、それは彼自身もわかってることやろうし、つらい立場のなかで、あれがほっとできる瞬間やったんかなあと思ってね」

確かにＭｉｎａｍｉこども教室に来ると、子どもは原則、勉強と向き合うことになる。もちろん、子どもの話に耳を傾ける時間も大切にしているが、教室は「学習」を中心に存在している居場所だ。勉強がしんどいと感じる子ほど、足が遠のきがちになるというジレンマを抱えている。

その点、「食事」を中心に活動するしま☆ルームは、勉強の苦手な子らも気楽に集える居場所だ。どちらが居場所として優れているか、という話ではなく、互いに補完し合える関係なのだ。

フクイさんはトレードマークのえびす顔から真顔になって続けた。

「子どもたちのしんどい状況が見えてくるほど、一週間に一食をたべさせるだけで、後はせいぜい食材を持たせるぐらいしかできない歯がゆさ、もどかしさは感じます。その家庭の経済的なしんどさを根本的に変えることは、ぼくらにはできない。ただ、この地域で活動してるのは自分らだけではないでしょう。いろんな大人が寄ってたかって、地域の子を見守る。それが大事なんちゃうかなと思います」

島之内には、火曜のＭｉｎａｍｉこども教室に加えて、水曜のしま☆ルームができた。さらに後には、木曜に地元のキリスト教会も子ども食堂を開くようになった。隣の天王寺区ではウカイさんらの「こどもひろば」が月曜に開かれる。

子どもたちはそれぞれの居場所で「違う顔」を見せている。そして、それぞれの団体は時を経るにつれ、互いに連携するようになっていった。学校や行政も一緒になって、地域の子どもを見守るネットワークが徐々に築かれていった。

「寄ってたかって」というフクイさんの言葉の温かい響きが、私の耳にはしっかりと残っている。

九．取材者という媒介

Ｍｉｎａｍｉこども教室で長くボランティアを続けていると、ある目的をもった人々がしばしば姿を現すことに気付く。

その目的とは「取材」だ。教室には結構な頻度で、取材のために人が来ていた。もちろん新聞記者である私自身も含めてなのだが、在阪の新聞社やテレビ局は、ほぼすべて取材に来ていた。ある公共放送などは、東京からドキュメンタリー番組の長期取材に来ている制作会社のディレクターと、大阪のローカルニュース取材班の二カメラが、同時に教室にいたことさえある。

マスコミのほかにも、大学の研究者や大学院生がよく訪ねてきた。単なる見学のこともあれば、論文調査のこともあった。

ある市民団体の活動を描く時、あまり「取材者」の存在にスポットが当たることはない。記者や研究者が取材先の活動に深くコミットすることもあるだろうが、その存在は不可視化されがちだ。

しかし、取材者は基本的に何らかの形で、その取材結果を外側の社会へ伝えることになる。メディア（media）という言葉がそもそも「媒介」を意味するように、取材者は教室の内側と、外側の社会を媒介する役割を担っているとも言える。

記者である私自身の存在を含め、取材者と教室との関係について考えてみたい。

＊

教室にマスコミがよく来ていた背景には、ミナミという土地の醸す魅力と、教室の設立に至るエピソードの強さがあるだろう。そもそも私が教室を取材先に選んだ動機も、その点が大きい。

また、子どもに関わる団体の取材では、どの程度オープンに取材協力をしてもらえるかも重要だ。その点、Ｍｉｎａｍｉこども教室は子どものプライバシーに配慮しつつも、比較的オープンだったと感じる。それは初代の実行委員長だったキムさんの考え方の影響が大きい。キムさんはよく「教室の存在を多くの人に知ってもらうことで、存続につなげていきたい」と言っていた。

実際、教室のことが報道された後は、寄付が集まったり、ボランティアの応募が増えたり、という反応がある。それは取材者を積極的に受け入れる確かなメリットだった。

一方で、デメリットを感じることもままあった。

あるテレビのディレクターが、少し強引に教室内でカメラを回したり、子どもが抱える背景事情への理解を欠いた質問をしたりすることがあった。そんな取材が続くと、スタッフの間では「子どもによくない影響がある」と取材受け入れに対する疑問の声があがった。

何より取材を受ける側になって感じたのは、メディアがいかに物事を単純化して描いているか、ということだ。教室の話が短い記事やテレビニュースにまとめられる時、子どもたちの入り組んだ心情や、親の抱える背景事情、それを取りまく社会構造への視点はどうしてもこぼれ落ちてしまう。

コンパクトでわかりやすいストーリーにまとめ上げる「乱暴さ」が、取材される側に立つとよく見えた。

そして、その「乱暴さ」は、私自身が新聞記者としてやってきた仕事に常につきまとってきた。報道の業《ごう》だと開き直りたくなる誘惑もある。そうしなければ、日々新しく生まれ続ける「ニュース」を追いかけることはできない、と。実際そんな身ぶりで十数年も記者をやってきた。

ただ、そんな節操のない取材は、小さな違和感を私の心に残し続ける。その違和感がたまりにたまってコップからあふれるように、私はＭｉｎａｍｉこども教室にボランティアとして通うことを決めた。「乱暴さ」から逃れられない日々の取材執筆の傍らで、息継ぎをするように教室に通った。現場に身をさらすことによって、複雑なものを複雑なまま、見て、聞いて、考えて、いつかは書きたい。そう思っていた。

教室でボランティアを始めた私は半年ほど、取材に類することを一切しなかった。子どもや他のスタッフから、「新聞記者の男」ではなく「ボランティアのタマキ」と認識してもらうことに徹した。

「取材をする／される」という関係性をいったん脇に置いて、教室に集う人々と向き合うことで、「乱暴さ」に満ちた普段の取材とは別の何かが見えてこないだろうか。漠然と、そう考えていた。

毎週の活動の後、子どもの様子や自分が感じたことについての記録だけは付けていた。小さな手帳に、初めは二〜三行、やがて一ページを使うくらい書き込むようになった。

半年ほどたったころから、少しずつ教室の写真を撮らせてもらうようになった。そのうち、顔見知りになった親やスタッフにインタビューをさせてもらうようにもなった。

子どもにインタビューをお願いするのは、もっとも気が滅入る瞬間だった。普段、ボランティアとして培った関係性があるから、子どもは嫌がるそぶりを見せずに取材を受けてくれる。本音に近い自然な言葉を引き出せる感覚もあった。

その一方、「こいつがボランティアに来てたのって結局、取材をするためやったんやな」と子どもに見透かされる気がして、とにかく気が滅入る。

そして、それは事実なのだ。教室で子どもと雑談している瞬間も、この場面、この言葉は「字になる」という下心がしばしば去来する。取材者としての喜びが湧く一方、ボランティアとしては邪《よこしま》な考えが嫌になる。二つの人格の狭間でうじうじと悩みながら、教室に通い続けた。

初めて教室のことを新聞記事で書いたのは、ボランティアを始めてから一年八カ月がたった年末だった。朝日新聞の教育面にある「いま子どもたちは」というコーナーで十二回の連載を書いた。

そして連載を終えた後、ボランティアを続けるかどうか悩んだ。この先、教室に関する記事を再び新聞に載せられる機会があるかもわからないのに、仕事の傍らで毎週通い続ける負担は大きい。ここで取材を終え、また別の現場を追いかけるのが、新聞記者としての常識的な判断だった。

一方、ボランティアとしての私は、もはや教室から離れがたくなっていた。子どもたちとの人間関係が生まれ、火曜の夜に教室へ行くことは心地よい習慣になっていた。

そして何より、子どもたちに「やっぱり記事を書き終えたら、もう来ないんやな」と思われることは耐えられそうになかった。

結局、私は年が明けてからもボランティアとして教室に通い続けた。記録だけは取り続け、あいかわらず「これは字になる」という下心も消えなかった。実際にその後も、何度か教室のことを新聞記事で取り上げた。そして今、すべての下心を回収するべく、この本を書いている。

なぜ私はこんなにもＭｉｎａｍｉこども教室のことを書こうとしているのか――。

移民ルーツの子どもの実情や支援の取り組みを広く知ってもらいたい、という思いは確かにある。

一方で、教室での経験を自己表現の題材としている私もいる。題材にされた子どもたちには何の得もない。

ボランティアとして教室への関わりが深まるほど、そのジレンマは膨らんでいった。

＊

数多くの取材者が教室を通り過ぎて行くなかで、私と同様、ボランティアとして長く教室に関わりながら取材を続ける人がいた。

重江良樹《しげえよしき》という、私と同世代のドキュメンタリー映画監督だ。彼の名前は以前から知っていた。監督を務めた二〇一六年公開のドキュメンタリー映画「さとにきたらええやん」は、お世辞抜きですごい作品だった。

日雇い労働者の街として知られる大阪・釜ケ崎の児童館「こどもの里」を撮った映画だ。ナレーションやテロップをほとんど使わず、「里」につながる子どもと親が抱える貧しさや孤立、虐待といった厳しい課題を描き出す。それでいて、子どもたちが見せる自然な表情や全身から発するエネルギーに、観ている方も思わず笑顔になる。そして映画を観終わった後には、自分も何か行動したい、という衝動がずしんと残る。

何より驚くことに、シゲエさんはこどもの里に五年もボランティアとして通い、さらに撮影に二年かけて、この作品を完成させたという。全国の劇場で上映されたほか、市民団体や自治体などの自主上映会は数百回をかぞえ、公開から数年たっても続いていた。

シゲエさんには一度、インタビューをさせてもらったのだが、高校を中退した後、引っ越し業者や離島の漁師宿で働き、映像専門学校を出て、フリーで映像制作を続けるという、タフな経歴の持ち主だった。

そんなシゲエ監督が、ドキュメンタリー作品の取材のために、Ｍｉｎａｍｉこども教室にボランティアとしてやってきた。

当初、私はちょっと身構えていた。「あれだけ子どもの背景に迫った映画を撮るくらいだから、相当ゴリゴリした取材をする人なんやろうなあ」と勝手に想像していた。強引な撮影で教室の雰囲気が悪くならないかと、勝手に心配していたのだ。

しかし、教室に通い始めたシゲエさんは、ただ子どもの隣に座って勉強をみていた。言葉数は多くない人だが、子どもに接する時のまなざしは温かく、すぐに打ち解ける。他のボランティアに対する物腰も常に穏やかで丁寧だった。

シゲエさんは教室で初めにボランティアをした理由を、こう語っていた。

「やっぱり関係性をつくるというか、撮影をはじめる前に相手のことを知っておきたいし、ぼく自身のことも伝わればいいなと思って。悪いやつ、怪しいやつとちゃいますよ、ぼく安全ですよって知ってもらうことですかね」

通い始めて三カ月ほどたったころ、シゲエさんはようやくカメラを持ち出した。ただ、教室でカメラを構えている瞬間も、存在感がないというか、撮影による「圧」を感じさせない立ち居ふるまいをしていた。

教室では時々、シゲエさんとテレビ局の撮影が重なることがあった。テレビ局のスタッフが必要な絵を撮ろうとして、ばたばたと動き回る隣で、シゲエさんは居合の達人のような静けさでたたずみ、ここぞという瞬間だけカメラを構える。

私自身がシゲエさんから取材を受けることもあった。タイルーツのメイ(※第二章)が、うちに晩ご飯を食べにくる場面の撮影だった。

シゲエさんは撮影の前月に一度うちへ来て、メイと私と妻との四人で晩ご飯を食べた。当初は撮影するつもりもあったそうだが、その日はメイがあまり乗り気ではなく、シゲエさんはただ夕食を囲み、おしゃべりをして、潔く帰っていった。そして、翌月にまたうちに来て、この日は初めに私たちと一緒に鍋を食べて、後半はカメラを回した。

私が初めて取材される側にまわって味わったのは、シゲエさんが言うように、自分と取材者との間に築かれた「関係性」によって、取材への心理的なハードルが取りのぞかれる感覚だった。

「取材＝伝える」という営みを、シゲエさんと協同して行っている感覚、と言えるだろうか。Ｍｉｎａｍｉこども教室の営みをより広い世界の誰かに伝えるため、この人の取材に自分の思いを託してみよう。そう考えながら、私はカメラに収まっていた。

私からシゲエさんへのインタビューの際には、同じ取材者の端くれとして、聞いてみたかったことを質問（というか相談）した。

――なんで、「さとにきたらええやん」の上映後も、子どもの居場所を撮ろうと思ったんですか？

「『さと』の自主上映でいろんな地方をまわってたら、『こどもの里みたいなとこがあってええなあ。ここにはそういう場所がないから』っていう声を結構聞いたんですよね。だから、里だけじゃない、いろんな形の子どもの居場所があるっていうのを知ってもらいたくて。里に通ってる時に感じてたんですけど、里に来て、はまる子もいれば、はまらん子ももちろんいる。で、はまらなくて来なくなった子がそれからどうしてるのかって言ったら、わからない。でもきっと大変な状況だろうっていうのは想像ができて。だから、この社会にもっといろんな別の引き出しがあって、そこに一人ひとりがはまったらいいなって。里とはまた違うバリエーションの居場所があることを、知ってほしいなと思ったんですよね」

――ぼく自身、こども教室でボランティアとして子どもに関わっていて、それを自分の表現に利用することの後ろめたさを感じてしまうんですが……。

「ぼくは結構、物事をそんなに深く考えないんですよね（笑）。やっぱり、ぼく自身が里やこども教室に通っていて楽しいし、だから行くでえ、っていうくらいの感じで」

――けど、子どもらの記事を書いても、この子らの得にはならへんよなあって思ってしまうんです……。

「それはぼくも、ほんまごめん、って思います。でも、みんなみたいにこんな場所がない子らもおるんやで、って。撮らせてもらう子たちにはそういう話をしました。みんなは教室があるから、いろんな人と出会えたり、勉強を支えてもらえたりするけど、それがない子もおる、それってすごい大変やと思うやろ、って伝えました」

そしてシゲエさんは「ぼく、活動家でありたいんですよね」と言った。

「みんながなるべく幸せになれるような映像なり映画をつくるのが、ぼくの活動家としての……。んー、もちろん、映画一本で世界は変わらんと思ってるんですよ。だから、せめてもの抵抗ですよね。みんなが幸せに生きていける社会にするための、せめてもの抵抗。ただ、声を大にしてそれを言うのは恥ずかしいから、はっは」

最後は笑いでごまかしつつも、熱のこもった言葉だった。

シゲエさんの講演を聞いたこともあるが、彼自身は「社会を変える」とか「子どもたちのために」とかいうことを、大上段に構えて語ることはない。いつも穏やかな声で、ユーモアを交えて、控えめに話をする。

それでも、その柔らかな語り口からは、社会を変える活動家たらんとする熱がにじみ出る。その熱はさらに、映画の中にほとばしっている。実際に、「さと」の映画を観て、地域で子ども食堂を始めたという人もいたそうだ。

*

シゲエさんの話を聞いて、私自身、移民について書くことが「活動」になれば、と思うようになった。

突拍子もないようだが、ハンナ・アレントの言葉を引きたい。ナチス政権下のドイツから米国へ亡命した、ユダヤ人の政治哲学者だ。彼女は主著の一つ『人間の条件』〔1〕で、私たちが日々の暮らしで行っていることを「労働」「仕事」「活動」の三つに分類した。生命を維持するために行う「労働」(labor)、耐久制のある物をつくり出す「仕事」(work)に対し、公共的な場で他者と関わる「活動」(action)についてはこう書いている。

活動は人間関係の網の目という環境の中で行われる。(……)活動が人びとに向けられるものであり、それらの人びとも活動能力をもっているから、そこで起こる反動《リアクション》は、一つの反応である以上に、それ自体が常に新しい活動であって、この新しい活動は、自分にもはねかえり、他人にも影響を与える。こうして、人間の間の活動と反動は、閉じられた円環の内部に留まることはけっしてなく、その影響力を自分と相手の二人だけにしっかりと限定することもできない。（……）活動というのは、それがどんな特殊な内容のものであっても、常に、関係を打ち立てるものであり、したがって一切の制限を解き放ち、一切の境界線を突破するという固有の傾向をもっている。

（P307〜308）

私はMinamiこども教室という「活動」に触れた「反動」のように、この本を書いている。さらに、教室で出会った人々のことを書いて伝えるというこの「活動」が、読み手と移民との接点となり、その読み手が何かしら動き出したくなるような「反動」を生んでくれたら――。そんな思いで書いている。

そうして、移民をとりまく「一切の境界線を突破する」こと。そのために、私には書きながら意識していることが二つある。

一つは、移民その人の「エージェンシー」（行為主体性）を描くこと。その人が個人としての意思や考えをもち、自分や家族にとって少しでもよい方向を選び取ろうとして生きてきた経路を、丁寧にたどる意識だ。

もう一つは「構造的な背景」につなげること。その人がここへ至るまでにたどってきた経路には、歴史や政策の大きな流れが影響している。個々人の小さな物語を、歴史的・社会的な背景に接続しようと試みる意識だ。

「エージェンシー」と「構造的な背景」への意識。それはつまり、移民と呼ばれる一人ひとりが「なぜここにいるのか」に思いを馳せることだ。

なぜたくさんのフィリピン人シングルマザーが、ミナミで暮らしているのか。それはフィリピン人女性を興行ビザで受け入れた政策の中で、彼女らが自分や家族にとって少しでもよい人生を選ぼうとしたからだ。

なぜたくさんの日系ブラジル人が、製造業で働いているのか。それは貧しかった戦前の日本から多くの移民がブラジルへ渡った歴史と、バブル期の働き手不足を解消するために日系人を受け入れた政策の上に、個人や家族としての決断があったからだ。

なぜ在日コリアンが、数世代にわたって民族教育を大切にしながら生きているのか。それは二十世紀の前半、日本が朝鮮半島を植民地支配し、戦後も根強く差別が残った歴史の先で、それでもルーツを次世代へ受け継いでいきたいと願うからだ。

国境をこえて生きる彼らは、ここでこうして生きることを全く自由に選んだわけではないし、全く意思をもたずに強いられてきたわけでもない。この社会の歴史や政策が生んだ大きな流れの中で、よりよい人生を選び取ろうと、一人ひとりが生きてきた経路の途上に、ここでこうして生きているのだ。

「なぜここにいるのか」に耳を傾けることは、裏返せば「ステレオタイプ化」への抵抗だと言える。

声をあげづらい立場に置かれた移民たちには、マジョリティにとって都合のよい表象がつきまとう。例えば、働き手不足に対処する有益な「労働力」として描かれること。あるいは、犯罪やテロにつながる「脅威」として描かれること。逆に、マジョリティに搾取されるだけの「弱者」として描かれること。そして、あたりさわりのない「多文化」性だけが描かれること……。

いずれも移民という存在の一側面を切り取って強調し、時には誇張さえすることで、本当は多様で複雑な背景をもった人々を、マジョリティにとって都合のよい、わかりやすい存在に押し込めてしまう危うさをはらむ。私が書いてきたことも、この危うさから決して逃れられてはいない。

ただ、複雑なものを「切り捨てる」ことで都合よく描くのではなく、複雑なものを「解きほぐす」ことで複雑なまま描こうとする意思を手放したくはない。移民と呼ばれるその個人のジェンダー、国籍、エスニシティ、肌の色、在留資格、経済状況、家族構成、言語や文化……等々、その人のルーツ（経路）に交差するいくつもの軸を腑分けし、一つひとつが何をもたらしているのかを考えたい。その交差の上で、一人ひとりがどんな意思をもって生きてきたのかに耳を傾け続けたい。

その声は、「移民」とまなざされる彼らが、あなたや私と同じ個人であることを指し示す。あなたや私が形づくってきたこの社会で暮らす個人であることを、はっきりと浮かび上がらせる。

地続きの時間と空間にある個人どうしとしての出会いを、自分が書くものを通して生み出したい。それを企図した「活動」として、私は移民を、そしてＭｉｎａｍｉこども教室を取材し、書いてきた。

それは「メディア＝媒介」としての一つの役割だ。移民たちが支援教室という場所を通して、より広い社会とつながっていくための「媒介」として、取材者もまた教室を形づくる要素の一つになっている。

＊

こうして、Ｍｉｎａｍｉこども教室につながる大人たちの語りに耳を傾けることで見えてきたのは、同心円状の人のつながりだ。移民の親子を中心にして、それを取りまく支援教室を多様な大人たちが形づくり、その周囲にある学校や地域と結びつけ、さらに外側の社会へと媒介していく。

支援教室の存在は、同心円の「ハブ」としての役割を担いうるのではないだろうか。

Minamiこども教室に著者が通い始めた初年度、担当した小学六年の子どもたち

教室での学習中、ボランティアにしゃべりかける小学生

休憩時間はにぎやか。腕相撲をする子どもたちも

教室が企画した調理実習で、お米に水を加える子をみんなで見守る

毎年夏には地元の盆踊りに参加。地域住民に借りた浴衣を着て、道頓堀にたたずむ女の子たち

ロンドン：ソールズベリーワールド

放課後教室ではサッカーが人気。奥の三角屋根が事務所。右側の小学校舎とつながっている

子どもたちはサラ（中央）の教えるドミノが大好き。著者もはまって一緒に遊んだ

放課後教室でのボランティア最終日、スタッフと子どもたちが小さなお別れ会を開いてくれた。寄せ書きとプレゼントをもらった著者（※プライバシー保護のため画像の一部を加工）

第四章

ロンドンの教室で

Ｍｉｎａｍｉこども教室でボランティアを続けるうち、私のなかには「移民のことを、きちんと勉強したい」という思いが生まれた。教室で接する子どもたちが抱える背景の複雑さを十分にくみ取りたい――。思いを募らせた私が決心したのは、留学だ。そして移り住んだ先でまた、移民のルーツをもつ子どもにボランティアとして出会うことになった。

一．ロンドンへの旅

私だけだったら申し訳ないが、新聞記者はあんまり勉強しない。あるいは、できない。日々、目の前に現れる「ニュース」のために、にわか勉強で知識を仕入れ、初めて会う人に込み入った話を聞き、全部理解したかのように書き、記事が出た後はそのテーマをとりあえず忘れる。年が変われば、人事異動で担当や部署も変わる。

自転車操業のような会社員記者としての日常では、一つのテーマに対する専門性を深めることが思いのほか難しいのだ。

このサイクルからいったん離れて、移民を取りまく構造的な背景を、学問として自分の腹に落とし込みたい。そう考えた私は会社を休職し、大学院で学ぶことにした。

選んだ行き先は、イギリスの首都ロンドンだ。

移民についての議論が一九九〇年代に本格化した日本と比べ、イギリスは移民と向き合ってきた歴史がずっと長い。

十九世紀から第一次世界大戦までの間、イギリスには隣り合うアイルランドから約百万人の移民が渡った。第二次世界大戦後には、大英帝国領だったインドなどの南アジア、ジャマイカなどの西インド諸島を中心に、数百万人もの非ヨーロッパ系移民がイギリスへ移り住んだ。二〇〇〇年代に欧州連合（EU）が東へ拡大すると、働くために東欧から移住する人たちが急増した〔1〕。

特に首都ロンドンは英国外で生まれた人が住民の4割近くを占めるという、世界有数のグローバルシティとなった。

その長い移民史において、共生に向けた道のりは決して平坦ではなかった。警察による黒人住民への不当な取り締まりをはじめとした制度的な人種差別、黒人の若者たちによる都市暴動、特定の地域に特定の民族グループが集住する「ゲットー化」、多文化主義政策の挫折……と、課題は今なお続く。

そのぶん移民をめぐる議論も広く激しく交わされてきた。移民受け入れ反対を叫ぶ人々の声がメディアに取り上げられるのと同じように、共生を実践する人々の声、民族的マイノリティ自身の声が広く社会に響く。

移民を受け入れるべきか、どう共生していくのか、という議論が、社会に裾野広く共有されているのだ。その点は、十分な議論のないまま、移民労働者の受け入れ政策だけが前のめりに進んできた日本との違いだろう。

学問の世界でも、移民について研究する大学院のコースがいくつもあった。長い移民の歴史をもつイギリスの、特に多くの移民が暮らすロンドンで、移民について学ぶ。そう考えて選んだ留学先だ。

「選んだ」などと簡単に言ったが、私にとって留学は、その準備段階から苦行以外の何物でもなかった。

英語は大学受験のために机上で学んだっきり。とても「話せる」と言える代物ではない。毎週日曜、仕事の傍らでこっそり梅田の駅裏にある英語教室に通い、大量の宿題に苦しみ続けた。平日は帰宅した深夜にオンライン英会話で、フィリピンや旧ユーゴスラビア諸国の講師たちとしどろもどろの雑談に励んだ。

準備を始めてから二年もかかって、なんとか「ロンドン・スクール・オブ・エコノミクス」（ＬＳＥ）という大学の大学院に籍を得た。「国際移民と公共政策」（International Migration and Public Policy）という名の修士課程コースだった。

ただ、入学のために求められていた英語試験（ＩＥＬＴＳ）の成績は最後まで満たせず、入学前に三カ月間の英語コースの履修を課されることになった。

私が日本を発ったのは二〇一七年六月。会社は二年間休職し、新聞記者から一学生に戻って、ロンドンにやってきた。

＊

はじめに住んだ東ロンドンのベスナルグリーンは、まさに移民の街だった。

東ロンドンは歴史的に南アジア系の移民が多い地区だが、ベスナルグリーンにも大きなバングラデシュ系コミュニティがあった。暮らし始めた小さな学生寮の近所には、野菜や果物、雑貨や民族服を扱う露天のマーケットがあり、羊肉のケバブを売るファストフード店もたくさんあった。よく行く激安スーパーでは、ムスリムの女性たちが目以外を覆う「ニカブ」を着て、普通に買い物カートを押していた。

私がこの寮を選んだ理由は、何よりお金。住居費が高騰するロンドンで、立地の割には家賃が安かったのだ。治安が悪いという評判があるせいかもしれない。しかし私にとっては、誰が移民か、誰が地元生まれか、ぱっと見ただけではわからない混沌とした雰囲気が心地よかった。

無給で金のない私は、ネット取引でぼろい中古自転車を買い、寮から二十分ほどかけて大学へ通った。ロンドンの物価は、デフレの日本から来た私にはかなり高く感じられた。特に外食はちょっと食べたら二千円くらいになるので、とてもできない。ベッドと勉強机、トイレ・シャワー以外何もない四畳半ほどの部屋に住み、激安スーパーで卵と野菜ばかりを買って、共用キッチンで自炊した。

大学院のキャンパスはロンドンの中心部にあった。と言っても、キャンパスの敷地が外界から区切られているわけではなく、大学が街中に所有するいくつかの建物に、講義室や研究室が分散して入っていたため、キャンパスとしての一体感は全くなかった。しかも、メインの建物は数年後のリニューアルオープンに向けた工事中で、きらびやかな完成イメージ図だけを見せられながら、工事の騒音に苦しむ日々だった。

ただ、コースの中身は期待通りに充実していた。

移民について、公共政策、国際政治、グローバル経済、メディア論、ジェンダー学など、いろんな分野から考える講義があった。特に私が関心をもつ「移民の第二世代（セカンドジェネレーション）」に関する分野は、移民の社会統合のうえで重要なポイントだと捉えられていて、豊富なメニューが用意されていた。

目からうろこだったのは、移民という現象を「受け入れ」だけではない、多様な視点から考えたことだ。日本にいて、移民に関する報道に接していると、どうしても「移民を受け入れるか、否か」「どう受け入れるか」という視点でのみ議論をしがちになる。

しかし、国際的な学問の世界では、「移民を送り出す国や地域にどんな影響があるのか」という送り出し側の視点や、「国境を越える移動によって家族内の関係はどう変化するのか」というミクロな視点、「有史以来、人はどのように移動を続けてきたか」というマクロな視点まで、いろんな角度から移民について考える。

多様な視点の根っこにあるのは、かつての植民地主義や、それによってもたらされた経済格差・紛争こそが移民を生んでいるという認識。逃れざるを得ない土地に生まれたことは、その人に何の責任もないと考える、あたりまえのヒューマニズムだった。

私が入ったコースには欧米を中心に世界各地から三十六人の学生が集まり、国際機関やNGOで移民支援の経験をもつクラスメイトも多かった。

ゼミでの議論にはついていくだけで必死だったが、おのおのが現場で培った知見をもち寄り、刺激に満ちていた。日本での移民受け入れの現状は欧米ではほとんど知られていないようで、私が取材してきた話を議論の中で出すと、クラスメイトや教授からも詳細を尋ねる質問がよく返ってきた。

イギリスでの修士課程は基本的に一年間。入学するなり担当教官から「修士論文のテーマは何にする？」と聞かれた。

渡英前から、Ｍｉｎａｍｉこども教室のことをテーマに修論を書きたいと考えていた。ただ、せっかくロンドンに来たのだから、過去の経験を考察するだけではなく、ロンドンでも移民の子どもを支える団体に取材をして、書いてみようと思い立った。

しかし、英語も満足に話せない留学生が、いきなり込み入った取材を支援団体にお願いして受け入れてもらえるのか、自信が全く湧いてこない。

やれることはただ一つ。Ｍｉｎａｍｉこども教室でやったのと同じように、ボランティアとして時間と手間をささげ、信頼を得ることだった。

＊

大学院の授業が始まって二週目の十月二日、ちょうどキャンパスのホールでボランティアフェアが開かれていた。新年度に学生スタッフをリクルートするため、ロンドンで活動するいろんな団体がブースを出していた。

渡りに船だと直感した私は、パンフレットに目を通し、難民の子どもを支援している「ソールズベリーワールド」という団体を見つけた。

とにかく行ってみるしかない。ひるむ気持ちを抑え、団体のブースへ直行した。ちょうど女性スタッフが二人、暇そうに座っていたので、「ボランティアをやってみたいんだけど」と声をかけた。話を聞きに来る学生はたくさんいたのだろう。「じゃあ、ここに名前とメールアドレスを書いて。詳細はメールで送るから」とあっさり言われた。あんまりあっさりだったので不安になり、「だけど、自分は聞いての通り英語があんまり得意じゃなくて、子どもに英語を教えたりできないけど、ほんとに大丈夫？」と、わざわざ尋ねてしまった。

女性スタッフは子どもに言い含めるように、「子どもたちにできることは勉強を教えるだけじゃないよ。一緒に遊んだり、絵を描いたり、話をしたりすることも、大切なサポートになるから大丈夫」と励ましてくれた。

ひとまず安心した私は名簿に連絡先を書き、そそくさと会場を後にした。

そのスタッフからメールがあり、二週間後に面接を受けることになった。ボランティアをするために面接があるというのは驚いた。そのうえメールには「ボランティアの数は、そこそこ足りている」というニュアンスの文言もあった。断られるのではないかと不安で、面接前夜はよく眠れなかった。

当日、午前中から地下鉄を乗り継いで、ソールズベリーワールドの事務所がある小学校へ向かった。ロンドン北西部の「クイーンズパーク」が最寄り駅だ。

その名の通り、学校のそばにはクイーンズパークという緑豊かな公園があった。周辺はロンドンでも指折りの閑静な高級住宅街で、俳優や作家などの有名人も多く住む。駅から公園がある北向きに目抜き通りを歩くと、こぢんまりとしたセンスのよいカフェやパン屋、書店が通りの両側に並んでいた。

一方、駅から南向きに線路を越えると、風景が一変する。

十階建てを超える古めかしい集合住宅が立ち並び、スプレーの落書き（グラフィティ）があちこちにある。ギャングの抗争による発砲事件や薬物犯罪が頻発しているという報道もあり、治安が悪いというイメージのある地区だ。

街を歩く人々の様子も対照的だった。駅北側の地区では白人の中高年世代をよく見かけるのに対し、南側では黒人、ムスリムの若い住民や親子連れとすれ違う。この地区の団地は住宅価格が高騰するロンドンの中では家賃が比較的安く、移民や難民の家族が多く住んでいるという。

線路を挟んだ北と南の格差。この世界を象徴するような街だった。

住民のルーツも、社会的・経済的な階層も、対照的なこの二つの地区から、子どもたちは一つの公立小学校に通っていた。この「ソールズベリー小学校」には、併設する保育園を合わせて約六百人の子どもが在籍し、うち四割ほどが英語以外の母語を話す移民家庭の子だった。その一方、富裕層の白人家庭からも多くの子どもが通っていた。

ボランティア面接の日、クイーンズパーク駅に降り立った私は、こじゃれた店が並ぶ目抜き通りを北へ向かった。五分ほど歩くと、古めかしいレンガ造りの三階建て校舎が見えてきた。

ソールズベリー小学校の開校は一九〇一年。その十数年前にクイーンズパークが整備され、周辺に住む家族が増えたことが設立のきっかけだという。

学校の門にあるインターホンを押し、「ボランティアの面接に来たタローですが」と名乗ると、遠隔操作で鍵が開いた。

狭い校庭はコンクリート敷きで、授業中なのか誰もいない。インターホン越しに「入って左奥へ」と言われた通りに歩いていくと、三階建て校舎の脇に、小さな三角屋根をしたレンガ造りの建物があった。玄関には「ソールズベリーワールド」と書かれた色鮮やかな看板。おそるおそるドアを押して中へ入ろうとすると、突然、大音量のサイレンが鳴り響いた。

何かセキュリティーの手順を踏まずに入ったせいかと、頭が真っ白になった。

中にいた女性に「面接に来たタローですけど……。このサイレンってぼくのせい？」と聞くと、女性は「ああ……」と言って、別の女性に「タローがミスしてサイレンが鳴ったみたい」と言う。

「とりあえず外に出ましょう」と促され、四人の女性スタッフと一緒に校庭へ出ていくと、また驚いた。校舎から続々と子どもたちが出てくるのだ。

「こんな大ごとに……」と絶句する私を見て、女性スタッフがにやにや笑っている。

「大丈夫、大丈夫。これ、避難訓練だから。ごめん、びっくりさせて」

彼女がそう言うのを聞いて、ようやく胸をなで下ろした。本当に偶然、訓練の始まるタイミングで私が事務所へ足を踏み入れたのだった。

きつい冗談で出迎えてくれたその女性は「サラ」と名乗った。表情豊かな目が印象的で、初対面でも朗らかな人柄が伝わってくる。ソールズベリーワールドの代表だった。

避難訓練中の子どもたちは教師からなにやら訓示を聞いていたが、その姿の多様さは壮観だった。白人系、黒人系、南アジア系、東アジア系、スカーフを頭に着けたムスリムの女の子……。いろんなルーツをもつ子どもが数百人も集まっている光景は、この学校の、そしてロンドンの多様性を私に見せつけた。

訓練が終わり、三角屋根の事務所へ戻った私に、イレーナと名乗る別の女性スタッフが「それじゃあ、面接しましょうか」と促した。私がボランティアを申し込んだ「放課後教室」を担当している、背の高い、目元のきりっとした女性だった。

落ち着いて見回した事務所は、一言でいえば狭かった。

入り口の左脇には小さな台所と冷蔵庫、その向かいにおもちゃや文房具をしまった棚がある。さらに奥へ進むと子どもが遊ぶ十畳ほどのスペース。長机を四つ連ねたテーブルが大部分を占め、壁沿いに本棚やおもちゃ箱が並ぶ。

入り口の右脇にあるドアの先には短い廊下が続き、トイレと外遊び道具の倉庫がある。廊下の奥のドアは小学校の校舎へ直接つながっていた。

入り口正面にはロフトへ上がる階段。四畳半ほどのロフトスペースに詰め込んだ三つの机で、スタッフらが事務作業をしていた。

イレーナと私は一階奥のテーブルに向き合って座った。面接の質問は一つだけだった。

「これまでに、子どもと接する仕事やボランティアをしたことはありますか?」

私は前夜から考えてきた、Ｍｉｎａｍｉこども教室での経験、ボランティアへの参加動機を一気に話した。修士論文のことは言わなかった。いきなり取材をお願いして不審がられるのは避けたかったからだ。

イレーナはさすがに普段から難民の子どもと接しているだけあって、しどろもどろの私の英語に一つひとつ大きくうなずきながら、目を見て話を聞いてくれた。それだけでずいぶん落ち着いて話すことができた。

イレーナの英語は明瞭で聞きやすい。なぜだろうと思っていたが、彼女自身もポーランドからイギリスに来た移民だという。英国ネイティブの容赦ない早口英語ほど聞き取りづらいものはない。

私の答えを聞き終わると、イレーナは放課後教室の概要を話し始めた。

月曜から木曜の週四日、学校が終わる午後三時十五分ごろから子どもたちがやってくる。毎日二十人ほどの小学生が参加し、地元住民や学生ら四~五人のボランティアが一緒に遊ぶ。五時前までの活動中は基本的に好きなことをして遊んでいい。月曜だけは学校の宿題をする。

そんな説明の後、イレーナは「もしよかったら、今日からでも来てみない?」と言った。どうやら面接は合格のようだ。緊張の糸が解けた私は「もちろん」とうなずいた。

＊

学校近くの図書館とカフェで四時間ほどつぶし、午後三時すぎに事務所へ戻った。すでに三人のボランティアが来ていた。高齢の女性一人と大学生くらいの女性が二人。

簡単に自己紹介をしていると、子どもたちが学校につながるドアから「ハーイ」と言いながら次々に入ってきた。イレーナが一人ひとりの名前を呼んで出迎える。

子どもたちのルーツはアフリカ系、アラブ系、東欧系と多彩で、ヘッドスカーフを着けたムスリムの女の子も何人かいた。

テーブルの上にはボランティアが用意したパンときゅうり、ひよこ豆をペースト状にしたフムスが並び、子どもたちが次々と手に取って食べ始める。

おやつにはリンゴやバナナが出る日もあったが、きゅうりもイギリスではフルーツ扱いのようで、フムスをつけて食べるのが子どもたちの大好物だった。子どもとイレーナとの間で「きゅうりはいくつ食べていいの?」「三本まで」、「じゃあパンは何個まで?」「二つまで」という質疑がくり返される。

二年生の男の子が私にも「きゅうりはいくつ?」と聞いてきた。

恥ずかしながら私はこの時、きゅうり=cucumber(キュウカンバー)という英単語を知らなかった。中学、高校で習った記憶はないし、大学院での勉強にも全然出てこないのだからしょうがない。思わず「きゅうかんばー?」と聞き返すと、「これのことだよ! cucumber 知らないの?」と子どもたちに笑われた。

一事が万事、そんな有り様だった。ボランティアとはいうものの、英語での日常会話はロンドン育ちの子どもたちの方がずっとうまい。生活習慣や遊び方も含め、子どもから教わることがたくさんある。Ｍｉｎａｍｉこども教室でのように、「先生」っぽく何かを教える機会はほとんどない。当然、子どもたちは私をナメてかかる。

高学年の男の子たちはいかにもヤンチャそうな雰囲気だ。大人びた口調で「名前は？」「どこから来たの？」「サッカーできる？」と矢継ぎ早に尋ねてくる。

好き勝手におしゃべりする子どもたちの騒がしさが頂点に達したところで、イレーナが「静かに！」と一喝し、出席をとり始めた。

一人ひとりの名前も、私がそれまでに聞いたことがない多様な音をしていた。だから、しばらくは覚えるのに苦労した。顔見知りになった子の名前を小さな紙片にカタカナで書きつけて、常にポケットに入れ、こまめにカンニングしながら名前を呼んだ。名前を間違えると、子どもはとても寂しそうな顔をするのだ。

出席をとり終えると、保護者が迎えに来る午後五時前までは自由時間だ。

外遊びの人気はサッカー、ローラースケート、スケボー、キックボード、縄跳び、テニスあたりで、小学校の狭い校庭の半分ほどを借りて遊ぶ。室内遊びはお絵かきや絵本、ブロックやボードゲームが主流。事務所の中と外を好き勝手に動き回る子どもたちを、ボランティアが柔軟にサポートしてまわる。

高学年の男の子たちがさっそく「タロー、サッカーしようよ」と声をかけてくれたので、仲間に入れてもらった。私の背丈より高い柵に囲まれた小さなサッカーコートは事務所の目の前にあり、いつも子どもの姿がある人気種目だった。

プレー中、子どもたちの早口な英語が聞き取れないことも多々あった。けれどもそこはスポーツのよいところで、ゴールを決めた子とハイタッチしたり、ボールの取り合いで相手を押してしまった子にファウルをとったり、遠慮がちな子に意識的にパスを回したりしているうち、彼らとの距離はぐっと縮まっていった。

中でもとびきりサッカーのうまいカミロという男の子が休憩中、私に「Where are you from?（どこから来たの？）」と聞いてきた。「日本だよ」と答えると、「中国人にも似てるよね」という。

子どもたちには、東アジア系といえばまず中国人というイメージがあるらしく、その後もよく「タローは中国から来たの？」と聞かれた。ロンドンで見かける中国系の人々の多さを考えれば無理もない。「ジャパン」という国の存在すら知らない子もいた。

私がカミロに「中国は隣の国だからね。中国人の友達もいるの？」と聞くと、「いないけど、前にも同じようなことがあって、『Are you Chinese?（中国人？）』って聞いたら違ってたから、『Where are you from?』って聞くようにしてるんだ」という。

相手の出身やルーツに関する質問は、多様な人々が集まるロンドンではとても気を遣うコミュニケーションになる。この街で育つ子どもたちは、小学生のころからそのセンスを養っているんだなと感心した。

その日一緒にサッカーをした子だけを見ても、アフリカ系、アラブ系、東欧系といろんなルーツの子どもたちがいた。だけど、一時間余り一緒に遊んでいるうちに、子どもたちの「人種」や「民族」への意識は、私の頭の中で後景に退いていった。

代わって意識の前景にせり出してくるのは、「活発な子」「ひょうきんな子」「引っ込み思案な子」「コミュニケーションの苦手な子」という、一人ひとりの人柄だった。一緒に遊んで人柄を知るうちに、外見に基づく偏見から人を判断してしまう無意識の思い込みが塗り替えられていく。不思議な感覚だった。

子どもたちもルーツにかかわらず気の合う者どうしで徒党を組み、しょっちゅうケンカをしては、けろっと仲直りしている。

ある人を、その「人種」や「民族」によって認識するのではなく、個々人の「人柄」によって認識する感覚を、この教室の子どもたちは日常の関わり合いから磨いているのかもしれない――。

子どもたちを見送り、遊び道具を倉庫に片付けながら、そんなことを考えていた。

ソールズベリーワールドでの一年四カ月にわたるボランティア生活は、こうして始まった。

二．ソールズベリーワールドができるまで

ソールズベリーワールドの活動が始まったのは一九九九年にさかのぼる。きっかけとなったのは「コソボ紛争」だ。

コソボ紛争は、ヨーロッパ南東部にあった多民族国家・旧ユーゴスラビア連邦で起きた。連邦を構成するセルビア共和国の中にあった「コソボ自治州」で、独立を求めるアルバニア系住民とセルビア政府当局との間に生じた武力衝突が発端だ。

一九九九年、米国を中心としたＮＡＴＯは「アルバニア系住民への人権抑圧に対処するための人道的介入」として、セルビアの軍事施設やインフラを空爆。これに対して、セルビア政府の治安部隊はアルバニア系組織の掃討を強め、難民となった数十万人のアルバニア系住民が国外へ逃れた〔1〕。

イギリスも難民らの目的地の一つだった。

ソールズベリー小学校の五十メートルほど北にあるホステルは当時、コソボ難民に提供する仮設住宅として使われた。そして、ホステルに身を寄せた難民家族の子どもたちが、

続々と小学校に入ってきた。

仮設住宅となったホステルで過ごす期間は数週間から数年間まで、家族によってまちまちだった。英語を話せず、イギリス文化になじみのない子が次々に転入してきては転出していき、小学校は大混乱に陥った。

一九八九年からソールズベリー小学校で働いていた元教師のジェニーによると、それまでも学校内は白人、黒人、アジア系の家庭の子どもたちが入り交じる環境だったが、難民家庭の流入で状況は一変したという。

「子どもたちのほとんどは紛争のせいでしばらく学校に通えていなかった。ようやくロンドンにたどり着いて、全く新しい環境に何とか適応しようと苦しんでいた。このころは教師にとっても難しい環境だったよ。私が担任していたクラスにも転入してくる子がたくさんいて、いつ新しい子がクラスに入ったのかわからない時さえあった。そして、ホステルでの一時滞在を終えたら、突然転出していくんだ」

当時十歳の少女だったエリラは一九九九年四月、コソボの紛争を逃れて、ロンドンにたどり着いた。政府からはこのホステルの一部屋が住居として割り当てられ、両親と三人で一年間暮らした。トイレとシャワーは共同で、「住む場所としては、かなり大変だった」とふり返る。

エリラはソールズベリー小学校に転入した。コソボのアルバニア系住民だったエリラは当時、英語が全く話せなかった。

「みんなの話す言葉がわからなくて、友達もなかなかできなかった。文化の違いにもすごくとまどった。ロンドンに来た最初の六カ月はほんとにしんどい時期だった」

エリラが転入してから数週間後、小学校の中に「ソールズベリーワールド」という名の放課後教室ができた。

教室の立ち上げを推し進めたのは、当時の校長だった。とめどなく増え続ける難民家庭に対応するには、通常の教育課程の外で子どもを支える必要があると考えたのだ。その経緯は、島之内に増え続ける移民家庭の支えのため、小学校長が立ち上げのきっかけをつくったMinamiこども教室とよく似ている。

ソールズベリーワールドの活動は、放課後に校内の小さな教室を使って、英語を学んだり、一緒にボードゲームをしたり、おやつを食べたりするところから始まった。

校長はさらに、宝くじ財団から助成金を得ることに成功した。ソールズベリーワールドを学校から独立した団体にするため、助成金を元手に専従スタッフを二人雇った。活動場所として、学校の敷地の隅で廃墟のようになっていたレンガ造りの建物を改修し、事務所を置いた。今も使っている三角屋根の建物だ。

そうしてできたばかりの放課後教室に、コソボ難民のエリラも担任の先生に勧められて参加した。

まだ学校になじめていなかったこの時期、放課後教室で過ごす時間だけはほっと一息つけたという。特に、自分と同じくコソボから来た女の子とアルバニア語で存分に話せることがうれしかったそうだ。教室のスタッフからは毎日、英語の基礎を教わり、お絵かきや外遊びを一緒に楽しんだ。自分の好きな写真を撮るフォトセッションや、市内の美術館見学も心に残っている。

「今ふり返ると、そのころの私は紛争から逃れてきたばかりで、深いトラウマを抱えた精神状態だったんだと思う。だから、同じ境遇の友達や支えてくれる大人と出会って、自分は独りじゃないと思えたことが、すごく大きかった。私が学校やイギリス社会になじんでいくために、教室は必要な場所だった」

エリラの両親も日常生活での困り事があるたび、事務所を訪れてスタッフに尋ねた。仮住まいだったホステルを出る際には、公営住宅への応募をスタッフが手伝った。エリラ一家の難民申請は一度却下され、強制送還されそうになったが、ソールズベリーワールドが内務省に対して異議申立のキャンペーンを張り、無事に難民認定が得られたという。

エリラはその後、大学で法律を学び、ロンドンの国際金融街シティで、法律家をリクルートする企業の社員として働き始めた。

私はソールズベリーワールド代表のサラに頼んで、教室の歴史を知る卒業生としてエリラを紹介してもらった。

月曜の午後六時半、シティの端にあるこじゃれたカフェでエリラと待ち合わせた。時間通りに店に来た二十九歳のエリラは、金融街の雰囲気に全く違和感のないパリッとした服装と物腰で席に着くと、幼いころの記憶を丁寧にふり返ってくれた。

話す英語もネイティブと区別がつかないほど完璧な発音だった。

彼女にそう伝えると、「子どものころはすごく強いアルバニア語のアクセントがあったんだけどどね。イングランドの社会に溶け込むために、半ば意識的にポッシュな（上流階級っぽい）アクセントを使うようになった。シティでの仕事で出会う人ってだいたい白人の男性で、名門の私立学校出身の人ばっかりだから」と笑った。

「この街で働き始めたころはすごく違和感があった。それまで私の周りにいた友達はみんなルーツが多様で、イギリス生まれの人ばかりに囲まれて過ごすことなんてなかったから。たぶん今、私は完全にこの国に溶け込んでて、ほとんどの人は私をイギリス人だと思うだろうけど、今でも自分が移民、難民だって感覚は強くもってる。それは私のアイデンティティの大切な一部だし、絶対になくしたくないから」

エリラとソールズベリーワールドのゆかりは長く深い。大学生のころは放課後教室でボランティアをして、仕事を始めてからは団体の理事を担う。自身が小学生のころに世話になった教室スタッフとは、ずっと連絡を取り合う関係だという。

「ソールズベリーワールドがなかったら、私はここにいなかったと思う。ロンドンに来てからの人生の大きな柱で、一番大変な時期に私が前へ進めるよう後押しをしてくれた。私の生まれ故郷では地域のコミュニティが密接だったけど、イングランドってみんなすごく個人主義的なところがあるでしょう。だから、ロンドンでこのコミュニティに出会えたことで、ホームシックにならずに済んだんだと思う。いつも支援のネットワークの中にいるっていう安心感があったから、私は前に進むことができた」

＊

ソールズベリーワールドは、地域に急増した難民家庭に対する、緊急の支えとして立ち上がった。その活動を広げ、長年にわたって中心を担ってきたのが、二代目の代表であるサラだ。

サラは毎朝、年季の入ったブロンプトンの折りたたみ自転車で事務所へやって来る。いつも忙しそうに、事務所二階の狭いデスクでパソコンに向かっている。ボランティアが少ない日は放課後教室にも参加するが、子どもたちは彼女が大好きで、「ねえ、サラ！」と次々に声がかかる。

サラは冗談を交えながら子ども一人ひとりに声をかけ、一緒になって笑う。いつも朗らかだが、子どもがわざとルールを破ったり、友達にいじわるをしたりした時だけは、腹から響く太い声で威厳をもって叱る。

二十年以上にわたって難民支援に携わってきたサラのもとには、難民たちがひっきりなしに相談に訪れる。私が放課後教室で子どもと遊んでいても、親たちやその紹介を受けた人々が「サラいる？」としばしば訪ねてきた。

団体の運営を統括するのもサラの役割だった。

年間予算は日本円にして約四千万円。大半を賄うのが、民間財団からの助成金だった。イギリスでは大規模な民間財団が広く寄付金を集め、中小の慈善団体を助成する仕組みが整っていた。ソールズベリーワールドも、コメディーの脚本家らが設立した「コミック・リリーフ」や公共放送ＢＢＣの「チルドレン・イン・ニード」といった財団から、大きな助成金を受けていた。

その予算で有償スタッフを十人ほど雇い、難民の生活相談を担う。ボランティアも約百人を確保し、放課後教室に加えて、周辺の中学校での学習支援などにも活動の幅を広げていた。

だから、サラはいつも忙しい。助成金は期間が一〜二年のものが多く、応募のために毎年、大量の申請書類を用意しなければならない。必ず助成対象に選ばれるわけでもないから、いくつも応募をする必要がある。

かつて助成金がとれず、資金不足で閉鎖寸前まで追い込まれた年があったそうだ。苦肉の策で、小学校の運動場に大きな樽を置いて募金を呼びかけ、児童の親や地域住民からの寄付でなんとか持ちこたえたという。

とにかく多忙な業務の合間をぬって、二階の狭い事務スペースでサラから話を聞かせてもらう機会が何度かあった。

スコットランド出身のサラは、もともと小学校の教師だった。一九九〇年、教師になって初めて勤めた小学校は、東ロンドンのホワイトチャペルにあった。

ホワイトチャペルは十九世紀からユダヤ系の住民が集まって暮らした地域だ。一八八八年に「切り裂きジャック」による連続殺人事件が起きたことでも知られる貧民街だった。私が住んだ寮に隣り合う地区でもあり、よく路上マーケットへ買い物に出かけたが、現在はムスリムの住民が多く暮らしている。

ホワイトチャペルを含む東ロンドンでは一九七〇年代以降、大英帝国領だったバングラデシュからの移民が急増した。サラが小学校で初めて担任したクラスの児童三十人のうち、一人を除く全員がバングラデシュ系移民の子だったという。学校全体でも九割ほどを占め、十年以上イギリスに住んでいる家庭はわずかだったそうだ。

そんな環境で移民の子どもと接するうちサラが興味をもったのは、地域のコミュニティがもっている力だった。

「移民家庭はどこも経済的に厳しい状況におかれていて、学校ができることには限界があった。だから教室の中での勉強よりも、地域のコミュニティにこそ、子どもの人生に強いインパクトを与える力があるんじゃないかと思ったんだよね。私もまだ二十代でナイーブだったから、自分は別に校長なんかになりたいわけじゃなくて、もっと広い問題に関わりたいんだって考えるようになった」

ホワイトチャペルの小学校に四年間勤めた後、サラはいくつかの学校で移民の子どもの英語学習を支援する教員として働いた。さらに、自分がいったい何のために働いていくのかを考えようと、南米チリに渡った。

チリで数年間、学校教員や教育コンサルタントとして働いたサラは、二〇〇二年、ロンドンに戻った。頭にあったのは、「アドボカシーに焦点を置いた活動をする」という思いだった。アドボカシーとは「権利擁護」を意味し、権利を侵害されている人、弱い立場に置かれた人を支え、一緒に声をあげていく活動を指す。

サラはまず全国規模の難民支援団体でボランティアをしながら、かつて勤めたホワイトチャペルの小学校で補助教員として働いた。

そして二〇〇三年、ちょうど前任の代表が辞めることになったソールズベリーワールドで、二代目の代表に就いた。

＊

六歳のころから放課後教室に通った大学生のヤスミンは、サラのことを「人生のメンター（相談者）」だと言う。

「私が何か問題を抱えている時、サラはいつも助けてくれた。そして、背中を押してくれた。ほんとに大切な存在」。ヤスミンはそう話していた。

彼女の両親は、一九八〇年代末から内戦が続く東アフリカ・ソマリアの出身だ。父親は一九九三年に内戦を逃れ、難民としてロンドンにたどり着いた。同じくソマリア出身の母親と出会い、長女のヤスミンが生まれた。

一家とソールズベリーワールドとの出会いは、ヤスミンがソールズベリー小学校併設の保育園に入ったことがきっかけだ。生活の困り事を抱える両親は、たびたびソールズベリーワールドに相談するようになった。

小学生になったヤスミンに、母親は「放課後教室があるみたいだけど、行きたい？」と尋ねた。弟がまだ赤ん坊で遊び相手のいなかったヤスミンは、「え！　何それ！　楽しそう！　ぜったい行きたい！」と即答したそうだ。

今の姿からは想像もできないのだが、幼いころのヤスミンは無口だったという。

そのころはまだ、一家がイギリスで暮らし始めて数年目。家では互いにソマリ語で会話をしていた。保育園では英語を使うのだが、保育士からも「ヤスミンはなぜか園で話をしようとしない」と言われていた。ヤスミンは「たぶん、家の中と外で全然違う言葉が使われていることに混乱してたんだと思う」とふり返る。

小学校に入るころにはすっかり英語になじんだが、今度は両親のために英語の通訳をすることが重荷になったという。母親は持病があって病院通いをしていたが、いつもヤスミンが同行して通訳を担った。学校からのお便りや家に届いた行政書類を翻訳するのも彼女の仕事だった。

学校の参観日にも苦い思い出がある。母親が来てくれたのだが、先生の話す英語がわからない。

「先生が『この子はすばらしいですよ！』ってほめてくれても、ママにはわからない。子ども心に悲しかったなあ。もちろんママもがんばってくれてることは、よくわかってたんだけど」

ちなみにヤスミンは、妹や弟とは家でもずっと英語で会話をしてきた。家の中は英語とソマリ語がミックスされた状態だ。両親とたくさん会話してきたヤスミンはソマリ語を完璧に使えるが、英語で話す姉や兄がいた一番下の妹はソマリ語が得意ではない。母親は「あんたのソマリ語はすっかり変になっちゃった」と嘆いたそうだ。

ともかく、放課後教室に通いはじめた小学一年生のヤスミンはすでに、よくしゃべる、活発な女の子だったという。いつも事務所の本棚に並ぶ児童書の中から、サラお薦めの一冊を借りて帰って読んだ。サラがふり返る。

「ヤスミンはいつも放課後教室に一番乗りしたがって、学校から急いで事務所に来るんだよね。それでまだ他の子が来てないのを確認すると『わたしが一番！　わたしが一番！』って言ってまわって、かわいかったねえ。どんなことにも自分の意見を言おうとして、なかなかしゃべるのをやめない。子どもたちに用事をお願いしたら、全部ヤスミンがやりたがるんだ」

ヤスミンが「教室での一番の思い出」だと語るのが、あるスタッフの送別ビデオを作ったことだ。

お世話になった放課後教室の担当スタッフが辞める際、小学生だったヤスミンは「お別れのビデオを作ろう」と思い立った。まだカメラ付きスマホもない時代。サラに「ビデオカメラ持ってない？」と尋ねて教室のカメラを借りると、他のスタッフや子どもたちにインタビューをして回り、お別れのメッセージを撮りためた。さらには事務所のパソコンで動画編集ソフトの使い方を教わり、自分で編集したメッセージビデオを作って贈った。

「もし放課後教室がなかったら、そんなこと絶対経験できないでしょ。学校では、やらせてもらえることに限度があるけど、ここではそれ以上にいろんな挑戦をさせてもらえる。子どもたちがクリエイティブな感覚を広げるために、すごく大事だと思うな」

そんなヤスミンにも、放課後教室へ行くことが嫌になる時期があったという。

「放課後教室に行くってことは、つまり難民の子どもだっていうことじゃない。だけど、私には『自分は難民じゃない』という思いもあった。どういうことかわかる？　私はこの国で生まれて、ずっと同じ家に住んできた。私の故郷はロンドンで、どこへも逃げてない。なのになんで難民、難民って言われなきゃいけないの？　子ども心にそう思ってた」

特に憂鬱だったのは、小学校の教室でソールズベリーワールドに関するお便りを受け取るとき。放課後教室に通う子だけにお便りが配られるため、他の子が「なんで手紙もらってるの？」と聞いてくるのだ。

「子どもの心理としては、他の子たちと違うってこと自体が嫌だし、それで他人の注意を引きたくない。ただ他の子と同じでいたいって思うもんでしょ」

その気持ちはどうやって乗り越えたの？、と私が尋ねると、ヤスミンは少し考えて、「それでもやっぱり、放課後教室に行き続けたからかな」と言った。

「ここではいつも、それぞれ違う場所から来た子たちと会えるでしょう。それで、同じおやつを食べて、同じ遊びをして、自分はみんなと同じ子どもなんだって気持ちになれる。それに、スタッフたちは私のルーツを大事にしてくれて、自分に自信がもてるようになる。そのうちに、私の両親がいろんな事情を抱えて故郷を離れたことは何にも悪いことじゃない、ってことが理解できるようになってきたのかな。両親が歩んできた歴史の上に、私はイギリス人で、ソマリ人で、ムスリムで、黒人でっていう、いくつものアイデンティティを生きられているわけだから」

ヤスミンは中学校へ上がって放課後教室を卒業した後も、しょっちゅう事務所に顔を出し、教室を手伝ったり、サラにスペイン語を教わったりしていた。

大学進学の際には、サラのアドバイスが大きな支えになったという。ヤスミンはきょうだいで一番年上のため、両親がまだイギリスの教育制度をよく知らなかった。彼女はどの専攻を選ぶか悩み抜き、サラの勧めで一年浪人して、ロンドンにある大学で法律を学び始めた。

そしてサラに声をかけられ、ソールズベリーワールドで相談員として働くようになった。社会保障、税金、住宅、子どもの教育と、難民が直面するさまざまな相談が持ち込まれる。法律をまなぶ学生として力になれることがあるし、ソマリ語が自由に話せることで通訳も担える。

「相談に来る人は、事務所に私がいるだけでも喜んでくれる。同じソマリ人だったり、ヘッドスカーフをしたムスリムだったり、肌の色が黒いっていうことで、『ああ、ここにはそういう相談員もいるんだ』って安心してもらえるんだよね」

私が放課後教室に通う間も、ヤスミンが相談に対応している姿をよく見かけた。英語とソマリ語を使い分け、てきぱきと受け答えをする姿は、とても二十歳には見えなかった。

放課後教室にも時々、手伝いで参加してくれることがあった。さすがは卒業生、細かいところにもよく気がついて、おやつの皿を並べたり、子どもの遊び道具を出したりと、さりげなく大切なサポートをしてくれる。

子どもたちにとっては、昔からなじみのあるお姉さんだ。自分と同じ難民という背景をもった人が、大学生になって目の前にいることは、この上ないロールモデルになるだろう。そんなヤスミンを、サラは十数年にわたって見守ってきた。

「こうしてヤスミンが今もつながっているのは、すばらしいこと。みんながみんな、そうはいかない。人生の状況は変わるし、ここから引っ越していく家族も多い。だからこんなにも長い間つながってくれているのは、奇跡みたいなことだよね。彼女がこれまでどんな課題に直面して、それをどう乗り越えて成長してきたか、それがどれだけすごいことかを、私たちは知ってるわけだから」

ヤスミンへのインタビューの最後にやっぱり、「自分にとってソールズベリーワールドとは？」というベタな質問をしてみた。

ヤスミンは少し悩んで、「私の人生をoverarchingする存在で、なかなか一言では言い表せないな」と答えた。overarchingとは、アーチのように全体に影響を及ぼす、という意味の言葉だ。

「幼いころはとにかく楽しい場所だったし、勉強や進路で悩む時はメンターになってくれたし。今は雇用主でもあるしね」

そう言って笑うと、付け加えた。

「今ここで相談員として働いている一番のモチベーションは、私自身のコミュニティを少しでも助けたいっていうこと。コミュニティっていうのはソマリア系の人だけじゃなくて、ソールズベリーワールドに集まるみんなのことね。この辺りを歩いてると、いろんな人が『ハイ、ヤスミン』って声をかけてくれるんだよ。みんな私を子どものころから知ってて、事務所へ相談に来た人もいる。そうやって私のことを知ってくれてる人たち、私が知ってる人たちを少しでも支えたい。それはこのコミュニティへのお返しのつもりだけど、今まで与えてもらった分はとても返しきれないかな」

ヤスミンは「返しきれない」と言うが、彼女の存在そのものが、ソールズベリーワールドの二十年余りにわたる活動の結晶であるように、私には思えた。

三．教室につながる子どもたち

ソールズベリーワールドで私は週一回から二回、放課後教室のボランティアに通うようになった。

そこにはＭｉｎａｍｉこども教室にも増して、多様な子どもたちが集まっていた。子どものルーツはアフリカや中東が多く、東欧から来た家族もあった。英語の会話には不自由のない子が多かったが、イギリスに逃れてきたばかりで、母語とわずかな英単語でしかコミュニケーションがとれない子もいた。

ただ、「難民」という背景事情があるため、教室では個人情報の扱いが厳しく、子どものルーツがどの国にあるのかなど、個別の事情がボランティアに知らされることはほとんどなかった。子どもや親との会話の中で、思いがけず知ることがたまにある程度だった。

だからなおさら、私の記憶に残るのは子どものルーツや家庭の背景よりも、その子の人柄なのだ。今でも子どもの名前を口にすると、その子の表情や声や性格、交わしたコミュニケーションの数々が、鮮やかによみがえってくる。

一年生のウマルは放課後教室に通い始めたころ、とても引っ込み思案だった。外遊びにも入っていけず、「おうちに帰りたい」と泣いた。お漏らしをして、号泣してしまったこともあった。それでも、クレヨンを手渡して好きな絵を描いてもらったり、外に連れ出してボールを穏やかに蹴り合ったりしていると、少しずつ心を開くようになった。

翌年、弟のザヒドが小学校に入ると、ウマルはいつもザヒドを引き連れて遊んだ。好きな恐竜の絵を描いてあげたり、サッカーボールの蹴り方を教えたり、兄貴たらんとする姿がほほえましかった。迎えに来る父親に二人の教室での活発な様子を伝えると、心の底からうれしそうに握手をしてくれた。

アミール、ハリール、ナシールの高学年男子三人組はサッカー好きで、気のいいやつらだった。大人びた冗談をふっかけてきたり、英語が理解できない私を慮ってくれたり、互いにまるで同年代かのような目線で接していた。

　三人組とはよく、校庭の隅の小さなコートでサッカーをした。はじめは楽しく遊ぶのだが、だんだんヒートアップして、毎回のごとくラフプレーと口論の応酬になってしまう。私は仲裁しようと努めるのだが、大学院で使うような小難しい英語ではなく、子どもを諭すのにふさわしい簡潔な英語で話すのは結構難しい。しどろもどろになってしまい、いつしか「タローには訴えても無駄だな」と諦められてしまった。

　にぎやかな子が多勢を占めるなか、物静かな眼鏡男子のライアンはいつも部屋の隅で分厚い本を読んでいた。ほとんどボランティアの手を煩わせることがないものだから、ついつい放置してしまう。だから私は意識して、彼の帰り際に「ライアンまたね」と声をかけていた。その瞬間に見せる笑顔は子どもらしく屈託なく、「来週こそは一緒に何か話をしよう」と誓ったものだ。

　五年生のラウダ、三年生のリーム、一年生のラティーファの三姉妹も思い出深い。しっかり者の長女ラウダは、男子と一緒にサッカーで遊び、けんかが起きても一人冷静に振舞っていた。次女リームは大人から可愛がられる要領の良さがあった。私もよくローラースケートの補助を頼まれて、手をつないで校庭をゆっくり歩いた。末っ子のラティーファはとにかく甘えん坊。大人にかまってもらえないとダダをこねて大変だった。けれども、こちらが何かをしてあげた時には「タンキュー」とつぶやく。それがかわいくて、また甘やかしてしまう。

母親のナハラは末っ子が一年生に上がってしばらくすると、教室のボランティアに加わった。午前中はオフィス清掃の仕事へ行き、午後から教室に来る。活動の合間に立ち話で聞くと、彼女は二〇〇一年、難民としてサウジアラビアからロンドンに来たという。だから、三姉妹はみんなロンドン生まれだ。私が子どもの背景を知ることになった、まれなケースだった。

＊

出会った子どもたちの中で一番の仲良しになれたのが、一年生のカリムだった。両親はイラン難民で、カリムはロンドン生まれ。黒い巻き毛と大きな目が印象的な、細身で色白のおっとりした男の子だった。

教室には週三日来ていたが、静かであまり目立たない。私がボランティアを始めてから四カ月目、初めて「タロー」と話しかけてきた。

何かと思って聞いてみると、「日曜日に魚がどうのこうの……」と言うのだが、聞き取れなかった。情けない話だが、幼い子どもは口をあまり動かさずにムニャムニャしゃべるうえ、突拍子もない発言で文脈が読みづらく、私にとってはリスニング難度が高いのだ。

カリムは細くてかわいい声で話すので、一生懸命聴こうとするものの、なんとなくしか内容がわからない。とにかく大きくうなずき、傾聴の姿勢を取ることだけが、私にできるコミュニケーションだった。

何はともあれ、カリムも「タローは話を聞いてくれるやつだ」と認識したらしい。いきなり「ハイド&シークをやろう！」と誘ってきた。一瞬、何のことかと思考停止したが、「hide＝隠れる」「seek＝探す」と直訳し、「かくれんぼ」だと理解した。

非言語コミュニケーションとなれば、こちらのものだ。全身全霊でオニとなり、柱の陰から丸見えのカリムを、なかなか見つからないふりをして探し回り、必死で走るふりをして追いかけ回した。「きゃっきゃ」と笑いながら逃げるカリムを見ていると、日々の生活のあらゆる悩みが吹き飛ぶ気がした。

我々のハイド&シークを端で眺めていたイレーナからも「カリム楽しそうだったね。タローも同じくらい楽しそうだったけどね」とお褒めの言葉をいただいた。

その日から急速に、カリムは私に心を開くようになった。

放課後、教室に入ってきたカリムを、私が「ハイ、カリム」と言って出迎えると、「ハイ、タロー」とささやくような返事がある。そしていつも、学校や家であったことを話してくれる。私の英語リスニングの大変よい訓練にもなった。

外遊びの時間になると、「タロー、サッカーしよう！」「やっぱりテニスをしよう！」と誘ってくれる。英国流の遊び方も教わった。じゃんけんは「rock（石）、paper（紙）、scissors（はさみ）！」のかけ声で。「ダック・ダック・グース」という遊びはルールが難解だったが、日本の「ハンカチ落とし」みたいなものだと何とか理解できた。

夕方五時になってカリムを迎えに来るのはいつも、父親のアッバスさんだった。口ひげをたっぷりたくわえ、恰幅のいいおじさんだと思ったが、聞けば私と同世代だという。

いつもカリムを見送る私の顔を覚えたようで、親しく話しかけてくれるようになった。私が「カリムは今日、魚の絵を描いたんだ」とか「上手に紙飛行機を作って飛ばしたんだ」と報告すると、うれしそうに顔をほころばせる。

帰り際にゆっくり立ち話をすることも、何度かあった。

カリムの両親は二〇〇九年、イランからイギリスへ来て、難民申請をしたという。アッバスさんは機械工学を勉強する学生で、妻は看護師だった。二年近くかかって難民認定を得たあと、カリムを授かった。

カリムはソールズベリー小学校併設の保育園に入り、小学校に上がるタイミングで勧められて、放課後教室に来るようになった。

「息子を別の体操クラブにも通わせようとしたんだけど、『楽しくない』と言うからあきらめた。放課後教室のほうは二〜三回来てみたら、家ですごく楽しそうに話をするから、通わせることにしたんだ」

アッバスさんはＩＴ関係の仕事が忙しく、母親はまだ幼い弟の育児で手いっぱい。家族で出かける機会は少なく、「ここでいろんな経験をさせてもらえることは、ほんとうに助かる」と言っていた。ソールズベリーワールドが企画した夏休みの乗馬体験は、カリムにとって一番の思い出だという。

カリムは保育園に通い始めたころ、英語がほとんど話せなかったそうだ。両親は当時まだ英語が得意ではなく、家ではペルシャ語だけで育ててきた。小学校に上がっても英語で苦労することが多く、アッバスさんは放課後教室での英語教育の効果にも期待していた。

「学校では自分で話すより、先生の話を聞くことのほうが多いだろう。だけど、この教室ではもっと双方向の会話ができる。カリム自身が英語で自由に話しかけて、じっくり聞いてくれる大人がいる」

英語力を鍛えてもらっているのは実は私のほうだったが、それは言わずにおいた。

ただ、アッバスさんも心配していたのだが、カリムは感情がやや不安定で、自分をうまく抑えられないことが時々あった。

他の子とスケボーやテニスラケットの取り合いになると、大人が説得してもなかなか譲り合えず、最後にはすねてしまう。他の子に話しかける時にも、すぐにふざけて悪口を言ってしまう。

ある時には、他の子が持っているボールを奪おうとして、ちょっかいを出しに行った。

すげなく拒否され、私が「別のボールで遊ぼう。ひとが遊んでるボールを取るのはだめだよ」と諭すと、「ああ!」と大声を出して座り込んでしまった。しばらくそばに付いていると、機嫌を直して遊び始めるのだが、そんな感情の不安定さは時々顔を出した。

しかしだからこそ、放課後教室のような場所がカリムには必要なんだと、私には感じられた。言葉で十分なコミュニケーションが取れず、友達とうまく付き合えない。両親は仕事や育児で忙しく、生活も決して楽ではない。

そのうえ、カリムの一家は英国内のイラン人コミュニティと交流を断っていた。父アッバスさんは「イランの政権は本当に恐ろしい。イランからの移民の中にスパイが紛れていることもあり得る」と真剣な面持ちで口にしていた。カリムが両親や教師以外の大人と接する機会は、ほとんどなかった。

だからこそ、カリムにとって自分を無条件に受け入れてくれる家庭以外の場所は、大きな意味をもっていたはずだ。トラブルを抱えながらも、カリムは教室の子どもたち、大人たちと何とか関係を築くために幼いなりの努力をしていた。

お迎えの時間、その姿を垣間見るアッバスさんは言っていた。

「この子はここで、いろんなルーツをもった子たちと一緒になって遊んでいるだろ。私は決してレイシスト(人種差別主義者)じゃないんだけど、イランには黒人がほとんどいなかったから、ロンドンに来て初めて黒人の男性から話しかけられた時は、正直言って怖かった。だけど、この子にとったら、黒人、白人、アジア人、イギリス人、そんなことは何も関係ないんだろうなと思う。いろんな人が集まるこの教室で、息子がそんな経験をしていることが、私にはすごくうれしいんだ」

そして、私の方を見て続けた。

「例えば、あんたの存在もそうだよ。日本から来たあんたが一緒に遊んでくれることで、この子の考え方や振る舞いにいろんな影響がある。その中で成長していくことが、きっと大切なんだ」

アッバスさんはそう言って、感謝を口にした。

＊

だが、感謝をしているのは私の方だった。

大学院での勉強はつらく厳しく、放課後にソールズベリーワールドへ行って子どもたちと遊ぶことで、なんとか精神のバランスを保っていた。

英語の苦手な私にとって、修士課程は高すぎるハードルだった。毎週、信じられない量の本や論文を読むことが課せられ、電子辞書を片手にひたすらページをめくり続ける日々。講義は流れるような速度で進むため、一番前に座って録音し、後で聞き直さないとノートすら取れない。ゼミでの議論は目まぐるしく論点が移りゆき、自分の意見を頭の中で組み立てるうち、口を挟む機会を失ってしまう。

文字どおり起きてから寝るまで勉強するのだが、一向に達成感を得られない日々に疲れ果てていた。

イギリス社会で東アジア系の移民として暮らし、自分自身が排外的な言動を浴びることもあった。

郊外の公園を歩いていると、遠くから中学生くらいの集団に「チャイニーズ？ ニーハオ！」とからかわれたことがあった。下町にあるパブの外テーブルで飲んでいて、通り過ぎる車から足元に卵を投げつけられたこともあった。パブのカウンターで店員が（おそらくあえて）注文を聞きにきてくれない、というようなことは結構あった。

もちろん言語の問題もあったのだが、民族的マイノリティとして生活する閉塞感を生まれて初めて味わった。

二年という期限付きで自ら望んで移住したわけだから、Ｍｉｎａｍｉこども教室の子どもたちの気持ちがわかったなどとは、とても言えない。ただ、自分の意思とは関係なしにマイノリティの立場に置かれた子どもたちのしんどさが、簡単には共感などできないほど重いということだけは肝に銘じた。

ロンドンに移り住み、大学院での勉強の負担感、マイノリティになる閉塞感に押しつぶされそうになる私にとって、ソールズベリーワールドで子どもたちと接するひとときは、人間性を回復する瞬間だった。

頭を空っぽにして子どもと走り回り、子どもたちから（たぶん）必要とされ、他のボランティアと（一応は）協働し、親たちから（形だけだとしても）感謝をしてもらう。あらゆる属性をふり払った「人」として接してもらえる安心感が、放課後教室にはあった。

私にとっても、ソールズベリーワールドは大切な居場所になっていた。

四．教室を形づくる大人たち

ソールズベリーワールドは自分にとっても居場所——。私の思いと同じセリフを、教室に集まる他のスタッフたちからも聞くことがあった。

毎回一緒に放課後教室で活動する女性スタッフのイレーナもそうだ。

イレーナは二〇〇六年、ポーランドからロンドンに来た。その二年前、ポーランドはEUに加盟し、英国などでの就労が自由化されていた。二〇〇六年は、多くのポーランド人が仕事を求めて英国へ渡り始めた時期だった。

イレーナはポーランドの大学で芸術と教育について学び、美術教師の資格を取った。しかし、当時のポーランドは経済状況が悪く、大学を出ても良い就職口はない。周りの若者たちが次々と、自分の将来を切り開くために英国へ渡っていた。

イレーナもロンドンに住むいとこを頼って渡英し、英語学校に入った。

「ロンドンに来たばかりのころは、友達をつくるのも難しかった。イングランドの人ってあんまり他人との距離を近づけたがらないでしょ。故郷のポーランドは家族や地域の結びつきがものすごく強い社会だったけど、イングランドではそれがない。そのギャップから孤独を感じてた」

教師の資格を生かそうと、子どもに関わる活動を探していたイレーナは、二〇〇九年にソールズベリーワールドのボランティア募集を見つけ、放課後教室に通うようになった。それから数カ月後、ちょうど教室を担当する有償スタッフが辞めることになり、面接や研修を経てイレーナがそのポストに就いた。

私がイレーナに出会った時期はそれから八年余りがたち、彼女はすっかり教室に欠かせない人になっていた。子どもたちは放課後教室で、困ったことがある時も、うれしいことがある時も、まず「イレーナ！」と大声で叫ぶ。常にそこにいるイレーナは、子どもたちにとって安心できる居場所の象徴なのだろう。

子どもがけんかや悪さをした時、イレーナは一変して厳粛な表情になり、なぜそうすべきでないかを懇々と説明する。一度、イレーナとサラに「結構しつけに厳しいよね？」と聞いたことがあったが、二人は意外そうな顔で「そうかな？　学校の中よりずっとゆるい雰囲気だと思うよ」と笑っていた。

たとえ相手が幼い子どもであっても、自分がどんな責任や期待を負っているのかを言葉で説くことは、英国での教育のスタンダードのようだった。日本の社会では「ダメなものはダメ」とルールそのものを覚えさせることに重きが置かれ、背景にある論理を子どもに説くことは少ないように思う。その文化的なギャップが、私には「厳しさ」に映ったのだ。

そうやって、イレーナは常に愛情と厳しさの両方をもって子どもに接していた。子どもたちもそれを感じていたのだろう。私の言うことは全然聞かない子も、彼女の言葉は素直に聞いた。

イレーナは教室で有償スタッフとして働く傍ら、アートの専門性を生かしてアクセサリーのブランドを運営していた。小さな宝石のついたネックレスや指輪は抑制のきいたデザインが素敵で、ファッション誌にも取り上げられていた。私も帰国後に結婚した際、イレーナ作のイヤリングを買って、妻に贈った。

移民として、ロンドンでの生活をゼロから積み上げてきたイレーナは、ソールズベリーワールドを「私のコミュニティ」だと言った。

「ここにコミュニティを見つけたおかげで、私はこの国で孤立することなく、この場所が自分のホームなんだって感じられるようになった」

彼女の言葉を聞き、私は思わず「ぼくにとっても、ここが大切なコミュニティになってる。大学ではいろいろ大変なことがあるんだけど、ここはすごく居心地がよくて」と口にしていた。

イレーナは「それが聞けてうれしい」と笑った。

「きっとそれは、ソールズベリーワールドがいろんな背景をもった人の入り交じった場所だからだと思う。いろんなルーツの人、いろんな世代の人、いろんな社会的立場の人がいるでしょ。だから、自分もその一部だという感覚になれる。そうやっていろんな背景や文化をもった大人たちが、子どもと身近に接するからこそ、子どもたちは『違い』に対する寛容さを身につけることができるんだと思う」

＊

イレーナの言う通り、いろんなルーツ、いろんな世代、いろんな社会的立場の大人たちが、ソールズベリーワールドには集まっていた。その幅広さはＭｉｎａｍｉこども教室以上だった。

有償スタッフのヴィオレッタは旧ユーゴスラビアの出身だ。国連の難民高等弁務官（ＵＮＨＣＲ）の現地事務所で三年間働いた経歴をもつ彼女もユーゴ紛争を経験し、一九九二年にユーゴスラビアが解体される直前に渡英。大学院に入って以降、三十年近くロンドンで暮らす。

ソールズベリーワールドでは十数年前から難民の相談業務を担い、放課後教室でも一緒に活動した。

難民支援のプロであるヴィオレッタは「難民として移動する過程で、人々は数え切れない困難を経験して、ここにたどり着いているの。そして、子どもたちは全く新しい環境に放り込まれる。ケアを考えるうえで一番大切なのは、できるだけ早く支援者が子どもと親に直接つながることだよ」と教えてくれた。

ソールズベリーワールドのボランティアのうち最も多いのは学生だったが、Ｍｉｎａｍｉこども教室の状況と同じく回転が速い。安定して活動に参加していたのは、やはり地元で暮らす中高年層だ。

ハーマイオニーは学校から歩いて五分の所に住む、豊かな白髪が上品な七十歳のおばあちゃん。教室では逆に珍しいイングランドの出身者だった。

五年ほど前からボランティアを続けているそうだが、何しろ工作が得意な人だった。身体しか資本のない私などはすぐ外遊びに飛び出すのだが、彼女はいつも、画用紙や紙パック、段ボールなどを使った簡単な工作を用意してくる。毎回違う内容で、デコレーション用の色紙や毛糸も豊富にそろえ、常に一定数の子どもが工作に没頭していた。

美術教育が専門のイレーナは「工作を通して、子どもたちが英語の語彙を増やしていく意味も大きいのよ。外で遊んでいる時とは、また全然別の言葉を使うからね」と言っていた。

私がボランティアを始めた当初、ハーマイオニーとは世代も文化も違うせいか、少し距離があるように感じていた。しかし、彼女に頼まれて工作の材料を運んだり、高い棚の文房具を取ったりするうちに少し心を開いてくれたようで、日本についての話題をふってくれるようになった。

長い会話をしたのは数えるほどだが、「ここにいると、いろんな面白い人たちと出会えるから好きなの」と言っていた。

＊

「上品なおばあさん」のハーマイオニーとは好対照なのが、ウェイン（仮名）かもしれない。身長百八十センチの私より、顔一つぶん大きい「ラフなおじさん」だ。

教室で顔を合わせるといつも、でっかい手の平で握手を求めてきて、野太い声で「Are you alright, man?（調子はどうだ？）」と続ける。会話の語尾になんでも「man」をつけるのは、若者に多い口癖だが、「おれ来年で五十歳だよ。信じられるか？」とのこと。高学年の男子とは拳を突き合わせてあいさつを交わし、子どもたちも少し背伸びしたニヒルな笑みで応じる。

Ｍｉｎａｍｉこども教室で言うと、サーファーでバー経営のナカさんと重なるキャラクターだった。

私が活動を始めて四カ月たったころ、ボランティアが一堂に会するパーティーが学校のホールを借りて開かれた。放課後教室だけではなく、ソールズベリーワールドの他の活動に参加する人たちも含め、五十人ほどが集まった。

ほとんど顔見知りがいなかった私は、受付でもらったワイングラスを片手に、とりあえず空いている席に座った。初対面の人との英語での雑談がなかなか続かず、正直ちょっと気後れしていた。

その時、遅れて来たウェインが「ここ空いてるか」と私の隣に座った。ワイン片手に、でっかい右手で握手を求め、いつもの「Are you alright, man?」。そこからテーブルの会話に加わったのだが、向かいに座る弁護士や教師のポッシュ（上品）な英語が、ウェインの話すスラング交じりの英語と、鮮やかな対照をなしていた。彼自身もその雰囲気が気詰まりだったのか、隣にいる私に昔話を始めた。

ウェインの両親は中米カリブ海の西インド諸島出身で、第二次世界大戦後にロンドンへ渡った「ウィンドラッシュ世代」だという。戦後の労働力不足を補うため、大英帝国領だった西インド諸島からイギリスへ移住した人々を指し、移民船の「エンパイア・ウィンドラッシュ号」にちなんでそう呼ばれる。人種的な偏見により、就労や教育で差別的な扱いを受けてきた人々でもある。

ウェインはウィンドラッシュ世代の二世にあたり、カリブ系移民が多く住む南ロンドンのブリクストンで育った。

ブリクストンでは一九八〇年代、白人警官による差別的な取り締まりをきっかけに、黒人の若者たちによる大規模な暴動が起きた。当時十代だったウェイン少年は、本当か嘘か知らないが、暴動のどさくさに紛れて、近所のスポーツ用品店の割れたショーウインドウの中から、欲しかった運動靴を失敬したとか、しないとか。

「最近はブリクストンもすっかりジェントリフィケーション（再開発による高級化）が進んで、近所のパブも白人だらけになっちまったけどな」と笑っていた。

ボランティアを始めたのは、前妻がこの地区で教師をしていた関係で紹介されたことがきっかけだという。ちなみにウェインには子どもが四人いるが、これまで結婚した三人の妻との間にそれぞれ授かった子だそうだ。下の娘がロンドンの名門大学に通っていることを、うれしそうに話していた。

そんな人生の深みからにじみ出る威厳を、教室の子たちも感じていたのだろう。ウェインが声を荒らげる姿は見たことないが、彼は子どもどうしのトラブルを仲裁する名人だった。ケンカになった子たちを静かに諭して、納得のうえで互いに「ごめん」と言わせる。

放課後教室ではサッカーのプレー中にケンカがしょっちゅうあったが、ウェインが横から少々声をかけるだけで、子どもたちは素直にプレーに戻った。あまりにサッカーでのトラブルが続いた時期には、「ウェインが来ている木曜日だけサッカーしてもよい」というルールまでできた。子どもになめられっぱなしの私からすると、そこに居てくれるだけで頼もしい存在だった。

ある日、二年生のウマルの顔にサッカーボールが当たって、泣き出してしまった時のこと。私があわてて「大丈夫！　けがしてないよ」と励ますのだが、全然泣きやまない。すっと隣に来たウェインが「よし、病院に連れていってあげよう」とウマルの手を引き、事務所の中へ連れていく。そして「これは特別なティッシュなんだよ」と言って、ごく普通のティッシュで顔と涙を拭く。仕上げに鏡で顔を見せて「ほら、治っただろ？」と笑いかける。ウマルはけろっと笑い返して、またサッカーをしに駆けだしていった。

後日、私はウェインのやり方をそっくりまねて、子どもを一人泣きやませることに成功した。

＊

多彩な大人たちの紹介の最後に、ユスフの話をしたい。

アフリカ中央部のチャド出身であるユスフと出会ったのは、ソールズベリーワールドの

「ホリデークラブ」だった。ホリデークラブは子どもを学校外のいろんな場所へ連れて行く活動で、夏休みや冬休みのほか、各学期の真ん中にある「ハーフターム」という一週間の休みに開かれた。

難民家庭の多くは両親そろって仕事で忙しく、子どもを遊びに連れ出す経済的余裕もない。いわば「体験の貧困」状態にある。ホリデークラブは子どもに多様な活動を経験させる目的で、行き先はアイススケート、カヤック、乗馬、ボルダリング、アスレチック広場、映画館、植物園と、バラエティーに富んでいた。

とても素晴らしい取り組みなのだが、難点はとにかく引率が大変なことだ。毎回、二十人ほどの子どもを四~五人の大人で見守りながら、人でごった返すロンドンの地下鉄やバスを乗り継いで目的地をめざす。極めてタフなミッションだった。

朝、学校に集合すると、子どもに蛍光色のメッシュ地ベストを着せ、二列に並んで最寄りの駅やバス停まで歩く。この時点で子どもらは列をはみ出して歩いたり、おしゃべりに夢中でどんどん遅れたりして、イレーナに叱られる。すべての交差点で、ボランティアは車が来ていないかを先に確かめ、子どもに横断を促す。電車の中では、はしゃいで動き回ろうとする子たちを、ひたすら制する。

目的地に着いたら着いたで、夕方までの数時間、一緒になって遊びながらも、常に安全を損なう要素がないかに目を光らせないといけない。

毎回帰るころには、子どもよりも大人の方がぐったりしていた。

ユスフと一緒にホリデークラブの引率をしたその日は夏休みで、八月後半の猛暑日だった。イレーナが休暇を取っていて、ユスフがリーダーを務めた。子ども十六人に対して大人が四人。行き先はサッカー・プレミアリーグの地元チーム、チェルシーのホームスタジアムだ。

規律を司るイレーナがいないせいか、子どもたちはどこか気が緩んでいて、歩く列は乱れがち。ユスフと私が何度も注意するのだが、効果は微々たるものだ。地下鉄駅からスタジアムまでの道も迷ってしまい、スマホの地図アプリを片手に、なんとかたどり着くことができた。

スタジアムでは見学ツアーに参加し、選手のロッカールームやベンチ、記者会見場などを案内してもらった。特に男の子たちは大喜び。ユスフは「ぼくはトットナムのファンなんだけどね」とライバルチームの名前を出してみんなを笑わせていた。

その後、近くの公園で弁当を食べたが、ユスフはさりげなく子どもに話しかけたり、絶妙なタイミングでゴミを集めたりと、細やかに気を配る。二人の子持ちだと言うので、私より年上かと思っていたが、二歳年下の三十三歳だった。

その日は、帰り道でも子どもどうしがケンカをして泣いてしまうなど、いつもの倍ほど疲れた。とにかくイレーナの偉大さを実感したのだが、ユスフとは苦労を共にしたぶん、ぐっと距離が縮まった。

ユスフは二〇〇二年、アフリカの内陸国チャドを出て、独りでイギリスへ来た。

当時、まだ十六歳だった。

チャドは一九六〇年にフランスから独立したが、独裁やクーデター、内戦が続き、政情は常に不安定だ。ユスフは多くを語らなかったが、父親が殺されたことをきっかけに、国を逃れたという。

隣国ニジェールに入ったあとは密航業者の手を借り、車でサハラ砂漠を越え、船で地中海を渡って、ヨーロッパに入った。いくつもの国境を越えて、最後は列車でイギリスにたどり着いたという。

降り立ったのはロンドン中心部のウォータールー駅だった。大都会で野宿をしながら情報を集め、難民のシェルターに入った。その時点では英語がほとんど話せなかったそうだ。

施設では毎週火曜、イギリスの難民支援組織「Refugee Council」が開く若者向けの集会に参加した。そこへスタッフとして来ていたのが、サラだった。

サラは南米から帰国し、ソールズベリーワールドで働き始めるまでの間、この支援組織でボランティアをしていた。フランス語が話せるサラに、ユスフは命をかけて国境を越えた経験を少しずつ語った。

「それまでは話し相手もほとんどいなかったから、自分の思ったことを話せるだけでも大きな救いだった」と、ユスフはふり返る。

サラがソールズベリーワールドの代表に就いた後、ユスフは英語学校に通いながら放課後教室を手伝うようになった。

「教室には自分と同じような境遇で、同じような経験をしてきた子どもがいた。その子たちを少しでも支えられることが、すごくうれしかったし、ぼく自身も子どもからたくさん学んだ」

しかし、ロンドン市内の難民向け住宅を数カ月ごとに転々としていたユスフは、ある日突然に拘束された。週一回、移民局への出頭を求められていたのだが、その日は事務所へ行くと係員らに拘束され、そのままガトウィック空港にある収容施設に入れられた。難民申請が却下されたためだ。さらに二日後には、遠く離れたドーヴァーの施設へ移送された。

それを知ったサラたちは、ソールズベリーワールドとして国会議員に嘆願書を書き、釈放を求めるキャンペーンを張った。それが功を奏し、ユスフは一カ月ほど後に釈放された。そして二〇〇四年にようやく、難民認定を得た。住まいや仕事探しも、サラたちがサポートした。

ユスフは警備員の仕事をした後、通訳として働いていた。母語はチャドに百以上もあるという部族語の一つだが、学校ではフランス語とアラビア語も学んでいた。通訳の依頼はアラビア語がほとんどで、病院や警察署、裁判所、入管での仕事が多いそうだ。

そして通訳業の傍ら、ホリデークラブのボランティアを続けていた。

「サラと知り合ってもう二十年近くになる。ソールズベリーワールドはぼくにとって、もう一つの家だね。みんながぼくに家族のように接してくれるし、ぼくも心配事があれば何でも相談する。そして何より、ここに集まる子どもたちは、ぼくと同じ境遇にある。だから、いつでもここに来て手伝いたいって気持ちになるんだ」

紛争を逃れた難民当事者、EU拡大によって渡英した移民、ウィンドラッシュの第二世代、地元出身のおばあちゃん……。ソールズベリーワールドに集まる大人は、とにかく多様だった。

ロンドンという街の多様さを凝縮したような大人たちが、多様なルーツを生きる子どもたちの居場所を形づくっていた。

五．学校とともに

ホリデークラブで出会ったボランティアの中に、ジェニーという女性がいた。

校外引率にともなうカオスのなかでも、常に落ち着いて子どもを導き、静かな笑顔を絶やすことがない。「えらい子どもとの接し方に慣れたおばちゃんやな」と思っていたら、その前年までソールズベリー小学校で教師をしていたという。

ジェニーが小学校で働き始めたのは一九八九年にさかのぼる。他校に勤めた数年間をのぞいて、計二十六年もソールズベリー小学校で働き、最後の七年は副校長を務めたという。ホリデークラブで何度か一緒に引率をするうち、すっかり顔見知りになった。一度ゆっくり小学校の話を聞かせてほしいとお願いすると、学校近くの自宅へ招いてくれた。彼女は凝った木製家具が並んだ部屋で、紅茶をいれ、学校とソールズベリーワールドの関係についてじっくりと話してくれた。

ソールズベリー小学校では、難民家庭の子の転入が決まると、まず副校長と担任が保護者と面談をする。その場で、ソールズベリーワールドの支援が必要かどうかを尋ねる。断る保護者はほぼいないので、すぐ事務所に電話し、十分ほどでスタッフがやって来る。

スタッフは子どもと保護者に歓迎の言葉をかけたあと、家族の現状を聞き取る。英語が不自由であれば通訳を用意し、制服がなければ寄付で集まった制服を譲る。家庭の抱える問題が把握できれば、学校側に伝えつつ、公的支援につなぐ。

「難民家庭が学校に来た時、すぐそこに支援のシステムがある状態が整っていた。もちろん始まったころはもっとインフォーマルな形だったけど、十年ほど続けるうちに、難民の家族にとって何が必要なのかがわかってきて、このシステムが定着したの」

そして、子どもは放課後教室が受け入れる。

「まだ新しい社会、文化、言語に慣れていない子にとって、放課後教室に通うことは自尊感情を養う意味がすごく大きかった」

ジェニーが四年生のクラス担任をしていたころ、難民として転入してきた女の子がいた。いつも物静かで、自分から発言しようとせず、学内の活動に参加する意欲も見えなかった。

その女の子が唯一、自分から参加したいと言い出したのが、ソールズベリーワールドの「自転車プロジェクト」だった。自転車を買う余裕がない難民家庭の親子や、出身地に自転車文化がなかった親子を対象に、自転車の乗り方を教えて長期に貸し出す取り組みだ。

その女の子はプロジェクトに参加して乗り方を学び、一人で自転車をこげるまでに上達した。担任教師だったジェニーの目には、活動を経たその子が別人のように成長して見えたという。

「自分に自信をもてるようになって、クラスでも積極的に発言するようになったの。正直言って驚いた。だけど、それが彼女のポテンシャルだったんだろうねえ。努力して自転車に乗れるようになったことが自尊感情を回復させて、どんな物事にも関心をもてるようになったんだと思う」

また、小学校では毎年度の初め、ソールズベリーワールド代表のサラに頼んで、新任教職員向けの研修を開いていたという。難民の親子がどんな課題を抱え、どんな支援が必要なのかを、着任と同時にまず学ぶ。この価値観が教職員の共通認識となり、インクルーシブな学校づくりに生きていた。

ソールズベリーワールドの事務所が学校の敷地内にある利点を生かして、スタッフと教師は頻繁に行き来をし、顔の見える関係のなかで子どもの情報を共有する。（この点については当時、個人情報保護の新法ができたことで、情報共有をどう続けていくかがスタッフらの悩みの種になっていた）

前述したように、ソールズベリー小学校には駅南側の地区に多く住む難民・移民家庭の子と、北側にある高級住宅街の家庭の子が共に通っていた。

「経済的に豊かな家庭の子たちにも、ソールズベリーワールドの発信する価値観がいい影響を与えてた。例えば、違いをもった他者と関わって生きる豊かさとか、自分とは異なる文化を学ぶ楽しさ。成長期にある子どもは同級生からたくさんのことを学んでいくから」

とジェニーは言う。

子どもたちの変化を通して、富裕層の保護者の中にもソールズベリーワールドの活動に協力する動きが広がっていった。例えば、不要になった服や靴、学用品を集めて寄付するグループができたり、難民支援の募金やイベントの手伝いをするグループができたり。

「ソールズベリーワールドの活動に関わることが、自分の子どもに良い影響を与えると、親自身も考えるようになった。イギリスでも、豊かな地域の住民は貧困層や移民が集まる地域とは関わり合いをもとうとせず、完全に分離してしまうことが多い。でも、この地域には真ん中にソールズベリーワールドがあったおかげで、関わり合いが育まれていった」

六十歳を迎えたジェニーは退職し、初めてホリデークラブのボランティアに加わった。

「学校とは違う側面から子どもの姿を見られるのは、すごくいい経験だった。子どもたちが生き生きしているのを見て、この教室がもつたくさんの可能性を改めて感じたね」

ホリデークラブに現れた元副校長に、子どもたちが「先生！　なんでいるの？」と驚く。その反応を見て、ジェニーはうれしそうに笑っていた。

＊

ソールズベリーワールドの子ども支援には二つの柱があった。

一つは小学生対象の「放課後教室」。もう一つが中学生対象の「メンタリング」だ。

メンタリングとは、豊かな経験や知識を備えた指導役（メンター）が、対話を通して、指導を受ける側（メンティー）の成長を支える活動のことを言う。

ソールズベリーワールドでは近くにある二つの中学校の生徒を対象にメンタリングをやっていた。常時、数十人の中学生がメンティーとして登録し、大学生や元教師、地域住民らのボランティアがメンターを務める。週一回の一時間ほど、一対一で学校の宿題や受験勉強をみて、生活の悩みを聞く。

担当スタッフのダンは「参加者の多くは難民としてロンドンに来たばかりの子たちだから、英語の力もまだまだ限定されてる。一から英語を学ぶ子もいれば、受験に挑む子もいるから、それぞれのニーズに合わせて、どのメンターとマッチングするかを考えるのが、ぼくの役割だ」と言う。

私自身は普段、メンタリングのボランティアをすることがなかったので、ダンにお願いして中学校での活動を見学させてもらった。

ソールズベリー小学校から自転車で十分ほどの距離にある中学校を午後三時に訪ねると、ちょうど生徒が一斉に下校するところだった。小学校と同様、この中学校にも移民・難民の子どもが多く通い、一見してそのルーツの多様さがよくわかった。

中学校の校舎は近代的なつくりで、メンタリングの活動場所は入り口脇の小部屋に用意されていた。テーブルといす、ホワイトボードが置かれたシンプルな部屋に、ダンと五人のボランティアが集まり、生徒が一人また一人とやってくる。参加者はみんな過去一〜二年の間にイギリスに来たばかりで、話す英語もたどたどしかった。

子どもはボランティアと一対一になって席に着き、それぞれ学校の宿題に取り組む。リラックスした空気のなかで質問や雑談が飛び交い、子どもの笑い声もよく聞こえてくる。

ヘッドスカーフを着けたムスリムの女子生徒が、教科書に書かれていた「ジェンダー・イクオリティ（平等）」という言葉の意味を尋ね、白人の女性ボランティアが丁寧に説明する光景は、世界の広さを感じさせた。

一時間ほどたつと、学習に区切りのついた生徒からあいさつをして帰っていく。ボランティアは取り組んだ学習内容を記録する。

活動を終えた大学生のボランティアに話を聞かせてもらった。彼女もヘッドスカーフを着けたムスリムだが、ロンドン生まれのロンドン育ち。メンタリングに興味があって二年前から参加し、ペアになった生徒はシリアとスーダンから来た難民だという。

「みんなイギリスに来たばかりの子。私が接しているなかでは十分に英語が話せてると感じたけど、なかなか人前で話す自信が持てないようで、引っ込み思案になってた。だから、まずは自分の英語に自信をもってもらおうと、リラックスした雰囲気づくりを心がけてる。そうして時間がたつうちに、彼らも少しずつ心を開いてくれるから」

一対一で向き合う教室の雰囲気やボランティアの姿勢は、Ｍｉｎａｍｉこども教室とよく似ていた。心許せる大人が隣に座るその空間が、新しい社会にやって来て間もない子どもの居場所になっているのだろう。そして、下校前にそのまま立ち寄れる中学校内での活動であることが、参加へのハードルを取りのぞく鍵になっているようだった。

そうした学校との密な連携は、ソールズベリーワールドの活動を根っこで支えていた。それはＭｉｎａｍｉこども教室の現状とも重なる。

学校だけでは支えきれない移民・難民ルーツの子どもが抱える困難に、専門性をもった外部の団体が手をさしのべる。学校と外部団体とのあいだに開かれた関係性があれば、支えの働きは強くなるのだ。

六. 家族を支える

ソールズベリーワールドの活動の中で、素敵だなと思ったものの一つに「コーヒーモーニング」があった。難民の親たちが毎週木曜の午前、事務所で一緒にコーヒーを飲んで、ただおしゃべりする集まりだ。

参加者は母親が多く、日々の出来事や生活の悩みをとりとめもなく語り合う。話が盛り上がり、さらに別の活動へ発展することもよくあった。

小学校が主催するパーティーを控えたある日、一人の母親が「みんなで出身地の食事を持ち寄ったらどうだろう」と提案した。実際に、それぞれが簡単なエスニック料理を作ってパーティーで披露すると、ほかの出席者からも好評を博した。これをきっかけに母親たちはコーヒーモーニングでも時々、料理を持ち寄るようになった。そのどれもが、すごくおいしい。

そこで、学校外の人たちにも食べてもらえるケータリングのビジネスができないかと、母親ら十二人がアイデアを出し合った。ソールズベリーワールドが小学校にかけ合い、調理場を貸してもらえることになった。設立資金のサポートや助成金の申請、食品衛生トレーニングの受講までをサラたちが支えた。

母親らはチラシを作ってケータリングを宣伝し、商売を始めた。

ソマリア、スーダン、モロッコ、ケニアなどアフリカ各地の料理が中心で、参加者がそれぞれの得意料理を作る。メニューは、羊肉のミンチやじゃがいもを三角形の皮で包んで揚げたコロッケ風のサモサ、ひよこ豆をすり潰して揚げるファラフェル、スパイスたっぷりのチキンカレー……など多彩なものになった。

グループ名は「スパイスキャラバン」。異なる味を持ち寄るメンバー一人ひとりをスパイスになぞらえた。

始動して間もなく、イベントやホームパーティー向けの注文が入るようになった。小学校の教師たちからは週一回、昼食の注文があった。毎週金曜はテイクアウト用の小ぶりなフードを作って売った。日曜には、小学校の校庭で開かれる農作物マーケットにも屋台を出した。

設立から中心を担うアミーナは二〇〇九年、内戦が続くソマリアを逃れてロンドンへやってきた難民だ。

「スパイスキャラバンのおかげで、今までにない経験をたくさんすることができた。自分とは違う文化をもつ人たちに出会って、地元の人とも知り合えた。ビジネスっていうものを初めて経験して、料理もうまくなったしね。みんなソールズベリーワールドのおかげだよ」

晴れた日曜の朝、マーケットに屋台を出すアミーナから、手作りサモサを三つ買った。香《かぐわ》しいスパイスが挽き肉の風味を引き立て、隣の屋台で売っているビールにもよく合った。あっという間に三つ平らげた私を見て、アミーナは笑っていた。

途上国を逃れた難民家族の中で、とりわけ女性は、いくつもの抑圧の軸が折り重なるようにして、しんどい立場に置かれやすい。母親たちの自然な交わりから生まれた動きをすくい上げる、理想的なエンパワメントの一例だった。

＊

三人の子の母親であるシーハムも、コーヒーモーニングに足繁く通った一人だ。

シーハムの一家は二〇〇五年、難民としてスーダンからロンドンに来た。小学校で子どもたちの転入手続きをしたその日、ソールズベリーワールドを紹介された。校庭の隅にある事務所を訪ねると、スタッフたちが大げさなくらいに歓迎してくれた。ロンドンに来て初めて感じた「安心」だった。シーハムはさっそく、子どもを放課後教室に通わせることにした。

「私たちは違う国、違う文化圏からロンドンに来て、知り合いは一人もいない、知ってる場所は一つもない。だからソールズベリーワールドの存在は子どもだけじゃなくて、親である私にとってもすごくありがたかった。子どもたちも私も、たくさんの友達を見つけて、この地域に落ち着くことができたんだ」

毎週木曜のコーヒーモーニングに顔を出し、コーヒーを飲んで、ただおしゃべりする。そのうちに他の難民家族と顔見知りになり、スタッフの人柄を知っていく。困り事があるといつも事務所を訪ねるようになった。

「ここがなかったら、私たちの家族はとても今のようには暮らせてなかった。ここの事務所はこんなに狭いけど、やっていることはすごく大きいんだよ」

固定された活動拠点があり、常駐のスタッフがいる効用は、返す返す大きいと感じる。

シーハムの一家が国籍を取る手続きでは、必要書類の記入から、移民局への同行まで、一つひとつの段階をスタッフが支えた。夏休みにどこへも連れていけない子どもたちは、ロンドン市内や郊外への観光に連れ出してもらった。

一番大きな助けになったのは、自宅での英語学習のサポートだった。

シーハムと三人の子どもはロンドンに来たころ、英語をほとんど話せなかった。放課後教室のボランティアらが交代で自宅を訪ね、親子に英語を教えた。とりわけ熱心に通ってくれた大学生のボランティアには、子どもたちがよく懐いた。その大学生が中学教師になった今でも連絡を取り合い、「家族のような存在」だという。

私がシーハムに「子どもたちはロンドンで育って、民族的なアイデンティティで悩むことはなかった？」と尋ねると、彼女は「全くない」と言い切った。

「ソールズベリーワールドでは自分が黒人だとか、白人だとか、イングランド人だとか、アフリカ人だとか気にする必要がなかった。ここに集まるみんなが、シンプルに同じ人間なんだって感じることができた。それと同時に、自分たち一人ひとりが特別な存在だって感じることもできた。私も特別、あなたも特別、みんなそれぞれに特別なんだってね。この感じがすごくいいんだ。子どもたちにも大きな自信を与えてくれた」

シーハムはやがて、放課後教室の手伝いや、相談事業でのアラビア語通訳を担うようになった。誰かに必要とされる経験を通して、彼女はロンドンで生きていく自信を養った。小学校併設の保育園での仕事も紹介してもらい、発達障害をもつ子どもの支援員として働いてきた。

「ソールズベリーワールドは私にとってのコミュニティだね」とシーハムも言った。

「ロンドンにもスーダン人の知り合いはたくさんいるんだけど、正直言って、その集まりにはあんまり顔を出してないんだ。なんか閉鎖的で苦手なの。だけどソールズベリーワールドはみんなに開かれていて、いろんな文化を背景にもった人が集まってくるでしょう。

だから私はここが好きなんだよね」

ソールズベリーワールドに関わる親も子どももスタッフも、みんながここを「コミュニティ」だと表現する。その言葉が表す「自分が安心して居られる場所」という感覚は、移民としてロンドンに暮らす私の心中にも温かく灯っていた。

子どもと一緒になって遊ぶ以外にできることはなく、むしろ日々の重荷を下ろすような心もちで放課後教室にすがる私の前に、「支援する側／される側」という線引きは存在していなかった。

「放課後教室」という形をとった場所に集う子どもが居て、私が居る。

もう、それだけでいいのかな、と思うようになっていた。

七．ロンドンとのお別れ

ボランティアを始めて半年たったころ、私は修士論文の調査についてサラに恐る恐る切り出した。「実は調査目的でボランティアに来てました」と、隠していた正体を明かすような後ろめたさがあった。

しかしサラは「もちろん喜んで受けるよ」と言ってくれた。「これだけ通ってきてくれているタローの頼みなら」とも。素直にうれしかった。

そこから少しずつ、放課後教室に関わる親や卒業生を紹介してもらい、インタビューを進めていった。他のスタッフにも調査に協力をしてもらい、なんとか論文を書き上げることができた。執筆の最終盤は早朝から深夜まで大学図書館にこもる日々で、あまり記憶がない。夜になると図書館の床をネズミが走り回っていたことだけは鮮明に覚えている。

それでもなんとか論文を提出し、九月に修士課程を終えた。

留学ビザの有効期間は残り四カ月あった。帰国するか、他の国を回るかと悩んだ結果、ロンドンに留まることにした。そして残り四カ月間は週四日、放課後教室に通うことにした。もう取材の必要はなかったが、もう少し深くこのコミュニティとつながってみたかった。

週四日も通うようになると、子どもや他のスタッフにとって私は常にいて当たり前の存在になり、ぐっと距離が縮まった。ただただ楽しい日々だった。

それでも冬が深まり、短い日照時間がさらに短くなっていくにつれて、私のロンドン暮らしにも終わりが近づいてきた。

小学校の冬休みが明けた一月、いよいよ最後の一週間を残すのみとなった。いつも通りに放課後教室へ行き、各曜日のボランティアにお別れを告げた。ウィンドラッシュ二世のウェインは柄にもなく名残を惜しんでくれて、「一緒に働けてよかった。帰国の旅がすべてうまくいくように」とメールまでくれた。

長い付き合いになった子どもたちも、お別れを言いに来てくれた。

三姉妹の次女リームはその日教室に入ってくるなり、勢い込んで「タローいつ出発するの？」と聞く。「ずっとここにいればいいじゃない」と何度も言ってくれるので、ちょっと泣きそうになった。末っ子のラティーファは「どっか行くの？　次はいつ来るの？」と尋ねてくるが、遠い日本へ帰るということは理解できていないようだった。

二年生のラファは同級生に「知ってる？　タローはジャパンに帰るんだよ」と自慢げに教えていたが、「ジャパンってなに？」と聞き返されると黙ってしまい、笑えた。

＊

ボランティア最後の日。イレーナは出席をとり終えると、そっとウマルを呼んで「仕事があるの」と二階へ連れていった。

それから「みんな静かにして。今日はひとつ悲しいニュースがあります」と切り出した。子どもたちは口々に「タローが行っちゃうんでしょ」「ジャパンだよ」と応じる。

二階から下りてきたサラが「タローは月曜も、火曜も、水曜も、木曜も、そしてホリデークラブも、ぜーんぶ来てくれてたから、いなくなったら大変だわ」とおどけて言って、みんなを笑わせる。

そしてイレーナが「ソールズベリーワールドからささやかなプレゼントがあります」と言うと、ウマルが満面の笑みで二階から下りてきた。手渡してくれた大きな袋の中身は、ソールズベリーワールドが発刊した難民支援の冊子と、アフガン難民が書いた自伝本、そして、みんなの寄せ書きだった。

寄せ書きには子どもたちがそれぞれ癖のある字で、「私にしてくれたすべてのことにありがとう」「やさしい人でした」「きっとさみしくなる」なんてことが書かれてあった。

イレーナが記念写真を撮ってくれたあと、サラが子どもたちに呼びかけてコール&レスポンスで盛り上げてくれた。初めて聞くかけ声で、悲しいかな、何て言っているのか聞き取れなかった。英語力の課題は最後の最後まで私と共にあった。

それでも、温かい気持ちは十分に伝わった。

ごくごく短く、子どもたちに言葉を残した。

「ロンドンに来て、この教室のメンバーになれたことは本当にうれしかったです。みんながぼくと一緒に遊んでくれたこと、本当にありがとう。みんなはたくさんのことを教えてくれました。初めにここに来たころ、ぼくは『きゅうり』という単語も知らなかったしね。みんながこれからいっぱい遊んで、がんばって勉強をして、友達とうまくコミュニケーションをとって、成長していくことを日本から祈っています」

心からそう思った。子どもたちに何かをしてあげたという気持ちは微塵もなく、彼らから学ばせてもらったことばかりが心にあった。

その日の活動もいつも通り。子どものローラースケートを補助し、サッカーの相手をしているうち、冬のロンドンの短い日は暮れた。

午後四時四十分、教室で教わった英熟語の一つ「タイディー・アップ（お片付け）！」を、いつも通りに叫んで回った。

家路につく子どもたちとハイタッチをし、親たちとは握手を交わして、別れを告げた。サラとイレーナとはハグをして、再会を誓った。

学校の門をくぐりながら私は、サラが教えてくれた「ソールズベリーワールドにとって一番大切なこと」を思い返していた。

「それはね、ここにみんなが集って、交わることで、異なる外見や背景をもっている人たちの間にも、共通するものがたくさんあるって知ることだよ」

ソールズベリーワールドで過ごした一年半は確かに、それを私に教えてくれた。

第五章

コロナ禍という「危機」に

私がロンドンから帰国した翌年、新型コロナウイルスの世界的な感染が起きた。人が集まることへの制限をともなうコロナ禍で、Ｍｉｎａｍｉこども教室の活動は大きく変わることを迫られた。社会の「危機」のしわ寄せは、まず弱い立場の人々へ向かう。コロナ禍という危機のもと、教室が移民家庭をどう支えたのか。コロナ禍の三年間を記録する。

一．島之内で起きた変化

二〇一九年春、ロンドンから大阪に戻った私は、Ｍｉｎａｍｉこども教室のボランティアを再開した。

そして、島之内に部屋を借りた。

住処として島之内を選んだのは、ロンドンの街で感じたような、一見しただけではいったい誰がネイティブの地元民かわからない「多様性」が恋しかったからだ。地域住民の三人に一人が外国籍という、日本社会で突出した多様性を抱える島之内なら、同じ感覚を味わえるんじゃないかと考えた。

その読みは正解だった。

まずマンションの自室を一歩出れば、いろんな言語が耳に入る。乗り合わせたエレベーターでは、若い男性がスマホに向かって勢いのある中国語をぶつける。ママチャリで並走するフィリピン人の母親たちは、丸みを帯びたタガログ語を響かせ合う。店の前でだべる高齢女性の輪からは、年輪を刻み込んだ渋い韓国語が漏れてくる。公園で自転車に乗る練習をくり返す南アジア系の女性らの言葉は、私の知らない言語だった。

誰がマジョリティか、マイノリティか、島之内では線引きが消滅している。

それが心地いい。

なにより島之内で暮らし始めてよかったのは、それまでＭｉｎａｍｉこども教室でしか顔を合わせなかった子どもたちと、同じ地域住民として出会うことだ。

近所の路上で、公園で、激安スーパーで、平日も週末も、とにかくしょっちゅう教室の子と出くわす。

「おお、何してんの？」と声をかけ、「あ、せんせえ！」と声をかけられ、少し立ち止まって話をする。久しぶりに会う子なら「何年生になったんやっけ？」と近況へ話題がふくらむ。そして最後に「また暇な時は教室おいでや」と一押しして別れる。

私に息子が生まれると近所の公園で一緒に遊ぶようになったが、公園には誰かしら教室の小中学生がいた。

愛想のいい我が息子は毎度毎度、子どもたちに取り囲まれ、「かわいいー」だの「おいコラ」だのと構ってもらう。子どもたちが（危なっかしい）抱っこをしてくれたり、（食べかけの）お菓子をお裾分けしてくれたり、一緒にすべり台を（アクロバティックに）すべってくれたり。息子を介した子どもたちとのコミュニケーションが広がった。

わずかな接点だが、日常的に「地元のおっさん」として顔を合わせることで、これまでの関係性がズレていく。教室で会う間にはどうしてもぬぐいがたい「支援する側／される側」という線引きが、ずいぶん薄まるように感じた。

また、島之内に自宅がある教室スタッフはいないので、子どもと同じ地域に住むスタッフとしての役割も生まれた。例えば、教室が終わった後に実行委員から「あの子がちゃんと家に帰ってるかわからないので、ちょっと様子を見てきてほしい」と電話を受け、実際に家を訪ねて確認することがあった。「子どもの家の引っ越しをするから、来れたら来てほしい」と頼まれることも何度かあった。

第二章に書いたメイの話もそうだ。彼女の父親が入院した時、家が近所だったからこそ「うちへご飯たべに来たら？」と声をかけることができた。同じようにその後、不登校ぎみの中学生を家に招いて、一緒に食事をすることもあった。

「子どもの近所で暮らす」ことは、「子どもの隣に座る」ことの延長線上にあるように思える。同じ地域住民としての目線になることで、関係性はよりフラットになる。日常的に近くにいることで、子どものニーズに応じて動ける幅が広がる。

私にとっては、活動場所である子育てプラザの中だけに存在していた「教室」が、島之内という地域の中へと拡張された感覚があった。

＊

私が島之内で暮らしはじめてからちょうど一年後、二〇二〇年の初春に新型コロナウイルスのパンデミックが起きた。島之内の風景は、瞬く間に一変した。

それまで日夜、キャリーバッグをごろごろ転がしていた海外からの旅行客は、ぱったりと姿を消した。飲食店やホテルは開店休業状態になり、古いマンションや駐車場の跡地で進んでいたホテル建設も無残に止まった。中国系のドラッグストアは臨時休業になったまま、次々と廃業していった。

店からも通りからも、人が消えた。

Ｍｉｎａｍｉこども教室の実行委員らは常々、教室につながる親たちとこまめに電話やメッセージでのやり取りをしてきた。それは「しんどい状況に陥った時、まず相談できる相手になっておきたい」という考えからだ。しんどい状況で誰にも相談できず、孤立の末に起きたのがフィリピン人母子の無理心中事件だった。

想定していた「しんどい状況」は、コロナ禍という形で現実になった。

コロナ禍で苦しんだのは、もちろん移民家庭だけではない。何らかのネガティブな影響を被《こうむ》らなかった人は、ほとんどいないだろう。

ただ、社会が「危機」に陥った時、特にそのしわ寄せを受けるのは「平時」から社会で周縁化され、弱い立場に置かれてきた人々だ。多くの移民家庭が、そこに含まれる。

コロナ禍という危機において、日本で暮らす多くの移民にも、まっ先にそのしわ寄せが及んだ〔1〕。

技能実習生たちは働く場を失い、国境が封鎖されて帰国もできなくなった。日系ブラジル人の非正規労働者たちの雇い止めは、十数年前のリーマンショックをなぞるようにくり返された。新型コロナ感染が初めに確認された中国からの移民に対しては、差別的な言動もみられた。

パンデミックの混乱で公的支援が行き届かないなか、各地の現場で生きたのは、やはり普段から移民とのつながりを築いていた市民の動きだった。

行き場を失った技能実習生を保護するNPOや寺院が各地にあった。不当な雇い止めに対して、非正規労働者と一緒になって抗議する小さな労働組合があった。排外的な街宣活動に路上で対峙するカウンターの人々がいた。

同じように、コロナ禍で生まれたMinamiこども教室の新たな活動も、やはり平時における移民家庭とのつながりが、その土台にあった。

二．仕事を失った親たちに

二〇二〇年の春、新型コロナウイルスの感染が世界中に広がった。この年の四月を皮切りに、大阪でも「緊急事態宣言」がくり返し出されることとなった。

特に感染の温床のように名指しされたのが「夜の街」だった。接待をともなう飲食店は目の敵にされ、大阪市は緊急事態宣言の期間外にも、ミナミなどの繁華街に限って飲食店の時短営業要請をくり返した。

その感染対策は、Ｍｉｎａｍｉこども教室につながる家庭に大きな影響を及ぼした。親たちの多くはミナミの飲食店、特に酒を出すバーやラウンジで働いている。それも客数次第の歩合給のような不安定な雇われ方だ。国や大阪府からの休業・時短要請により、親たちの多くが仕事と収入を失った。昼間にホテルの清掃を掛けもちする人もいたが、こちらも海外からの観光客が消えたことで、仕事がなくなった。

飲食店のネオンがひしめくミナミの繁華街は、人通りがぱったりと途絶えた。その一角、ラウンジやバーばかりが入る十階建てビルの地下に、フィリピン出身のハンスさんを訪ねた。

「三月に入って、お客さん全然来なくなった。街に人がいない。それが何カ月も続くなんて考えたこともなかったよ」

フィリピンパブのカウンターから無人のボックス席を眺め、ハンスさんは沈んだ表情でつぶやいた。背後には、キープ用の名札がかかった「ジムビーム」や「神の河《かんこ》」の瓶が、数十本と並んでいた。

私が彼に話を聞いたのは、四月にパブを休業し始めてから二カ月がたったころ。店は前年に開業したばかりだった。それ以前から近くで経営していたフィリピン料理店も廃業し、収入がなくなった。それでも月三十五万円のパブの家賃は、払い続けなければならない。いつも明るい人だが、さすがに表情は沈んでいた。

ハンスさんがフィリピンの首都マニラから日本へ来たのは十五年ほど前。沖縄や名古屋を転々としながら働き、知人を頼って流れ着いたミナミで、ウェイターの職に就いた。九年前、ミナミで念願のフィリピン料理店を開き、パブの経営へと手を広げたところだった。店で一緒に働く妻と、中学生から一歳の子ども六人と暮らしていた。

「お店やってて、これまでもいろいろピンチあったけど、今が一番きついね。だけど大変だから逃げようったって、子どもの学校どうする？　がんばるしかないよ」

子どもたちは長くＭｉｎａｍｉこども教室に通っていて、両親も教室スタッフとは顔見知りの関係だった。

緊急事態宣言下のある日、スタッフからハンスさんに電話があった。コロナ禍で収入が減った世帯向けに、政府が始めた貸付制度を伝える電話だった。

無利子で償還期限十年、という制度の内容を聞いたハンスさんは、スタッフに申請書の記入を手伝ってもらい、上限の六十万円を借りた。借金が残るしんどさはあるのだが、「サポートがなかったら、今ごろどうなってたか。ほんとにありがたい」と言っていた。

ハンスさんの他にも、スタッフらは教室につながる多くの家族に、国の貸付制度や住宅確保給付金の存在を伝えた。利用したいという人には申請書の記入を手伝い、役所へも同行した。

*

コロナ禍では移民に限らず、多くの人々がしんどい状況へと追い込まれた。政府は（十分ではなかったが）いくつかの緊急支援策を打ち出した。しかし、こうした支援が移民家庭に届くまでには、いくつもの壁があった。

まず、日本語が十分に理解できないことや、日本人の知り合いがいないことで、支援制度の情報が入ってこない。制度があることを耳にしても、どこへ行けば申し込めるのかがわからない。申し込みにはだいたい、読みづらい行政用語で書かれた日本語のみの申請書が必要になる。役所で窓口をたらい回しにされる経験は、心理的な壁を高める。

ずっと日本の社会で暮らし、当たり前に日本語を話す人に、この壁はなかなか見えない。同じ苦労とはとても言えないが、私もロンドンで暮らしていたころは、役所での手続きに相当な労力を費やしていた。窓口の係員に用件を英語で一生懸命しゃべったあげく、「はぁ？」という顔をされた時には心が折れた。

この壁を乗り越えるためには、一つひとつのステップに伴走する支えが必要になる。こちらから移民に制度の存在を伝え、希望する人には申請書を用意して一緒に記入し、必要があれば役所へ同行するサポートだ。

政府が新型コロナ禍の経済対策として一人十万円の「特別定額給付金」を支給した二〇二〇年五月、Ｍｉｎａｍｉこども教室は島之内の自治会館で申請・相談会を開いた。二日間で地域住民ら三百人ほどが詰めかけ、ほとんどが移民だった。

この給付金は外国籍の人であっても、三カ月をこえる在留資格があれば対象になる。ただ、申請書は日本語の書式で、「当該申請」「必要事項」といったお役所言葉が並んでいた。

相談会では自治会館に机を並べ、教室スタッフがやさしい日本語で質問しながら記入を手伝った。私もコピー機の担当として、申請に必要な在留カードのコピーをひたすらとり続けた。

教室に子どもが通う親たちも、次々に自治会館へやって来た。高校生の娘と訪れたフィリピン出身の母親は、働いていたラウンジが緊急事態宣言のため二カ月近く休業していた。給料は接客した時間に応じて週給で支払われていて、コロナ前は月十数万円の手取りがあったという。

もともと少ない収入が途絶えると、所持金が一万円を切る時期が続いた。削れる支出は食費くらいしかなく、食事の回数や量を減らさざるを得なくなった。

母親は来日して二十年近くになるが、日本語の読み書きは難しい。記入し終えた必要書類を封筒に入れて、のり付けするところまでを済ますと、ようやくほっとした笑顔を見せていた。

Ｍｉｎａｍｉこども教室は偶然にも二〇二〇年四月から、大阪市中央区が新たに始める移民家庭の相談事業を受託することになっていた。もともとは子育て相談が中心の計画だったが、コロナ禍が起きたことで、相談内容は給付金申請や雇用トラブルなど生活全般へと広がった。

コロナ禍最初の一年だけで、教室が対応した相談は約四百件にのぼった。スタッフらが公的支援の申請手続きを支え、専門的な対応が必要な時には連携する弁護士や労働組合につないだ。

＊

相談の現場では、二代目実行委員長のハラさんがタガログ語を使って対応にあたった。フィリピン人の母親たちは、自信のない日本語で相談する時よりもずっと安心した表情で、困り事を打ち明けていた。

関係を深めていくなかで、母親たちから「日本語をちゃんと勉強して、昼間の仕事を探したい」という声もあがるようになった。ちょうど新たな活動助成金が認められたタイミングで、それを財源に月二回ほど大人向けの日本語教室を開くことになった。

日本語教室がある日曜の朝、いつもの自治会館にはフィリピン人の母親ら十数人が集まっていた。タガログ語であいさつし合い、日本語講師の資格をもつ教室スタッフら数人が出迎える。

それぞれの日本語力に合わせたテキストに真剣な表情で向かい、休憩時間には賑やかにおしゃべりをする。開設から半年後には日本語能力試験に挑んだ。合格し、さらに上級をめざして教室に来る人もいれば、不合格で再挑戦のために通い続ける人もいた。

毎週通っていたマイラさんは十年以上前にフィリピンから来日し、中学生の娘を一人で育てるシングルマザー。三十代半ばまではフィリピンパブで接客業に就き、その後は高齢者介護の仕事を続けてきたが、漢字の読み書きは難しい。

娘がＭｉｎａｍｉこども教室に通っていたことから、日本語教室の開設を知り、「介護の仕事でもっと日本語を使えるようになりたい」と通い始めた。課題を持ち帰って家でも勉強し、日本語能力試験の最も初級にあたる「N5」に合格した。

「教室に来るのは楽しい。いくつになっても、新しい言葉を知ったら、すごく幸せな気持ちになれますよ」

顔なじみになったスタッフや他の受講者と言葉を交わすのも、マイラさんにとっては大切な時間のようだった。

教室で母親らと向き合うハラさんの胸の内には、やはり「あの事件を二度と起こさないために」という思いがある。Minamiこども教室ができるきっかけになったフィリピン人母子の無理心中事件だ。

コロナ禍で生活が苦しくなるなかでこそ、孤立して、追い詰められることがないように、日本語教室という居場所が母親たちをつなぎとめていた。

三. 学校へ行けない子どもたちに

コロナ禍が始まって間もない二〇二〇年三月からの三カ月間、政府は全国の学校に一斉休校を要請した。日本中の学校が休みになるという、かつてない事態を前に、各地の教育委員会や学校、保護者には戸惑いが広がっていた。

休校のあいだ子どもの学習が遅れてしまうことに対して、文部科学省は「家庭学習を適切に課すなどの配慮を」と求めた。各地の学校は当初、自宅で取り組む課題を子どもに配って、学習の遅れに対応した。

そうはいっても、Ｍｉｎａｍｉこども教室につながる移民家庭には、日本語の読み書きが十分にできない親がたくさんいる。自宅で子どもの勉強をみるのは簡単ではない。

家では親の母語で会話をする子も多い。来日してから日の浅い子の中には、休校で自宅にこもることになり、学校生活で少しずつ積み上げてきた日本語力があっという間に失われてしまうケースもあった。

普段は手厚い日本語指導をしている南小学校も、突然の一斉休校という予想外の事態を前に、課題プリントの配布や教育委員会が作った学習動画の紹介をするだけで精いっぱいだった。日本語指導が必要な児童向けの特別な対応は、ほとんどできなかったそうだ。

日本の社会全体をみると、休校中は学習塾の補講でカバーをしたという子も多かったようだ。一方、島之内で暮らす移民家庭の多くは経済的に苦しく、子どもを塾に通わせる余裕がない。

政府が選んだ「一斉休校」という感染対策は、平時から自宅や塾での学習が十分にできていた家庭と、そうではない家庭――特に経済的にしんどい家庭や、日本語を共通言語としない家庭――との間にあった教育格差を、より深刻にする結果を招いていた。

＊

一斉休校を受け、Ｍｉｎａｍｉこども教室の活動も休まざるを得なくなった。ただ、教室につながる子どもたちが家庭学習に向かえていない状況は、つぶさに伝わってきた。

何かできることはないかとスタッフらが模索していたころ、社会のあちこちで「オンライン」という選択肢が広がり始めていた。コロナ禍以前には、オンラインで教室活動をするなんて考えたこともなかった。スタッフらは試行錯誤の末、まず中高生向けに週三回、「ＬＩＮＥ」のビデオ通話を使った学習会を始めた。

高校三年になり受験勉強を始めていたメイ（※第二章）も、四月はじめの初回から参加した。メイのスマホの小さな画面に、見慣れたスタッフらの顔が映る。それだけでメイは、ほっとした様子だった。コロナ禍と一斉休校で、人と顔を合わせる機会すらほとんどなくなっていた時期だ。

メイはスマホのカメラで、テキストの問題文や自分が書いた答えをアップにして映し、写真を撮ってメール送信する。画面上で問題を確認したスタッフがアドバイスをする。

ＳＮＳを介した慣れない作業では、一問一問とにかく時間がかかった。話している内容の食い違いもしばしばあった。老眼を抱えるスタッフにとっては、小さなスマホの画面を見続けること自体が苦行のようだった。

そんな非効率な学習支援でも、メイはうれしかったという。

「学校が休みになると、どうしても生活が乱れがちになってしまってたから、決まった時間に、ずっとお世話になってきた人たちに勉強をみてもらえるのは心強い。他の友達も一緒に参加してるから励みになるし」

不安や焦りが社会を覆っていたパンデミック序盤の日々に、小さな画面を通して伝わるメイの前向きな姿勢は、スタッフにとっての励みでもあった。

少し遅れて五月には、小学生向けのオンライン教室も始まった。

子どもたちは「Ｚｏｏｍ」の会議システムに、自宅からスマホやタブレットで参加する。一斉に宿題に取り組み、スタッフらが画面越しに質問に答える。しかし、隣に大人がいないぶん、子どもの集中力は途切れがちだった。勉強の合間には、一緒に体を動かす遊びの時間も盛り込んだ。休校中は自宅でスマホゲームばかりしている子どもたちが、平時以上にはしゃぐ姿が画面の向こうにあった。

自宅のインターネット環境が良くない子ども数人は自治会館に集まり、大型テレビをネットにつないで参加した。自宅参加の子たちがうらやましがり、「自分もそっちへ行きたい」と言い張る。窮屈な毎日で、いかに人とのふれあいを求めているのかが垣間見えた。

＊

対面での教室活動が再開にこぎつけたのは、一斉休校が終わった後の六月だった。入室時の検温、手指の消毒、マスク着用、壁に向かう形での机の配置……、いくつもの感染対策を整え、ようやく子どもを迎えることができた。三カ月のあいだ待ち焦がれていた対面での活動に、子どもはもちろんスタッフの側にも目に見えない熱気があった。

ただ、教室の運営方法や雰囲気は、コロナ禍前とは一変した。

子どもが全員集まって「密」になるのを避けるため、従来の会場だった子育てプラザには中高生だけが集まることになった。小学生の会場としては新たに自治会館を借り、低学年が午後四時半集合、高学年が六時半集合と時間差を設けた。

それぞれの会場に集まる子どもは十人程度になる。小学一年生から高校三年生まで四十人ほどが同じ時間、同じ場所に集まることで生まれる一体感や、学年の垣根をこえた交わりは失われてしまった。

私は中学生を担当するボランティアだったので、火曜の夜は子育てプラザに通う。自治会館に集まる小学生や担当スタッフとは、顔を合わせる機会がなくなった。半年、一年とたつうちに、顔や名前を知らない小学生も増えていった。

休憩中に子どもがスタッフと一緒になって遊び回るのも貴重な時間だったが、「密」になるのを防ぐため、どうしても静かに休憩するよう求めざるを得ない。遠足や調理実習といったイベントも、一年以上開くことができなかった。

コロナ感染を恐れて、子どもを教室へ行かせることを控えた親もいた。経営の苦しくなった親の店を手伝うため、あるいは働く時間を延ばした親の代わりに幼い妹弟の面倒をみるため、教室から足が遠のいた子もいた。

「感染対策のための一時的な形」だったはずの態勢は、コロナ下での生活が一年、二年と長引くうちに、それが基本形となった。感染リスクを下げるために学習以外のコミュニケーションを削ぎ落としていくと、どうしても学習塾のような雰囲気になってしまう。特に中高生の教室ではその傾向が強く、勉強の苦手な子が教室から離れてしまう悩みも深まった。

それでも言えるのは、これまでとは全く違う日常に放り込まれたコロナ禍において、確かにMinamiこども教室という場所を必要とする子どもがいたこと。そして「危機」が始まったその瞬間、子どもたちに手が届く存在であるためには、ずっと以前からの長い年月をかけて関係性を耕しておく必要があったということだ。

人と距離を取ること、オンラインのみで交わることが強く求められた感染症下の日々にこそ、子どもが学校と家庭以外で人と接する場所の存在は、重みを増していた。

四．危機下の「ユートピア」

コロナ禍は、各地に普及していた「子ども食堂」を悩ましい立場へと追い込んだ。経済活動が止まって仕事がなくなり、支援を求める家庭は増えていた。一方で、大勢が集まって一緒に食事をするという活動は感染リスクが高い。

島之内の子ども食堂「しま☆ルーム」（※第三章）のスタッフらも悩んだ末、一斉休校に合わせて通常の活動を休むことを決めた。しかし、ミナミで働く親たちの仕事がなくなり、生活の苦しい家庭が増えるなか、「食」を通して生活を支える活動へのニーズは高まっていた。

しま☆ルームでは、一堂に会して食事を提供する代わりに、各家庭へ弁当を配ることにした。

家庭の状況をよく把握しているＭｉｎａｍｉこども教室のスタッフも共同で、二〇二〇年二月末、要望のあった家族の自宅へ、弁当の配達を始めた。当初はボランティアが弁当を調理して、週一回、三十五食を配るところからのスタートだった。

しかし、コロナ禍が長引くほど生活が苦しくなる家庭は増え、弁当を求める声も広がった。初めは「子どもの分だけでいい」と言っていた家庭からも、「できれば親の分も」と要望が来るようになった。

配る弁当の数は、一年後には百五十食を超えていた。配達の回数も週二回、三回と増えていき、最も多い時期には週五回になった。

配達数が五十食を超えると、しま☆ルームが調理や用具保管のために借りているマンションの一室の小さな台所では、弁当の容器づめ作業が難しくなってきた。

ちょうどそのころ、ミナミの飲食店から弁当提供の申し出があった。ミナミでバーを経営し、教室と食堂の両方でボランティアをするナカさんを通して、顔見知りの飲食店主らが弁当を差し入れてくれるようになったのだ。(ナカさんは二〇二一年、しま☆ルームの代表をフクイさんから引き継いだ)

提供元は少しずつ増え、居酒屋や小料理屋、中華料理屋など十カ所以上になった。プロが作る多彩な弁当を、子どもたちはとても楽しみにしていた。

ほかにも、定額給付金の十万円を「弁当代に使ってください」と寄付してくれた人が複数いた。コロナ禍で誰もが困難を抱えるなか、よりしんどい状況にある誰かの力になろうとする人の思いを、弁当配達の活動がすくい取り、形にしていった。

弁当配達がある日、ボランティアらは夕方から島之内の自治会館に集まる。まもなく運び込まれる作りたての弁当を、家庭ごとに必要な数だけ袋につめ、自宅へ配って歩く。私も感染対策で在宅勤務をしていた時期は、仕事の合間に自治会館へ顔を出し、活動に加わった。

両手に弁当のつまった袋を抱えて子どもの家にたどり着くと、インターホンを押して「しま☆ルームです」と名乗る。玄関先まで出てきた子どもに弁当を手渡し、少しだけ言葉を交わす。

そのわずかなコミュニケーションが、自宅にこもりきりだったあの時期、私にとっても、おそらく子どもたちにとっても貴重な瞬間だった。なるべく人と対面しないという制約のなか、玄関先で日々の小さな出来事を一心に語る子どもの表情には、そこだけぱっと光が差したような明るさがあった。

スタッフにとっては、その一瞬が子どもの様子を知る大切な機会でもあった。特に一斉休校の間は夕方でも寝間着のままの子がいたり、玄関からのぞく室内が荒れていたりと、生活の変化が気になることがよくあった。

＊

食を通じた支援でいえば、Ｍｉｎａｍｉこども教室としま☆ルームは合同で「フードパントリー」にも取り組んだ。寄付を受けたり、大量に買ったりした冷凍食品や米、保存食、調味料などを配る活動だ。コロナ下では全国でフードパントリーの動きが広がっていた。島之内ではコロナ禍最初の一年だけで四度開いたが、パンデミックが長引くにつれて、来場者は増えていった。

四度目となった二〇二一年二月のフードパントリーでは、感染対策のため自治会館の玄関前に受付のテーブルを並べ、少人数ずつ館内に入ってもらう方法をとった。しかし、午後一時の開始前から続々と人が集まり、あっという間に五十メートル超の行列ができた。Ｍｉｎａｍｉこども教室につながる家庭にはＳＮＳで事前に連絡していたが、口コミが広がったようだ。来場者のほとんどが島之内に住む移民で、会場にはいくつもの言語が飛び交っていた。近所の住民が「外国人が大勢集まっている」と偏見含みの一一〇番通報をしたらしく、警察官がやってくる騒ぎにもなった。

事前に用意していた百五十セットの食材は二時間でなくなった。その後になって会場を訪れた人も五十五人いて、食材を追加購入して後日配ることにした。

私も他のボランティアに交じって、会場の隅っこでひたすらトマトを配った。大都会の真ん中で、見知らぬ他人にトマトを手渡す。相手からは「ありがとう」という言葉と、マスクの上の目元でわかる笑顔が返ってくる。次の人にまたトマトを手渡す。「ありがとう」と笑顔。次の人にもトマト。ありがとう……。

自分はいったい何をしているのか、よくわからなくなってくる。ただ、相手の笑顔を見ていると、温かい気持ちが身中にじわじわ満ちてくる。

もちろん、私はわずかな時間と労力を提供しただけだ。企画や準備に奔走したスタッフには大変な苦労がある。ただ、なんでもオンライン化が進んでいたコロナ下の世界だからこそ、物を手渡してお礼を言われるという原始的なコミュニケーションの反復が、経験のない喜びを私にもたらしていた。

＊

頭に浮かんだのは、「災害ユートピア」という言葉だ。

米国の作家、レベッカ・ソルニットは、著書『災害ユートピア　なぜそのとき特別な共同体が立ち上がるのか』〔1〕の中で、地震や水害、テロ攻撃のあとに米国市民の間で立ち上がった相互扶助の営みについて、こう書いている。

災害は普段わたしたちを閉じ込めている塀の裂け目のようなもので、そこから洪水のように流れ込んでくるものは、とてつもなく破壊的か、もしくは創造的だ。ヒエラルキーや公的機関はこのような状況に対処するには力不足で、危機において失敗するのはたいていこれらだ。反対に、成功するのは市民社会のほうで、人々は利他主義や相互扶助を感情的に表現するだけでなく、挑戦を受けて立ち、創造性や機知を駆使する。この数え切れないほど多くの決断をする数え切れないほど大勢の人々の分散した力のみが、大災害に対処するのに適している。（P456、「定本」から引用）

コロナ禍はまさしく災害だった。世界中の人々に多種多様な「危機」をもたらした天災であり、人災だった。整っているように見えていたこの社会のあちこちで亀裂が可視化され、「平時」から弱い立場に置かれていた人たちの生活を、より一層追い込んでいった。その中にはたくさんの移民家庭があった。

それと同時に社会のあちこちで、市民の力による急ごしらえの支え合いが生まれた。コロナ禍でしんどい状況に置かれ、公的支援からも漏れがちだった移民たちを支えたのは、まさしく市民の「分散した力」だった。それぞれの現場で、数え切れないほど大勢の市民が、危機に対処する活動を創造していった。

私がトマトを手渡すその活動も、「分散した力」の（極めて微々たる）一部だったのだろう。

一見するときちんと整っているかのように映る平時の社会では、そのラフで即興的な力を発揮する場面は決して多くない。予定調和でフタをされた空間では、そんな力は「不穏だ」として排除されてしまうだろう。

予定調和が崩れ、いくつもの裂け目が可視化された災害時だからこそ、人々はその力を解放し、社会のそこかしこで撚《よ》り合わせ、具体的な活動に昇華させることができたのだ。

私がトマトをひたすら手渡しながら感じた、えも言われぬ喜びは、その「分散した力」の一部として何事かをなし得ている感覚に由来するのだろう。

そして最後に一つ、改めて考えたい。

ずっと社会で周縁化されてきた移民家庭にとっては、平時の暮らしですら、常に「災害」のようなものではないか。

言語や文化に壁があり、ルーツを理由に蔑まれ、条件の悪い職にしか就けず、生計はいつもぎりぎりで、公的制度にも頼れない。日々の暮らしの至るところに、ままならない現実が横たわる状況は、災い以外の何物でもない。

その不条理から目をそらさなかった人たちが、Ｍｉｎａｍｉこども教室にスタッフとして集まっていた。そして平時からの活動を通して経験や知見を撚り合わせ、支えの形にしてきた。

矛盾する言い方になるが、教室の営みは「平時に生まれた災害ユートピア」なのかもしれない。

平時からの蓄積があるからこそ、コロナ禍という「危機」に際しても、しなやかに支えの網を広げながら、力を発揮することができたのだ。

コロナ禍で可視化された「非正規労働者の失業」や「教育格差の拡大」、「感染症患者に対する差別」といった問題はつまるところ、この社会が平時から抱えていた課題だ。同じように、危機に姿を現した市民による支え合いの営みもやはり、平時における実践の積み重ねと地続きにあるのだ。

ただ、他者を支える市民の活動が、公的に行われるべきケアの肩代わりや責任逃れになってはいけない。

政府や自治体に求められるのは、他者を支える市民の活動に対して、平時から公的な援助をすること。現場での知見にもとづいた活動の柔軟さには手を出さずに、活動の基盤を担保するお金や場所や人を提供することだ〔2〕。

危機に陥った人を現場で支える活動が財政的に安定してこそ、その柔軟さは存分に発揮される。その後押しをすることは、公助の責務でもあるし、身を切るようなケアに尽くす人々に対するケアでもある。

第六章
「支援教室」という場所

移民のルーツをもつ子どもたちの教室で、私がボランティアとして過ごした十年近くの間に出会った人々のこと、私自身が考えたことを書き連ねてきた。そこからいったい何が見えてくるだろうか。移民の親子に対して「支援教室」という場所が果たす役割について、少しだけ学問的な視点も交えながら考えてみたい。

一・移民家庭の「文化変容」

移民のルーツをもつ子どもたち、親たちが生きていくうえで、「支援教室」の存在がどんな意味をもつのか。あわてて答えを出そうとするのではなく、少し遠回りになるようだが、一冊の本を参照して考えてみたい。

私がロンドンでの大学院生時代、必死になって読んだ『Legacies: The Story of the Immigrant Second Generation』（日本語訳は『現代アメリカ移民第二世代の研究　移民排斥と同化主義に代わる「第三の道」』）〔1〕という学術書だ。

米国の社会学者アレハンドロ・ポルテス、ルベン・ルンバウトの二人が二〇〇一年に出版し、移民の子どもの社会統合を考えるうえで聖典のように読まれ続けている本だ。主著者のポルテス自身、キューバの首都ハバナ生まれで、キューバ革命直後の一九六〇年に米国へ亡命した移民のルーツをもつ。

ポルテスらは一九九〇年代の米国で、五千人を超える移民ルーツの子ども、その親たちを対象に長期的な調査を行った。移民の子どもに関する調査としては、その規模と緻密さにおいて画期的なものだった。

調査に基づいて著された『Legacies』の中で、ポルテスは移民ルーツの子どもが社会に適応していく際に起きる「文化変容」について、以下の三つのパターンを示した。

①協和的な文化変容（Consonant acculturation）
移民の親と子が同じペースで、その社会の主流な文化を身につけ、ルーツの文化や言語を失っていくパターン。子どもたちの多くは中流階級へと上向きの同化をしていく。ただし、親に十分な社会的・経済的資本があることが、必要な条件となる。

②不協和的な文化変容（Dissonant acculturation）
移民の親子のうち子どもだけが、その社会の主流な文化を身につけていくパターン。新しい文化に適応していく子どもと、なかなか適応できない親との間で「役割の逆転」（子どもが親の通訳を担うなど）が起きる。親の権威は失われ、子どもが荒れるなど、社会で周縁化された層へと下向きの同化をしてしまうリスクがある。

③選択的な文化変容（Selective acculturation）
移民の親と子が民族的コミュニティの中で、ルーツの文化や言語、規範を保ちなが

ら、少しずつ新しい文化を身につけていくパターン。子どもがコミュニティ内で民族的アイデンティティを養うことによって、自尊感情と親の権威が守られ、親が抱く社会的成功への意志を子どもに受け継がせることができる。

この三つの分類が絶対的なものだとは決して思わないが、私自身がたくさんの移民家庭に出会ってきた中で、当てはまる事例は少なくない。

例えば、比較的裕福で教育熱心な親をもつ中国ルーツの子どもが、学習塾に通い、高校、大学へと進学するようなケースは、「①協和的な文化変容」だと言えるだろう。

逆に、フィリピン出身のシングルマザーの子が、役所や病院で親の通訳を務め、日本語ができない親を見下してしまったり、自分のルーツを否定してしまったりするケースは、「②不協和的な文化変容」に近い。

一方で、似た境遇にあるフィリピンルーツの母子でも、カトリック教会に熱心に通って他のフィリピン人と交わることで、タガログ語やフィリピン文化を大切にし続けるケースは、「③選択的な文化変容」になるだろう。中華学校に子どもを通わせる中国ルーツの家庭も、これに当てはまるかもしれない。

この三パターンを大規模調査から見いだしたポルテスは、社会的・経済的にしんどい状況に置かれた移民家庭の子が成功していくためには「③選択的な文化変容」が望ましい、と考えた。そして、その実現のためには「民族的コミュニティ」の存在が欠かせない、という。

民族的コミュニティとは、同じルーツの人々でつくる共同体だ。日本の社会でも、地域での集住、民族学校、エスニックビジネス、宗教、自助グループ、政治団体など、いろんな形で存在している。移民の家族にとっては、住まいや仕事、子どもの学校、買い物の場所まで、定住先ですぐに必要なあれこれを支えてもらえる大切なネットワークとなる。

子どもは民族的コミュニティ内で出会う人々を通して、親の母語や母文化を吸収する。親の話す言葉や大切にする文化が、親以外の人々にも共有されていることを目の当たりにする。それが、親の権威を保つことにつながり、排他的な社会で味わう差別からの防波堤となる。

その結果として、「過去と現在を一つにするハイフンつきのアイデンティティ」――「日系アメリカ人（Japanese-American）」のような――を育みながら、移民先の社会に適応していくことができる、とポルテスは言う。

この「選択的な文化変容」は、当時のアメリカで主流な考え方だった「同化主義」に対するアンチテーゼとして、重要な意味があった。

かつてアメリカの社会を「人種のるつぼ」と呼んだように、「いろんな人種や民族の人々が混じり合って同化し、『アメリカ』という一つの国、共通の文化が生まれる」という考え方は根強くあった。裏を返せば、国を一つにまとめていくために、移民はルーツの文化を捨ててでもマジョリティに同化するべき、という考え方だ。

これは今の日本社会にも共通する。

「郷に入っては、郷に従え」という言葉が象徴するように、日本で暮らしていくなら、日本語を話し、日本の文化に従って生きるべきだ、と考える人は多い。そのために移民の子どもがルーツの言語や文化を失っても仕方がない、という意識は（明言はされなくても）日本の社会や教育現場に脈々と息づいている。

「日系アメリカ人」という呼び名は広く受け入れられているが、「フィリピン系日本人」という表現に違和感をもつ人は多いだろう。日本人か、外国人か、いずれかだけを想定し、はっきり線引きをしようとする意識がその背景にある。そして、たとえ日本国籍をもっていたとしても、日本語を流暢に話し、日本の文化を身につけ、マジョリティと同じ外見をしていない限りは、日本人とはみなさない意識がその根底にある〔2〕。

ポルテスはそうした同化主義が逆に、移民の子どもと社会との間に分断を生んでいると考えた。同化主義は、移民の母語や母文化を捨て去るべきもの、劣ったものとして子どもに刷り込み、親の権威を失わせる。そして多くの移民家庭を「不協和的な文化変容」へと導いてしまうからだ。

移民ルーツの子どもにマジョリティへの同化を求める社会は、一方で、どこまでいってもマジョリティとの「違い」を見つけだして蔑み、子どもの自尊感情を損なう。子どもたちは学校や社会の周縁へと追いやられ、分断が深まる。

分断を深めないために必要なのは、同化主義ではなく、移民が母語や母文化を継承していくことを肯定的にとらえる心性だ。民族的コミュニティがマジョリティと移民家庭との緩衝帯になることで、移民家庭が母語・母文化を維持しながら、ゆるやかに社会に適応していくことができる。それが「選択的な文化変容」の理念だ。

＊

私自身、この考え方に深く感じ入った。実際に現場で子どもたちと接していて、同じルーツの先輩やスタッフの存在が、どれほど子どもにポジティブな影響を与えているかを実感してきた。

ただ、民族的コミュニティはすべての移民が誰でも、いつでも、アクセスできるものではない。

一つには、社会が排他的であるほど、民族的コミュニティは生まれづらいからだ。排他的な社会では、移民が集まって活動をすることに否定的な反応が起きやすい。また、移民が条件のよい仕事に就けず、生活が不安定なままであれば、コミュニティづくりに注ぐ余力はなくなる。社会に適応した豊かな移民と、周縁化された貧しい移民との分断が深まれば、コミュニティとしてのまとまりは失われる。

日本の社会で言えば、非正規労働に就く日系ブラジル人は企業の都合で住む場所を転々とし、安定したコミュニティをつくるのが難しい。東南アジアから来た技能実習生は閉鎖的な職場に囲い込まれ、労働以外の活動をする余裕がない。私が見てきた大阪ミナミでも、不安定な水商売で働くフィリピン人女性らの間には、ホステスの引き抜きや売り上げ競争といった商売上の確執があり、コミュニティとしてまとまりづらい一面があった。

社会が排他的であればあるほど、移民家庭にとって民族的コミュニティのニーズが高まるにもかかわらず、コミュニティは生まれづらいというパラドックスがある。

また、点在して暮らす移民家庭の場合、そもそも周りに頼るべき民族的コミュニティは存在しない。あるいは、ロンドンで暮らすイラン難民のカリム一家（※第四章）のように、母国での政治的な迫害を逃れた難民は、同じルーツの人々とのつながりを避けざるをえないことがある。

移住先の社会で民族的コミュニティにアクセスすることは、すべての移民に開かれた選択肢ではないのだ。

それ以外にも私には、「選択的な文化変容」に寄りかかることへの割り切れなさがある。それは、どこまでも移民の側だけに変化や適応を求めてはいないか、という点だ。

社会のマジョリティの側に起きる変化や、移民と共に暮らす状況への適応についても、もっと考えてみてよいのではないだろうか。

二．「支援教室」とは何か

移民のルーツをもつ子どもたちが生きていくうえで、「民族的コミュニティ」とは別の選択肢として私の頭にあるもの。

そう、それはＭｉｎａｍｉこども教室の姿であり、ソールズベリーワールドの姿。つまり、その社会のマジョリティによって設けられた「支援教室」という場所だ。

なぜ、移民ルーツの子どもが生きるうえで、支援教室が重要な役割を担いうるのか——。三つの視点から考えたい。

一つ目に、ポルテスの言う「選択的な文化変容」で民族的コミュニティが果たす役割のエッセンスを、支援教室もまた有している点がある。

民族的コミュニティは母語・母文化の継承を子どもたちに促すことで、親の権威を守り、自尊感情を育む。一方、Ｍｉｎａｍｉこども教室やソールズベリーワールドは対象を特定のルーツには絞っていないこともあり、母語・母文化を直接伝える活動をしていなかった。

ただ、いずれの教室も、それぞれの子がもつ「違い」に対する肯定的なメッセージを発し続けていた。ルーツに由来する「違い」を、子ども自身が肯定的に受け止められれば、自分を大切に思う気持ちを育み、親に対する否定的な感情を抑えることはできる〔1〕。

さらに、支援教室には同じルーツの子どもだけでなく、多様なルーツの子どもがいた。マジョリティとの「違い」のみならず、マイノリティどうしの「違い」にも触れることで、多数者と少数者の間の「違い」という二項対立的な捉え方ではなく、誰にもあまねく存在する「違い」として捉えることができる。それは、自らのルーツを誰とも異なる自分だけの「経路」だと、肯定する意識にもつながるはずだ。

また、民族的コミュニティと同じように、自分の将来を切り開いて生きる移民ルーツのロールモデルが、支援教室にはいた。年齢の垣根を越えて、一つの教室の中で同じ時間を共有してきた先輩が、将来の夢を語り、進路に悩みながらハードルを越えていく姿を、子どもたちはよく見ている。民族的マイノリティであることが即ち将来を諦めることではないと、身近なロールモデルの存在が証明してくれるのだ。

そして支援教室には、日々の成長を見守り、生活を支え、危機での助けとなる多様な大人がいた。その大人たちが社会のマジョリティの側にも属していることによって、公的な制度や他のコミュニティへのアクセスはしやすくなる。その点については、民族的コミュニティよりも大きな力を発揮しうるだろう。

支援教室はそうして、移民の親子にとっての有形無形の支えとなりながら、子どもがルーツを大切に思う感情を育み、ポジティブに将来と向き合うことを可能にしていく。「選択的な文化変容」において民族的コミュニティが果たす役割を、代わりに担うことはできるはずだ〔2〕。

二つ目に、支援教室はこの社会のどこにでも存在しうる点がある。同じルーツの移民がいない地域であっても、マジョリティの市民がその気になれば、支援教室という場所を生み出すことはできる。

そしてマジョリティの市民が中心になってできた支援教室には、同胞との接触を断たざるをえない政治的難民の家庭もつながることができる。移動をくり返さざるをえない不安定な移民の家庭も、その土地ごとの一時的な避難場所としてつながることができる。支えの輪からこぼれ落ちやすい人々を、より広く受け止めることができるはずだ。

＊

そして三つ目に、最も大切な点として、支援教室はマジョリティの側に変化を起こす場所になりうる。

教室には多様なルーツの子どもと親が集まり、社会のマジョリティである大人たちと、活動を通して接触する。学習や生活の「支援」という営みを通して、移民ルーツの子どもが変化していくのと同じように、ボランティアの大人たちも多くを学び、少しずつ自身を変化させていく。

Ｍｉｎａｍｉこども教室には、長い時間をかけて変わっていく大人がたくさんいた。特に、教室の活動のなかで移民の親子が抱える課題を知り、自らの進路を変えていった若者たちの存在は、その象徴だろう。子どもの隣に座り、座り続ける空間と時間が、その変化をもたらしたのだ。

第二章で引用した『ルーツ』の中で、文化人類学者のジェイムズ・クリフォードはこう書いている。

> ホームという場とは、境界を横断する交通が管理された安全な空間である。一貫して内と外とを維持するそうした管理という行為は、つねに戦術的なものだ。文化的な活動、アイデンティティの構築や再構築は、接触領域《コンタクト・ゾーン》で、また国民、民族、場所の、管理されてはいるが侵犯的な間文化的境界で生じるのである。静止と純粋性は、移動と混成という歴史的な諸力に抗することによって――創造的かつ暴力的に――主張されるのだ。
>
> 境界が逆説的な中心性を獲得するとき、コミュニケーションの周縁・先端部分やその道筋は、複雑な地図や歴史として現れる。（Ｐ16〜17）

クリフォードの言う「国民、民族、場所の、管理されてはいるが侵犯的な間文化的境界」とは、まさに私が関わってきた支援教室に存在していた。

多様なルーツを生きる子どもの隣に座ることで、社会のマジョリティを構成する大人たちの規範が、少しずつ、少しずつ、ズラされていく。子どもたちの豊かな「違い」に触れ続けることで、マジョリティの枠組みを形づくる「普通」や「当たり前」に対して、無意識のうちの違和感が積み重なっていく。

その違和感のなかでこそ、「違い」の豊かさを肯定する心性は育まれていく。それはマジョリティの大人たちにとっても、日々の暮らしでめったに経験することのできない、かけがえのない変化ではないだろうか。

その「かけがえのなさ」に目を向けるとき、「支援する側／される側」という線引きはあいまいになっていく。誰かが一方的に何かをしてあげて、誰かが一方的に何かをしてもらう、という構図は成立しなくなる。子どもも大人も、マイノリティもマジョリティも、互いに与え、受け取る。つまるところは、誰もが支援教室という場所を形づくる「一員」となるのだ。

そして、そこは「侵犯的」な場所である。

マジョリティであること、マイノリティであることが一時的にではあれ侵され合う場所。

誰がマジョリティで、誰がマイノリティか、よくわからなくなる場所。

自分がマジョリティであること、彼らがマイノリティであることは、実は相対的な立場にすぎないと気付かされる場所。

「相手の立場にたってみる」という陳腐な表現が、真に迫る場所。

自分が暮らしを営む日常の安定した領域（ホーム）から半歩踏み出すことで、身を浸すことのできる境界。それが「支援教室」という場所なのだ。

クリフォードは「境界が逆説的な中心性を獲得するとき」と言っている。支援教室という境界が、この社会の「端っこ」ではなくて、「中心」なのだとしたら……。きっと、大人たちは教室で育んだ自身の変化を、より広い社会へと同心円状に波及させていくだろう。

家族、地域、職場、学校、行政、メディアを巻き込み、より多くの人々を移民たちとの接触の場へと引き込んでいくだろう。

その接触がマジョリティの社会に、さらなる変化を連鎖させることになるだろう。

支援教室は、そのハブだ。

社会のあちこちでハブが動けば、マジョリティの規範は同時多発的にズレていく。移民のルーツをもつ人々との「違い」を、忌むべきものとして排除するのではなく、豊かさとして寿《ことほ》ぐ心性が、社会のそこかしこで耕されていく。

支援教室という境界を中心に据えることで、そこで生まれる接触と一人ひとりの変化が、社会を変える因子となる。

＊

最後に。それは支援教室でなくてもよい。ちゃぶ台をひっくり返すような言い方になるが、支援教室「的」な場所であれば、どこだってよいのだ。

移民のルーツをもつ人々とマジョリティの立場にある人々、「違い」をもった多様な人々が集い、顔の見える関係のなかで接触を重ね、互いを「個」として認め合い、自らを変えていける場所であるならば、どこだってよいということだ。

支援教室的な接触の場はいま、社会のあちこちに見いだすことができる。職場で、学校で、隣近所で、店先で、趣味の集いで……。多様なルーツをもつ人々が接触し合うすべての場所が境界になる。

大切なことは、その境界において他者とどんな関わりを育み、自分自身を変えていけるか。その境界で、いかに「違い」を寿ぎ、その人の隣に座ることができるか。そこに支援教室の魂がある。

どんなに小さな営みであったっていい。偶発的で、一時的な営みであってもいい。

そこから、はじまるのだ。

「多文化共生」などという、私たち人間にとって大それたお題目は、そこからしか形にな
ってはいかないはずだ。

エピローグ

この本が出版された二〇二三年秋、Ｍｉｎａｍｉこども教室は設立からちょうど十年を迎えた。小学四年生だった子が二十歳になるほどの年月だ。誰かを支えようとするとき、継続は何より尊い。

私が教室でボランティアをするようになってからは九年半がたった。ずいぶん長い時間のようだが、私が教室の活動に関わったのは、あくまで一人のボランティアとして、にすぎない。活動の中心を担う実行委員らの働きには、いつも深い敬意を抱いてきた。ここまではなかなかできない、と。

私が教室で携わってきた週一回の学習支援と、子どもとその家族を対象にした生活支援には、負担や責任の面で明らかな一線があった。生活支援に携わるスタッフの目には、私が感じるよりも遥かにシビアな現実が見えているだろう。

ただ逆に言えば、ただのボランティアにも見えてくるもの、感じることが、教室には確かにあった。子どもの隣に座り、勉強をみて、他愛のないおしゃべりをするひとときからも、考えさせられることはたくさんあって、それが私を変えた。「飛び抜けた専門性や熱意をもつ人だけではなく、ただ「何かやってみたい」と素朴に思う人に対しても、その間口は広く開かれているということだ。

＊

教室が関わった子どもたちのその後は、いろいろだ。

専門学校に入って島之内を離れたメイ（※第二章）は、それでも学校が休みになると時々、うちへ遊びに来てくれる。看護師になるための実習は、さすがに人の命を預かる現場だけあって、厳しいようだ。うちで食卓を囲みながら愚痴や弱音を口にすることもあるが、それは彼女の父親が倒れたばかりのころの、やり場のない不安に満ちた感情の塊ではなく、目標へと向かって進んでいく途上での、ほんの息抜きのように思う。

見る度にたくましくなっていくメイと接していると、物静かな小学生だったころの彼女や、少し優等生っぽく背伸びしていた中学生のころの彼女や、抱え込んだ悩みで押しつぶされそうになっていた高校生のころの彼女が、ふっと記憶の中からよみがえって重なり、十年という時間の経過が腹に染みる。

そんな風にして、教室の支えを得ていくらか安定した暮らしにたどり着いた子、希望する学校へ進学していった子、夢に向かって少しずつステップを踏む子……。

たくさんの「メイ」が教室にはいた。少し大人びた彼らが時々ふらりと教室を訪れ、顔を見せてくれることは何よりうれしい。

ただ、みんながみんな希望通りのその後を歩んでいるわけではない。何とか進学できた学校をやめてしまった子、親との関係がうまくいかなくなった子、夜の街に出入りしているという噂を耳にする子……。

しんどさを抱え続ける子こそ、また教室につながってほしいと願うが、それが叶わないことは多い。どこまでやるか、どこまでできるか。熱意をもったスタッフほど、その自問に苛《さいな》まれている。

信頼関係を築いたつもりになっていた子が教室に突然来なくなったり、あまり望ましくないその後の話を聞いたりすると、やるせなさも感じた。自分のやっている活動に何か意味があるんだろうか、と。

ただ、今は思う。その子の長い人生のその瞬間、多感で、ぐんぐん成長しているその一時期、教室で一緒に過ごす時間があったことには、どれほど小さくても、なにがしかの意味があるはずだ。それだけでもいい。

その子の今の暮らしに、また別の居場所が見つかっていることを心から願う。

支援教室のような場所が社会のそこかしこにあることで、彼らがどこかへたどり着ける可能性はきっと高くなる。そんな場所を備えることは社会のマジョリティの役割であり、一人ひとりにできる「活動」でもある。

＊

この十年近くの間、取材に協力してくださったＭｉｎａｍｉこども教室、ソールズベリーワールドの、子どもたち、親たち、スタッフたちに、心から感謝します。

同時に、ボランティアとしての私と同じ時間を共有した、すべての子どもたち、親たち、スタッフたちに、心からありがとう。その一瞬一瞬の積み重ねが、私自身に小さくない変化をもたらし、この本を書き上げることができました。

二つの教室で続けられてきた、かけがえのない営みを、言葉として記録できたことが、何よりうれしい。一人でも多くの読み手に、その役割の大きさと得がたい魅力が伝われば本望です。

この社会の多様な人々が、移民の子どもの隣に座る。

そんな場所がそこかしこにある社会であってほしい。小さな希望をこの本に込めて。

参考文献リスト

【プロローグ】
〔1〕テッサ・モーリス＝スズキ『批判的想像力のために　グローバル化時代の日本』（2002、平凡社）
樋口直人「多文化共生――政策理念たりうるのか」＝髙谷幸編著『移民政策とは何か――日本の現実から考える』（2019、人文書院）

第一章
【一】
〔1〕大阪都市協会編『続南区史』（1982、南区制一〇〇周年記念事業実行委員会）
〔2〕大阪春秋編集室編『大阪春秋　第133号　特集心斎橋・島之内』（2009、新風書房）
〔3〕徳田剛「外国人たちの大阪都心」＝鯵坂学ほか編著『さまよえる大都市・大阪――「都心回帰」とコミュニティ』（2019、東信堂）
八木寛之「『都心回帰』時代における大阪市中央区道仁地区（島之内）の地域社会――研究ノート」（2017、神戸山手大学紀要第19号）

【三】
〔1〕イアン・ヴォルナー(山田文訳)『壁の世界史――万里の長城からトランプの壁まで』(2020、中央公論新社)

第二章
【二】
〔1〕児島明『ニューカマーの子どもと学校文化――日系ブラジル人生徒の教育エスノグラフィー』(2006、勁草書房)
太田晴雄「日本的モノカルチュラリズムと学習困難」=宮島喬ほか編『外国人の子どもと日本の教育――不就学問題と多文化共生の課題』(2005、東京大学出版会)
【四】
〔1〕村瀬義史「インド人コミュニティーと宗教」=関西学院大学キリスト教と文化研究センター編『ミナト神戸の宗教とコミュニティー』(2013、神戸新聞総合出版センター)
【五】
〔1〕伊藤るり「『ジャパゆきさん』現象再考――八〇年代日本へのアジア女性流入」=梶田孝道ほか編『外国人労働者論――現状から理論へ』(1992、弘文堂)
佐竹眞明ほか『フィリピン―日本国際結婚――移住と多文化共生』(2006、めこん)
山谷哲夫『じゃぱゆきさん』(2005、岩波書店)
〔2〕津崎克彦「フィリピン人エンターテイナーの就労はなぜ拡大したのか――歓楽街のグローバリゼーション」=五十嵐泰正編『労働再審2 越境する労働と〈移民〉』(2010、大月書店)

〔3〕久田恵『フィリッピーナを愛した男たち』（1989、文藝春秋）
〔4〕パトリシア・ヒル・コリンズほか（小原理乃訳）『インターセクショナリティ』（2021、人文書院）
髙谷幸「交差的な帰属　在日フィリピン母という経験」（2022、現代思想五月号）

【六】
〔1〕高畑幸「興行と介護の移住女性労働者――在日フィリピン人の経験から」（2020、日本労働社会学会年報第31号）

【七】
〔1〕三田千代子「ブラジルの移民政策と日本移民」＝日本移民学会編『日本人と海外移住――移民の歴史・現状・展望』（2018、明石書店）
〔2〕梶田孝道ほか『顔の見えない定住化　日系ブラジル人と国家・市場・移民ネットワーク』（2005、名古屋大学出版会）
丹野清人『越境する雇用システムと外国人労働者』（2007、東京大学出版会）

【八】
〔1〕加藤聖文『満蒙開拓団――国策の虜囚』（2023、岩波書店）
〔2〕井出孫六『中国残留邦人――置き去られた六十余年』（2008、岩波書店）
〔3〕石川朝子ほか「中華学校」＝志水宏吉ほか編著『日本の外国人学校――トランスナショナリティをめぐる教育政策の課題』（2014、明石書店）

【九】
〔1〕ジェイムズ・クリフォード（毛利嘉孝ほか訳）『ルーツ――20世紀後期の旅と翻訳』（2002、月

曜社）
〔2〕デラルド・ウィン・スー（マイクロアグレッション研究会訳）『日常生活に埋め込まれたマイクロアグレッション　人種、ジェンダー、性的指向：マイノリティに向けられる無意識の差別』（2020、明石書店）
〔3〕リリアン・テルミ・ハタノ『マイノリティの名前はどのように扱われているのか　日本の公立学校におけるニューカマーの場合』（2009、ひつじ書房）

第三章

【一】

〔1〕解放教育研究所編『シリーズ解放教育の争点　第1巻　解放教育のアイデンティティ』（1997、明治図書出版）
〔2〕解放教育研究所編『シリーズ解放教育の争点　第5巻　地域教育システムの構築』（1997、明治図書出版）
〔3〕上杉孝實ほか編著『人権教育総合年表――同和教育、国際理解教育から生涯学習まで』（2013、明石書店）部落解放研究所編『改訂・戦後同和教育の歴史』（1988、解放出版社）
〔4〕志水宏吉「公正を重視する大阪の公教育理念」＝髙谷幸編著『多文化共生の実験室　大阪から考える』（2022、青弓社）

【二】

〔1〕杉原達『越境する民　近代大阪の朝鮮人史研究』（1998、新幹社）

〔2〕金朋央「在日コリアンにとっての民族教育権」＝川村千鶴子編著『多文化社会の教育課題――学びの多様性と学習権の保障』（2014、明石書店）

【三】
〔1〕ジム・カミンズ（中島和子訳著）『言語マイノリティを支える教育』（2011、慶應義塾大学出版会）
〔2〕中島智子「多文化教育研究の視点」＝中島智子編著『多文化教育――多様性のための教育学』（1998、明石書店）

【四】
〔1〕枦木典子「学齢超過者への教育」＝荒牧重人ほか編『外国人の子ども白書――権利・貧困・教育・文化・国籍と共生の視点から』（2017、明石書店）
坪内好子「ダイレクト受験生を支える」＝小島祥美編著『Q＆Aでわかる外国につながる子どもの就学支援「できること」から始める実践ガイド』（2021、明石書店）
〔2〕志水宏吉編著『高校を生きるニューカマー　大阪府立高校にみる教育支援』（2008、明石書店）

【五】
〔1〕猪瀬浩平『ボランティアってなんだっけ？』（2020、岩波書店）

【九】
〔1〕ハンナ・アレント（志水速雄訳）『人間の条件』（1994、筑摩書房）

第四章

【一】

〔1〕パニコス・パナイー（浜井祐三子ほか訳）『近現代イギリス移民の歴史――寛容と排除に揺れた二〇〇年の歩み』（2016、人文書院）

【三】

〔1〕柴宜弘『ユーゴスラヴィア現代史　新版』（2021、岩波書店）

第五章

【一】

〔1〕鈴木江理子編著『アンダーコロナの移民たち――日本社会の脆弱性があらわれた場所』（2021、明石書店）

【四】

〔1〕レベッカ・ソルニット（高月園子訳）『災害ユートピア　なぜそのとき特別な共同体が立ち上がるのか』（2010、亜紀書房）

〔2〕池田浩士『ボランティアとファシズム――自発性と社会貢献の近現代史』（2019、人文書院）仁平典宏『「ボランティア」の誕生と終焉――〈贈与のパラドックス〉の知識社会学』（2011、名古屋大学出版会）

第六章

【一】
〔1〕Alejandro Portes, Rubén G. Rumbaut『Legacies: The Story of the Immigrant Second Generation』(2001, University of California Press) ※村井忠政ほか訳『現代アメリカ移民第二世代の研究　移民排斥と同化主義に代わる「第三の道」』（２０１４、明石書店）
〔2〕柏崎千佳子「日本のトランスナショナリズムの位相——〈多文化共生〉言説再考」＝渡戸一郎ほか編著『多民族化社会・日本——〈多文化共生〉の社会的リアリティを問い直す』（２０１０、明石書店）
下地ローレンス吉孝『「混血」と「日本人」　ハーフ・ダブル・ミックスの社会史』（２０１８、青土社）

【二】
〔1〕清水睦美『ニューカマーの子どもたち——学校と家族の間の日常世界』（２００６、勁草書房）
〔2〕清水睦美ほか『日本社会の移民第二世代——エスニシティ間比較でとらえる「ニューカマー」の子どもたちの今』（２０２１、明石書店）
三浦綾希子『ニューカマーの子どもと移民コミュニティ　第二世代のエスニックアイデンティティ』（２０１５、勁草書房）

玉置太郎　たまき・たろう

１９８３年、大阪生まれ。２００６年に朝日新聞の記者になり、島根、京都での勤務を経て、11年から大阪社会部に所属。日本で暮らす移民との共生をテーマに、取材を続けてきた。17年から2年間休職し、英国のロンドン・スクール・オブ・エコノミクス（ＬＳＥ）で移民と公共政策についての修士課程を修了。

装幀　水野哲也（watermark）

移民《いみん》の子《こ》どもの隣《となり》に座《すわ》る
大阪《おおさか》・ミナミの「教室《きょうしつ》」から

二〇二三年一〇月三〇日　第一刷発行

著　者　玉置太郎
発行者　宇都宮健太朗
発行所　朝日新聞出版
〒一〇四−八〇一一　東京都中央区築地五−三−二
電話　〇三−五五四一−八八三二（編集）
〇三−五五四〇−七七九三（販売）

印刷製本　広研印刷株式会社

ISBN978-4-02-251943-6
定価はカバーに表示してあります。